# BREVIARIOS

*del*

FONDO DE CULTURA ECONÓMICA

151

## LA REVOLUCIÓN FRANCESA Y EL IMPERIO

Traducción de
MARÍA TERESA SILVA DE SALAZAR

# La Revolución Francesa y el Imperio (1787-1815)

*por* GEORGES LEFEBVRE

FONDO DE CULTURA ECONÓMICA

Primera edición en francés, 1938
Primera edición en español, 1960
  Decimocuarta reimpresión, 2012

Lefebvre, Georges
  La Revolución francesa y el Imperio / Georges Lefebvre ; trad. de
María Teresa Silva de Salazar. — México : FCE, 1960
  296 p. ; 17 × 11 cm — (Colec. Breviarios ; 151)
  Título original Histoire de la France pour tous les français
  ISBN 978-968-16-0191-1

  1. Historia — Francia — Revolución I. Silva de Salazar, María Teresa,
tr. II. Ser. III. t.

LC DC143 L3718                                 Dewey 082.1 B846 V.151

*Distribución mundial*

© 2004, Liliane y Janine Laurent
Título original: *Histoire de la France pour tous les Français*

D. R. © 1960, Fondo de Cultura Económica
Carretera Picacho-Ajusco 227, 14738, México, D. F.
www.fondodeculturaeconomica.com
Empresa certificada ISO 9001:2008

Diseño de portada: Teresa Guzmán

Comentarios y sugerencias: editorial@fondodeculturaeconomica.com
Tel.: (55)5227-4672. Fax: (55)5227-4640

ISBN 978-968-16-0191-1

Impreso en México • *Printed in Mexico*

# I. FRANCIA EN VÍSPERAS DE LA REVOLUCIÓN

## (1774-1787)

Siempre se había sentido curiosidad por el advenimiento de un nuevo rey, pero por el del nieto de Luis XV se tenía más que de ordinario. Los parlamentarios, apoyados por príncipes de la sangre como el duque de Orleáns y por casi toda la aristocracia, esperaban ver caer en desgracia a Maupeou y restaurar sus prerrogativas políticas. La burguesía, sin dejar de hacer coro para desafiar al gobierno, esperaba otras reformas, preconizadas desde tiempo atrás por los filósofos y los economistas, que redujeran al menos los privilegios fiscales. Estos deseos eran contradictorios. Sólo sometiendo a la aristocracia habían logrado los Capetos asegurar el avance de la unidad nacional, de la que al presente los Parlamentos eran los protagonistas más temibles. El Tercer Estado no esperaba nada de nadie sino del rey, pero para que Luis XVI ejerciera su "despotismo ilustrado" era necesario, en primer lugar, que mantuviera su autoridad. Desgraciadamente, era incapaz de ello.

## Luis XVI y María Antonieta

Luis XVI no había cumplido veinte años cuando subió al poder y, como lo ha dicho él mismo, nada se le había enseñado de su oficio de rey. Suficientemente instruido, piadoso y de intenciones rectas, distaba mucho de ser un gran espíritu, y sobre todo, aunque celoso de su poder, carecía de voluntad. Los servidores leales no le faltaron, compartió sus puntos de vista, aunque no siempre comprendió el alcance de éstos, pero no supo apoyarlos como Luis XIII había sostenido a Richelieu. Además. no gozaba personal-

7

mente de ningún prestigio. Este hombre gordo, de aspecto vulgar, de apetito insaciable, cazador infatigable y aficionado a los trabajos manuales, a quien la danza y el juego aburrían, pronto se convirtió en el hazmerreír de la corte.

La reina María Antonieta, seductora e imperiosa, tuvo sobre él cierta influencia e hizo mal uso de ella. Incapaz de dedicación y entregada por completo al placer, pródiga y ansiosa de satisfacer a sus amigos y compañeros de francachela —los Polignac, la princesa de Lamballe y otros muchos— se hizo culpable de despilfarro, y con sus intervenciones agravó la inestabilidad gubernamental. Con su desprecio por la etiqueta no tardó asimismo en comprometer, por sus imprudencias, su reputación de mujer. Sus decepciones conyugales hablan en su favor, pero esta desgracia, que era el tema de las habladurías de la gente, acreditó los rumores infamantes. La reina pasó muy pronto por ser una Mesalina y el rey un marido ridículo. Su descrédito fue la primera de las causas inmediatas de la Revolución.

## Turgot

Como los ministros que habían tenido acceso a la cámara de Luis XV durante su enfermedad no pudieron ser recibidos por su sucesor, por temor al contagio, se persuadió a Luis XVI a que tomara como consejero al conde de Maurepas, que había perdido el favor del rey por causa de la Pompadour en 1749. A este viejo amable y escéptico no le hubiera repugnado conservar el "triunvirato" —d'Aiguillon, Maupeou y Terray—, pero tenían demasiados enemigos. El primero fue sacrificado el 2 de junio de 1774. La destitución de Maupeou era de mayores consecuencias, puesto que de común acuerdo el restablecimiento del Parlamento se hallaba ligado a ella, y la defensa del canciller no se hizo sin despertar dudas en el ánimo del rey; finalmente, el 24 de agosto, Miromesnil fue nombrado ministro de justicia y Terray dejó al mismo tiempo el control general de Hacienda; acto seguido de lo cual el Parlamento fue reinstalado solemnemente el 12 de noviembre. Las dimensiones colectivas le fueron prohibidas así como suspender la justicia; el derecho de amonestación le fue concedido sólo a condición de no hacer uso de él más que después del registro de las disposiciones reales y dentro del plazo de un mes. Las experiencias del pasado no deberían haber permitido hacerse ninguna ilusión sobre el valor de estas restricciones; los parlamentarios mostraron al punto el propósito de no tomarlas siquiera en consideración, y Luis XVI no replicó.

En Negocios Extranjeros, Vergennes había reemplazado a d'Aiguillon. En el control general de Hacienda, Maurepas colocó a Turgot, que al principio había recibido la Marina, donde lo sustituyó Sartine, hasta entonces teniente de policía en París. Al año siguiente, el secretariado de la Casa Real tocó en suerte a Malesherbes, presidente del Tribunal de subsidios y director de la Biblioteca; el de la Guerra al conde de Saint Germain. Éstos eran los compañeros de Turgot, cuya personalidad vigorosa domina en gran manera este estimable equipo.

De 47 años de edad, se había distinguido, como intendente en Limoges, por su ardiente espíritu reformador. Gran número de obras suyas cuyos títulos —*Cartas sobre la Biblioteca*, por ejemplo, y *Elogio de Gournay*— bastaban para clasificarlo, eran bien conocidas. Con él, y también con Malesherbes, que le había prestado valiosa ayuda en la dirección de la Biblioteca, filósofos y economistas llegaban al poder. Además, ellos le solicitaron los puestos. Dupont de Nemours fue inspector de Manufacturas y Condorcet

director de la Casa de Moneda. Parecía el advenimiento de un partido.

En cuanto a las finanzas, Turgot no propuso ninguna reforma de gran envergadura. Emprendió solamente la tarea de enjugar el déficit, que era de 48
millones sobre 225, por medio de economías y mejo-
ras de detalle, con la supresión de todo empréstito
e impuesto nuevos. Mermó considerablemente las
utilidades de los Receptores generales[1] al disminuir
el derecho de consumo de París y al confiar a administraciones de impuestos indirectos el patrimonio
real y los correos y transportes.

De muy distintas consecuencias fue la libertad de
comercio de granos, salvo la exportación, cuyo edicto dio el 13 de septiembre de 1774, menos de tres
semanas después de su ingreso en el control general.
No se trataba solamente de dejarlos circular a voluntad de una provincia a otra, por tierra o por mar.
Turgot suprimió también la Agencia de Trigos —que
intervenía en el mercado en nombre del Estado— y
autorizó a los campesinos a vender sus granos donde y cuando lo encontraran conveniente, sin que es-
tuvieran obligados, como lo estaban desde tiempo
inmemorial, a llevarlos a la ciudad más próxima;
de modo que los comerciantes tendrían en lo sucesivo la facultad de encarecerlos fuera del control de
las autoridades y de los consumidores. Ésta era la
política del pan caro, que los economistas habían
recomendado como indispensable para el progreso
de la agricultura. El momento estaba mal elegido,
pues la cosecha de 1774 había sido mediocre; a fines de abril de 1775, el alza provocó en todas partes,
y sobre todo en los alrededores de la capital, los

---

[1] *Fermiers généraux:* hombres de negocios a los que,
bajo el Antiguo Régimen, se les hacía concesión, por
medio de un contrato, de percibir determinados impuestos. [T.]

disturbios de rigor en casos semejantes: mendicidad en bandas y ataque contra los agricultores, detención de convoyes, pillaje en los mercados, y finalmente motines en París. Turgot mostró tanta decisión como firmeza: la tropa intervino y la justicia prebostal mandó ahorcar a algunos prisioneros. La "guerra de las harinas" finalizó rápidamente, pero el crédito del ministro sufrió con ello.

La aristocracia recelaba de él. Se le atribuía, y fundadamente, la intención de establecer una *subvención territorial* que no eximiría a nadie; de crear asambleas consultivas que elegirían los terratenientes sin distinción de órdenes; de permitir la redención de los derechos feudales; de dar libertad a los protestantes; de hacer laicas la enseñanza y la asistencia social. Nobleza, Clero, Parlamento se coligaron contra él. Por otra parte, su administración financiera lo había enemistado con los hombres de negocios, con los cortesanos, y sobre todo con la reina. Hay que reconocer además que, entregado por completo a procurar el bienestar público y demasiado seguro de tener razón, no se preocupaba por seducir o convencer a sus contrarios. Melancólico y grave, rehuía la sociedad y no refutaba la objeción más que con un dejo de desdén. Prosiguiendo el camino que se había trazado, hizo público a principios de 1776 un edicto por el que sustituía la prestación personal para la reparación de caminos por un impuesto que pagarían todos los terratenientes sin excepción, y otro por el cual se abolían las corporaciones y se otorgaba plena libertad a la industria y al comercio. La tempestad se desencadenó. El Parlamento invocó el derecho de propiedad en favor de los señores que habían comprado su monopolio; protestó en nombre de la aristocracia, contra la pretensión de asimilar el noble al plebeyo al declarar a aquél implícitamente sujeto al servicio. El rey hizo registrar los

edictos el 12 de marzo, pero estas observaciones lo
habían conmovido. "Mi intención —había replicado—
no es confundir los órdenes." No tardó mucho en
capitular. Malesherbes, asustado, se retiró voluntariamente. Turgot, a quien la reina quería enviar a
la Bastilla, fue despedido el 12 de mayo, después de
haber hecho a Luis XVI esta advertencia profética:
"No olvidéis nunca que la debilidad puso la cabeza
de Carlos I bajo el hacha."

## Necker

El nuevo interventor de Hacienda, Clugny, revocó
las medidas de su predecesor. Cuando éste murió,
en octubre, Maurepas llamó a Necker. Era otro paso
audaz. Este ginebrino, de origen prusiano, había ve-
nido a buscar fortuna a París en la banca y la especulación. Cuando la consiguió, se hizo publicista y
se introdujo en la sociedad. Como su mujer tenía
un salón y era espléndida en sus comidas, los periodistas hicieron coro al generoso anfitrión. Al defender
a Colbert y la reglamentación, se había constituido en adversario de Turgot. Extranjero y pro-
testante, no fue nombrado ministro, sino solamente
director de Hacienda.

Necker no era contrario a las reformas, puesto
que su popularidad dependía de ellas, pero temía ante
todo comprometer su asombrosa ascensión, y con-
temporizando con todos, no emprendió nada grande.
Durante su gestión, abolió la servidumbre en el patrimonio real, suprimió la tortura de los acusados; se
instituyeron, a título de ensayo, en Berry y Alta
Guyena, *asambleas provinciales,* nombradas por el rey
y completadas con miembros elegidos por la misma
asamblea. Los subsidios —impuestos indirectos—
fueron sometidos a la administración y un cierto
número de cargos suprimidos, con lo cual Necker

afrontaba valerosamente los mismos peligros que Turgot. Como éste, en efecto, deseaba restablecer el equilibrio financiero reduciendo los gastos. Sin embargo, argumentaba que las cuentas extraordinarias podían ser legítimamente cargadas sobre las generaciones futuras recurriendo al empréstito. Inglaterra acostumbraba hacerlo así, pero redimiendo poco a poco el interés y la amortización por medio de nuevos impuestos. Esta precaución fue descuidada por Necker; además, la tentación de cubrir también por medio del empréstito el déficit ordinario era grande, y sucumbió a ella tanto más fácilmente cuanto que, por hábito profesional, encontraba natural asociarse a los financieros. Les pidió adelantos a corto plazo contra *bistrechas* que enajenaban las recaudaciones futuras y los encargó de colocar los empréstitos en lotes o en rentas vitalicias en condiciones cada vez más onerosas. Su origen le prestó el concurso de numerosos banqueros extranjeros instalados en París, y también de los de Ginebra y Amsterdam. Pero, es justo hacerlo notar, si Necker acrecentó la deuda pública en 600 millones, los que se lo han reprochado olvidan que tuvo que costear la Guerra de América.

## La política de Vergennes y la Guerra de América

Todos los franceses deseaban vengarse de Inglaterra por los desastres de la Guerra de Siete Años, pero en 1774 la oportunidad para hacerlo no parecía próxima. Por el momento, se trataba de saber cómo se llevaría a la práctica la alianza austriaca. José II buscaba la manera de agrandar sus territorios, y en 1777, invocando derechos de sucesión, intentó desmembrar Baviera, a lo cual Federico II se opuso con las armas. ¿Qué actitud asumiría Francia? La reina, aleccionada por su madre, por el embajador, conde de Mercy-Argenteau, e incluso por José II, quien fue a París sólo con este fin, se inclinó obstinadamente en favor de su patria. Pero entre el personal diplomático y en la opinión pública la hostilidad hacia Austria permanecía viva. El propio Luis XVI, aunque no se proponía romper, permaneció frío; en este asunto al menos, no escuchó a la reina y sostuvo fielmente a su ministro.

Vergennes no era un genio, pero como embajador que había sido conocía Europa, y muy diligente él mismo, fue bien secundado por sus negociados. En su opinión, puesto que Francia no tenía necesidad de conquistas, no podía asociarse a la política de violencia que acababa de desmembrar Polonia y Turquía; en cambio le interesaba estrechar su amistad con los Estados pequeños —Piamonte, Sajonia, príncipes renanos, Holanda, Suecia— a fin de impedir nuevas usurpaciones. La alianza austriaca sólo le parecía aceptable si continuaba siendo puramente defensiva. De acuerdo con Catalina II, intervino como mediador para restablecer la paz, en 1779, por el tratado de Teschen. En 1785 rehusó una vez más sostener a José II, que quería cambiar los Países Bajos por Baviera y pretendía abrir de nuevo el Escalda contra la voluntad de Holanda. Hay que convenir, sin embargo, en que Vergennes no logró impedirle que preparara con Catalina II un nuevo reparto de Turquía, y que su política parecería bastante modesta, por su alcance y por sus resultados, si se viera en ella sólo el designio de mantener la paz y el equilibrio continental, como se hizo siguiendo a Talleyrand.

En realidad, esa política era la condición de una guerra victoriosa contra Inglaterra. Vergennes comprendió que Francia no podía dominar a la vez la tierra y el mar; su mérito fue dar preferencia, a despecho de una tradición profundamente arraigada, al interés marítimo y colonial de Francia sobre su vocación continental, aprovechando la oportunidad que se le ofrecía.

Las colonias inglesas de América del Norte, en efecto, se habían sublevado y proclamado su independencia el 4 de julio de 1776. En nombre de los Estados Unidos, Silas Deane y Franklin solicitaron el apoyo de Luis XVI. La opinión se inflamó. La Declaración de Derechos, que Virginia había adoptado el 23 de mayo de 1776, resumía brillantemente las ideas caras a los filósofos, y Franklin, *self-made-man* nombrado embajador de su país, era una lección viva para los partidarios de la igualdad de derechos. Otros franceses, es cierto, consideraban a los *insurgentes* como rebeldes, pero la hostilidad contra Inglaterra ahogaba los escrúpulos. La partida, sin embargo, era peligrosa. Durante mucho tiempo Vergenes hizo la vista gorda a las operaciones de hombres de negocios, como Beaumarchais, que procuraban suministros a los americanos, y a la salida de voluntarios, el más conocido de los cuales es el marqués de La Fayette. Cuando una división inglesa capituló en Saratoga, Vergennes se quitó la máscara y empeñó la lucha en febrero de 1778.

El año siguiente, España aceptó cumplir las obligaciones del Pacto de Familia. Por otra parte, la pretensión que anunciaba Inglaterra de controlar el comercio de los neutrales y de prohibirles el tráfico con las colonias enemigas acabó por volverlos contra ella; Catalina II los agrupó en 1780 en una liga de neutralidad armada, y Holanda entró en la guerra. Saint-Germain había duplicado el efectivo del ejército y Sartine pudo poner en línea un número de barcos de guerra casi igual al de los ingleses, aunque de menor calidad. Sin embargo, la coordinación de esfuerzos entre los aliados fue insuficiente, y en los mares europeos su éxito se redujo a la reconquista de Menorca. D'Orvilliers había logrado mantener a los ingleses en jaque a lo largo de Ouessant en 1778, pero la armada que debía efectuar un desembarco en Gran Bretaña no lo consiguió, y en 1782 se abandonó el sitio de Gibraltar. En las costas americanas y en las Antillas, d'Estaing y Lamotte-Picquet por una parte, Rodney por la otra, compensaron sus ventajas. En la India, Suffren obtuvo brillantes victorias, pero para auxiliar a Haider-Alí, sultán de Misora, hubiera necesitado todo un ejército. En los Estados Unidos, Washington, carente de hombres y de dinero, resistía con dificultad. La situación fue decidida por Rochambeau, cuando al mando de un cuerpo expedicionario, le ayudó a capturar el ejército de Cornwallis en Yorktown, en 1781. El ministerio de Lord North fue derribado y las negociaciones comenzaron. El tratado de Versalles consagró, en 1783, la independencia de los Estados Unidos y devolvió a Francia Santa Lucía, Tobago y el Senegal. Aunque el resultado pareciera insignificante, el equilibrio marítimo se restableció sin embargo. Vergennes quedó satisfecho con esto: su deseo fue en adelante consolidar la paz entre Francia e Inglaterra estableciendo relaciones económicas más estrechas; en 1786, concluyó con Pitt un tratado de comercio. Cuando la Revolución y el Imperio volvieron a la política de expansión continental, aniquilaron su obra.

## Calonne

De las causas inmediatas de la Revolución, la guerra de América fue la más eficaz. Por una parte, la pasión por la nueva república avivó el deseo de un cambio. Por la otra, el Estado se endeudó de tal suerte que muy pronto Luis XVI se halló a merced de la aristocracia.

Necker había dejado el poder. Pese a su prudencia, había llegado a tener tantos enemigos como Tur-

got y había replicado a las críticas de éstos con un
*informe* en el cual revelaba el despilfarro de la corte.
El informe encontró una acogida extraordinaria, que
fue para él el golpe de gracia; fue destituido el 19
de mayo de 1781. Sus sucesores, Joly de Fleury y
Lefèvre d'Ormesson se vieron obligados a continuar
la política de empréstitos. En noviembre de 1783,
Calonne fue llamado de la intendencia de Lille para
restablecer la situación.

Era un hombre intrigante y aprovechado, pero in-
teligente y emprendedor. Calculando que si la producción aumentaba los ingresos se acrecentarían, ordenó obras en los puertos, abrió caminos, comenzó
la construcción de canales, creó una nueva Compañía de las Indias, reorganizó la Caja de Descuentos,
creada por Panchaud en 1776, con el objeto de obtener un mayor crédito. Empero, la idea, justa en
sí, no podía eximir de un gran esfuerzo económico
y de aumentar los impuestos para liquidar el atraso.
Mas Calonne se mostró pródigo para complacer a la
corte y persistió en los empréstitos. Por medio de
sus periodistas a sueldo y sus maniobras alcistas,
sostuvo el crédito al grado de recoger en tres años
800 millones. Sin embargo, Necker lo vigilaba y el
Parlamento estaba al acecho. En 1786, un nuevo empréstito encontró a los prestamistas reacios. El déficit era aproximadamente del 20 por ciento. Se resolvió realizar algunas economías, pero éstas no bastaban porque más de la mitad de los gastos era
absorbida por la deuda pública. Como se rehusaba
a presentar la bancarrota o la inflación, Calonne no
vio otro recurso que un esfuerzo fiscal. Técnicamen-
te, el problema era fácil de resolver: no hubiera habido déficit si los privilegiados hubiesen pagado la
parte que justamente les correspondía. El 20 de agosto de 1786, Calonne envió a Luis XVI una memoria
donde proponía una reforma del Estado.

Quería sustituir las vigésimas por una *subvención territorial* que pagarían todos los terratenientes sin excepción. Como había previsto que el clero pretextaría su deuda para declararse insolvente, decidió anularla vendiendo para ello una parte de sus derechos feudales. Para aumentar la producción, se concedería la libertad al comercio de granos, la supresión de aduanas interiores y de muchos impuestos de consumo. Finalmente, se establecerían asambleas provinciales elegidas en el sufragio censatario, sin distinción de órdenes. De esta manera se pondría coto a los privilegios fiscales, el feudalismo sería dañado, la burguesía incorporada al Estado. Pero todas estas medidas afectaban a la aristocracia, y la oposición irreductible de los parlamentarios era segura. Si hubiera podido contar con Luis XVI, no cabe duda que Calonne los habría desafiado. Pero no había que dejarse llevar por la ilusión, puesto que la autoridad moral del príncipe disminuía de día en día.

La reina, a pesar de ser ya madre de una niña, en 1778, no había cambiado para nada sus costumbres, jugaba en grande y daba el espectáculo en el Pequeño Trianón. Se había enamorado del conde Fersen, gentilhombre sueco al servicio de Francia, y cuando después de Madame Royale tuvo otros dos hijos, decepcionados los condes de Provenza y de Artois en sus esperanzas de quedar como presuntos herederos, estimularon las imputaciones deshonrosas. En 1785, el Asunto del collar acabó de perderla en la opinión general. El Cardenal de Rohan, obispo de Estrasburgo y limosnero mayor, persuadido por una aventurera, garantizó el pago de un collar que se decía comprado por la reina, con el fin de atraérsela. Una vez descubierta la estafa, el rey cometió el error de no ocultar el asunto. Rohan fue arrestado, y después de un largo proceso, absuelto por el

Parlamento el 31 de mayo de 1786. Todos quedaron convencidos de que María Antonieta había abusado de su credulidad.

Calonne resolvió, pues, contemporizar: convocó una *asamblea de notables,* es decir, de representantes de la aristocracia. Habiéndolos escogido él mismo, pensaba obtener su consentimiento y prevalecer frente a los Parlamentos. Pero el resultado era inequívoco; en lugar de imponer su voluntad, el rey consultaba a sus súbditos: "daba su dimisión".

Así comenzó la Revolución francesa. Estaba destinada a ejercer sobre la vida de la nación una influencia profunda y duradera. Un vistazo sobre el estado del reino en vísperas de esta gran crisis ayuda tanto a medir su alcance como a interpretar sus vicisitudes.

## La actividad económica

Después de la Guerra de Siete Años, la economía francesa había conocido algunos años prósperos. La administración real había contribuido a ello del mejor modo posible al proseguir la construcción de grandes carreteras, la apertura de canales en Borgoña y las provincias del Norte, favoreciendo la roturación y los desecamientos, creando depósitos de sementales para la cría caballar, introduciendo, en fin, la oveja merina. En principio, había alcanzado la libertad preconizada por los economistas; si dudaba en cuanto a los granos, era por temor a la sedición; en la industria, la reglamentación era cada vez menos observada. Inclusive el proteccionismo perdía rígidez; el tratado de 1786 había abierto el reino a los productos manufacturados británicos a cambio de concesiones para nuestros vinos y aguardientes; en 1784 había sido autorizado cierto tráfico entre los Estados Unidos y las Antillas. Por otro lado, la reserva monetaria se acrecentaba en Europa: la producción de las minas de México aumentaba; en Inglaterra, la emisión bancaria tomaba fuerza; varios Estados recurrían al uso de papel moneda. En consecuencia, los precios se hallaban en alza continua, lo que favorece siempre el espíritu de empresa. La introducción de las máquinas, que se multiplicaban en Inglaterra, le abría vastas perspectivas. Por otra parte, la invención era activa también en Francia, especialmente en el terreno de la química aplicada, al cual va unido el nombré de Berthollet.

Las industrias de lujo conservaban su fama. Las fundiciones y forjas eran cada vez más numerosas, y habiéndose encarecido la madera, empezaron a explotarse las minas de carbón. Sin embargo, las industrias textiles eran las que empleaban mayor número de obreros. En 1762 se había liberado de toda traba la contratación de mano de obra rural, y paralelamente a las manufacturas, millones de campesinos tejían el paño, el lino y la batista para los negociantes de las ciudades. Era también una gran novedad la moda del algodón y de las máquinas inglesas para hilarlo.

El comercio por mar floreció de nuevo en Marsella con Levante y los berberiscos, en Burdeos y Nantes con las "Islas", es decir, las Antillas, sobre todo Santo Domingo, de donde se sacaba azúcar, algodón, café, índigo, a cambio de harina, de productos manufacturados y de esclavos negros que proporcionaba la trata. "Lo exclusivo" reservaba a la metrópoli el monopolio del comercio y la navegación en sus posesiones de ultramar, a las cuales prohibía además los cultivos e industrias que ella practicaba: el azúcar se refinaba en Francia y se reexportaba en gran parte. En 1789, el comercio exterior se estimaba en más de mil millones.

A pesar del ejemplo de algunos propietarios, la

agricultura permanecía apegada a sus rutinas: se carecía de ganado por falta de cultivos forrajeros. Pero se habían conquistado los terrenos baldíos, y parece que en los años normales la agricultura bastaba para el consumo. El aumento de la población, que debió ser de tres millones durante los últimos treinta años del Antiguo Régimen, muestra que no había hambres propiamente dichas. No cabe duda que la economía estaba atrasada. Los campesinos constituían las cuatro quintas partes de la población; las manufacturas seguían siendo la excepción; la máquina de vapor no se empleaba más que en las minas de Anzin. Pero no por ello dejaba de figurar en el primer lugar después de Inglaterra y, con sus aproximadamente 23 millones de habitantes, Francia era el Estado más poblado de Occidente. Este progreso contribuye a explicar que la burguesía fuese allí más poderosa que en cualquier otra parte del continente, y que fuera la única clase capaz de organizar un nuevo orden. De un pueblo universalmente miserable no hubieran podido surgir los jefes de una revolución triunfante. Empero, fue la miseria la que puso . su servicio la fuerza popular, y la contradicción no es más que aparente. Desde luego, si Francia era próspera como comunidad, las ganancias beneficiaban desigualmente a sus habitantes: mientras que los granos habían aumentado un 60 por ciento, el precio de arriendo había subido un 95 en provecho de los terratenientes, los cuales gozaban sin embargo en su mayoría de privilegios fiscales, y en cambio los salarios sólo habían subido un 22 por ciento. El incremento del comercio exterior se debía mucho menos al aumento de la producción nacional que al sistema colonial, y beneficiaba sobre todo a los negociantes y a los dueños de plantaciones. Después, a partir de 1778, la economía declinó. Una serie anormal de vendimias abundantes trajo como con-

secuencia una baratura catastrófica del vino, cuya
producción, mucho más extendida que hoy en día,
proporcionaba a una parte considerable de la población rural el principal artículo comerciable. En 1784
y 1785, una sequía desastrosa diezmó el ganado. En
la antigua economía, las calamidades agrícolas, al
reducir el poder adquisitivo de las masas campesi-
nas, desencadenaban las crisis industriales, las cuales empeoraban aún la condición de los rurales que
trabajaban para los negociantes. El pueblo se halló
así a merced de una mala cosecha; ésta coincidió
con la reunión de los Estados generales y lo movilizó contra el Antiguo Régimen.[2]

## La vida intelectual y las artes

Francia conservaba la primacía intelectual y artística. Su lengua, literatura, artes y modas se
contaban todavía entre los elementos esenciales del
cosmopolitismo de la aristocracia europea. En este
aspecto, el reinado de Luis XVI no había señalado
una ruptura. La decadencia de la tragedia, la moda
del exotismo, el espíritu crítico en el teatro (fue en
1786 cuando Beaumarchais puso en escena *Las Bodas
de Fígaro*) no eran de ninguna manera una novedad.
El retorno a la Antigüedad podría fecharse desde mediados de siglo, pero caracteriza mejor la época, y
la misma Revolución quedará marcada por él. His-
tóricamente, influye menos en este sentido la obra
de André Chénier, que permaneció desconocida para
sus contemporáneos, que el *Voyage du jeune Anar-
charsis* de Barthélemy, o la renovación de la pintura

2 Para estos diferentes puntos consúltese: C. E. La-
brousse, *Esquisses du Mouvement des Prix et des Revenus
en France au xviii° siècle*, 2 vols., París, 1933, y *La Crise
de l'Economie française à la fin de l'Ancien Régime et
au début de la Révolution*, t. I, *La Crise de la Viticulture*,
París, 1943.

con la que David, cuyo *Juramento de los Horacios*
es de 1785, restableció la observación del canon clásico y dio preeminencia al dibujo. Asimismo el mo-
biliario, al abandonar la rocalla para volver a la línea
recta, y al tomar sus motivos no solamente de la
Antigüedad greco-romana, sino de la etrusca y la egipcia, creaba un estilo que, al hacerse más pesado, daría como resultado el estilo Imperio. Aunque no hay
que engañarse: en Pompeya se había redescubierto
el arte alejandrino, y la decoración interior en la
que Boucher había sobresalido no se hallaba destro-
nada; los escultores eran partidarios de lo antiguo;
pero la obra de Falconet, y sobre todo la de Pajou,
no sacan de allí su encanto; los paisajes de Hubert
Robert no le deben nada, y el realismo hacía valer
sus derechos tanto en el retrato como en los graba-
dos de Moreau, inspirados tan a menudo en la vida
cotidiana. Por lo que concierne a la música, los
éxitos de Gluck habían contrarrestado la popularidad
de los italianos, pero nuestra ópera cómica conservaba su brillo: el *Ricardo Corazón de León* de Grétry
es de 1784.

En el terreno del pensamiento encontramos la misma variedad. El racionalismo conservaba en él su
lugar y el progreso de las ciencias continuaba: Lavoisier creaba la química moderna, Buffon acababa de
dar cima a su obra, Monge y Laplace comenzaban
la suya. La "filosofía" tenía ganada la partida: el
"rey" Voltaire había muerto en plena apoteosis en 1778
y la influencia de Rousseau, muerto el mismo año,
era más profunda aún. Pero no habían dejado, a
decir verdad, sucesores de los mismos vuelos. Hasta
1788 Condorcet no había publicado casi nada y Ma-
bly se divulgó sobre todo después de 1789; se leía
sobre todo la *Histoire philosophique des Deux Indes*
de Raynal, aunque no ofreciera otra novedad que un
acento más violento e impaciente. La influencia ame-

ricana, los nombres de Washington, Franklin, La Fayette, embellecían las nuevas ideas con un prestigio sin igual y su divulgación aumentaba de día en día gracias a la difusión de folletos y a la propaganda que se les hacía espontáneamente en los salones, academias y sociedades diversas cuyo número aumentaba incesantemente: culturales algunas, como el *Musée;* filantrópicas otras, políticas otras más, como los primeros clubes o la *Sociedad de Amigos de los Negros;* incluso logias masónicas, donde sacerdotes y nobles se concertaban con la burguesía para repudiar al menos el "fanatismo" y el "despotismo".

Lo poderoso de la corriente no debe sin embargo conducir a engaño. La aristocracia, en su gran mayoría, permanecía hostil a la igualdad de derechos; el clero a la libertad religiosa. El catolicismo y el absolutismo conservaban numerosos defensores que carecían de talento, pero no por ello eran menos leídos por muchos burgueses. Por otra parte, el romanticismo se anunciaba ya. Rousseau había dado preferencia al sentimiento sobre la razón, a la exaltación pasional, a la adoración confusa de la naturaleza, y Bernardino de Saint-Pierre seguía sus huellas. Las ideas políticas y sociales de los racionalistas no eran sin embargo repudiadas; el romanticismo, al llevar el individualismo al extremo, al alentar el optimismo, predispuso asimismo a los hombres al ardor revolucionario. Que amenazara no obstante el imperio del racionalismo realista y positivista lo atestiguaba la religión sentimental del Ser Supremo de la que Rousseau se había constituido misionero, y que ese misticismo respondiera a oscuros deseos lo dejaba presentir el éxito obtenido por las extravagantes doctrinas de Swedenborg, de Pascalis, de Saint-Martin, o la de Mesmer, que confundía las mentes presentando la electricidad y el magnetismo como fuerzas sobrenaturales, o las de charlatanes como Cagliostro.

Por estos síntomas se puede medir con qué fuerzas de reacción debía tropezar la Revolución.

## La administración del reino y la unidad nacional

No era un secreto para nadie que desde Luis XIV la organización del Estado permanecía estacionaria. Poco faltaba para que Luis XVI gobernara siguiendo los mismos procedimientos que su antepasado; algunos pudieron no ver en ello ningún mal, pues ante todo les importaba la calidad de los administradores, y éstos eran con frecuencia excelentes: hostiles a lo arbitrario por amor al orden y al bien público, penetrados ya de la majestad de la ley, muchos se adaptaron sin dificultad al orden burgués y le prestaron inestimables servicios. Pero es indudable que mientras la enseñanza de las escuelas, el prestigio de París, las letras y las artes, el progreso de las comunicaciones y de las relaciones económicas, fortificaban de día en día la unidad nacional, las instituciones la estorbaban. Francia continuaba dividida en *país de elecciones*, en el que el intendente era señor sin discusión de su *generalidad*, y en *país de Estados*, en el cual debía contarse con los Estados provinciales. El Mediodía era fiel al derecho romano y el Norte a sus numerosas costumbres. Las pesas y medidas variaban con frecuencia de una parroquia a otra. Las aduanas interiores y los peajes, lo mismo que la diversidad del régimen fiscal, impedían la constitución de un mercado nacional. Las circunscripciones administrativas, judiciales, financieras, religiosas, prodigiosamente desiguales e invadiéndose las unas a las otras, no ofrecían más que un caos. Provincias y ciudades, a menudo dotadas de privilegios, que consideraban, con razón, como una defensa contra el absolutismo, manifestaban un particularismo obstinado.

Para el Capeto, era una especie de misión histó
rica el dar a la comunidad que había constituido, al
reunir las tierras francesas bajo su autoridad, una
unidad administrativa que se armonizara con la conciencia que adquiría de sí misma y que fuese tan
favorable al ejercicio de su poder como agradable y
útil para todos. Los funcionarios, sin duda, no hubieran pedido nada mejor que realizarla, pues esto
hubiera acrecentado el poder real y en consecuencia
su propia influencia; pero por esta misma razón
habrían chocado con la resistencia apasionada de los
Parlamentos y de los Estados provinciales, es decir,
de la aristocracia. Lo mismo que la solución de la
crisis financiera, la realización de la unidad nacional
ponía a discusión la organización jurídica de la sociedad.

## La aristocracia

A decir verdad, esta estructura era en sí la negación misma de la unidad. Los franceses continuaban
divididos en tres *Órdenes* o *Estados:* Clero, Nobleza
y Tercer estado, los dos primeros de los cuales eran
los privilegiados.

El clero era el más favorecido. No pagaba los
impuestos directos, sino sólo un *don gratuito* cuyo
monto fijaba y recaudaba él mismo. Era el único
que tenía una existencia política propia: una asamblea, una organización financiera y tribunales. Por
lo menos una décima parte del suelo le pertenecía,
así como muchos señoríos, y percibía el diezmo de
todos los productos de la tierra. Lo que llamamos
*estado civil* estaba en sus manos; el que no era católico no tenía existencia legal: su matrimonio era
un concubinato y sus hijos bastardos. La Iglesia tenía también el monopolio de la enseñanza y la beneficencia; participaba en la censura de los libros. Su

influjo espiritual era considerable. Entre los eclesiásticos, y lo que es peor, entre los obispos, se llevaba una vida poco canónica, y con frecuencia se entraba en las órdenes más por gozar de un beneficio que por amor al apostolado; la fe se había entibiado si se considera, especialmente, la disminución de las vocaciones monásticas; entre la nobleza y la burguesía se hacía gala, a menudo, de incredulidad. Pero ésta distaba de ser general, y se admitía, en todo caso, como Voltaire lo hacía, que el pueblo necesita una religión. Éste continuaba siendo creyente y practicante. La parroquia rural apreciaba mucho a su párroco, y es probable que la Revolución no hubiera podido iniciarse sin él.

Pero el clero era una corporación, o como decía Sieyès, una profesión más que una clase. Los obispos y una gran parte del alto clero, que acaparaban las más jugosas rentas eclesiásticas, eran nobles; los curas, reducidos generalmente a la *congrua*, y la mayor parte de los religiosos, eran plebeyos e iban a hacer causa común con el Tercer estado. En el fondo, no había más que dos clases: la aristocracia era la nobleza.

La propiedad territorial de aquélla seguía siendo considerable: tal vez un cuarto o un tercio del suelo le pertenecía, y la mayor parte de los señoríos. Menos privilegiada que el clero, pagaba la capitación y las vigésimas y no formaba una corporación. En todo esto, por otra parte, no se distinguía radicalmente del Tercer estado: muchos burgueses no estaban sujetos a la *talla* y nada impedía a un plebeyo adquirir tierras e incluso señoríos. Lo que distinguía a la nobleza era el nacimiento. Sin duda alguna, se podía llegar a ser noble, pues nunca ha habido castas entre nosotros. Sin embargo, en opinión de los propios plebeyos no se era verdaderamente noble sino por la sangre, y la literatura aristocrática que —se

olvida con demasiada frecuencia— se desarrolló a
través del siglo XVIII al lado de la filosofía burguesa,
había recurrido a justificaciones históricas y racia-
les: Montesquieu, después de Boulainvilliers, consideraba a los nobles como descendientes de los conquistadores germanos que por sus virtudes guerreras
habían impuesto su autoridad a los cobardes galo-
romanos. ¿Cómo hubieran podido soportar que se
les confundiera con la plebe "innoble"? El matrimonio desigual era una mancha; los nobles no podían
trabajar sin rebajarse, y cuando Colbert les abrió el
comercio marítimo, no encontró gran acogida. Vivir
noblemente era portar armas, pertenecer a la Iglesia
o permanecer ocioso. La riqueza, sin embargo, introdujo entre ellos diferencias impresionantes. Unos
vivían en la corte o en castillos suntuosos; otros
sostenían su rango en provincia; muchos eran pobres,
sobre todo en las regiones atrasadas.

A esta nobleza de espada, el rey había añadido
otra asociándola, para darles más valor, a los cargos que él vendía. Los miembros de los Consejos,
los magistrados de los Tribunales soberanos de París y de algunas provincias —Parlamentos, Cámaras
de cuentas, Tribunales de subsidios y monedas— gozaban de nobleza hereditaria; los demás, de nobleza
personal que se volvía trasmisible después de cierto
tiempo de ejercicio. Era la nobleza de toga. Los
tesoreros de Francia que formaban los negociados
de Hacienda, los magistrados municipales, los secre-
tarios del rey (estos últimos esparcidos por todo el
reino, y cuyo título no llevaba aparejada ninguna
función), gozaban de ventajas semejantes. Estos ennoblecidos eran ricos y, de origen burgués, aumen-
taban y administraban cuidadosamente su patrimonio. Los nobles de espada los habían mantenido a
distancia durante mucho tiempo, pero cedían cada
vez más al incentivo de matrimonios ventajosos; ya

en el siglo XVIII el ostracismo se había atenuado bastante. Por otro lado, los ennoblecidos olvidaban rápidamente su origen y mostraban tanta o mayor altivez que los otros.

El dinero ejercía pues sobre la aristocracia un poderoso atractivo. Sin él, el nacimiento no bastaba para hacer carrera, ni tan siquiera en el ejército, donde una capitanía y una coronelía costaban mucho. En la corte, la época de los cadetes de Gascuña había pasado. La alta nobleza, muy pródiga, estaba al acecho de canonjías jugosas y buscaba los favores reales. Algunos colocaban fondos en las empresas mineras e industriales; Talleyrand ya especulaba. Más a menudo los nobles se esforzaban por sacar provecho de sus campesinos: es lo que se llama "la reacción señorial". Así, la alta nobleza tendía a cercenar algunos miembros que por sus ocupaciones y género de vida se aproximaban a la alta burguesía, mientras que en la baja otros elementos no podían ni siquiera sostener su rango. Mirabeau se descastó al vivir de su pluma; Chateaubriand suspiraba oscuramente por los acontecimientos que abrirían camino a su ambición: "Levantáos, tormentas deseadas". Tanto la alta nobleza como la pequeña proporcionaron a la Revolución ilustres auxiliares.

La gran mayoría de los nobles, sin embargo, no quería o no podía adaptarse. Buscaban el remedio a contrapelo de la evolución: querían que la nobleza se volviera, por la supresión de la venalidad de los puestos públicos, una casta cerrada donde no se pudiera entrar más que por excepción; que los empleos compatibles con su dignidad le estuviesen reservados; que el rey proporcionara gratuitamente a sus hijos los medios de prepararse para desempeñarlos. El rey, primer gentilhombre del reino, no había permanecido insensible a estos deseos. Durante el reinado de Luis XVI, los ministros fueron todos nobles, excepto Necker; en 1781, se había hecho saber mediante un edicto que para entrar directamente en el ejército como oficial era preciso tener cuatro cuartos de nobleza; en 1789, todos los obispos eran nobles; los parlamentos excluían a los plebeyos, a veces por reglamento.

Pero las pretensiones de los nobles no eran sólo éstas. No le perdonaban al rey el haberlos reducido a la condición de súbditos, aunque fuese privilegiados. Le debían, sin duda alguna, fidelidad; pero eran sus consejeros natos y hubo una época en que él no emprendía nada sin su consentimiento; eran también sus representantes naturales, y tanto la administración local como las funciones ministeriales les correspondían. En fin, Montesquieu había justificado por el derecho de conquista la autoridad señorial que las usurpaciones reales habían restringido abusivamente. Pero nuestra historia antigua no era lo único que servía para incitar la ambición; el ejemplo de Inglaterra, donde desde la revolución de 1688 la oligarquía participaba en el poder; el de Polonia, donde los nobles elegían al rey y hacían la ley, contribuían igualmente a ello. Después, en el siglo XVIII, los nobles se habían opuesto, como los plebeyos, a la arbitrariedad ministerial, especialmente a las injustas órdenes de aprehensión o de exilio (*lettres de cachet*) de que con frecuencia eran víctimas: la nobleza reclamaba pues las libertades necesarias y el respeto a la ley. Montesquieu aseguró la unión entre las pretensiones nobiliarias y la "filosofía": sostuvo que las "corporaciones intermedias", el Clero, la Nobleza, los Parlamentos, eran el baluarte de la libertad contra el despotismo, ya que "el honor", es decir, el sentimiento que sus miembros tenían de su dignidad, les ordenaba resistir a la tiranía.

La autoridad del rey no había quedado indemne. Es sabido con qué éxito los tribunales soberanos le

habían ganado la partida; los Parlamentos, hacién-
dose pasar por los representantes interinos de los
Estados Generales, se atribuían la guarda de las "leyes fundamentales" y el derecho a aprobar el impuesto. El progreso de los Estados provinciales, sobre
todo en Languedoc y Bretaña, no eran menos carac-
terísticos, pues el alto clero y la nobleza eran en ellos
los amos. Por otro lado, los intendentes no se ensa-
ñaban contra los grandes, como bajo Luis XIV: eran
nobles de blasón que, al permanecer mucho tiempo
en el lugar, trataban con la nobleza local y le guardaban consideraciones.

El siglo XVIII había sido pues señalado por una
victoriosa reacción de la aristocracia contra el sistema de gobierno de Luis XIV. La Fronda había
parecido el último acto de esta lucha entre el rey y
los señores que, desde el advenimiento de los Capetos, constituía uno de los rasgos esenciales de la historia de Francia. En realidad, era sólo la rebelión
armada la que había terminado. ¡Síntoma de la
época! El asalto había comenzado de nuevo por procedimientos burgueses: la obstrucción jurídica, la apelación a los precedentes históricos y a los principios
filosóficos, el llamado a la opinión. La crisis financiera fue para la aristocracia la ocasión de un esfuerzo
decisivo para poner a la realeza bajo tutela y reforzar, por el ejercicio del poder, su supremacía en la sociedad francesa. La Revolución francesa comenzó en
1787 y fue al principio una revolución aristocrática.

## La burguesía

La tradición nobiliaria procedía del pasado me-
dieval, en el que la tierra era la única riqueza y sus
poseedores eran los amos de los que la cultivaban
La nobleza no quería convenir en que el comercio
y la industria, fuentes de la riqueza nobiliaria, al

suscitar la aparición y la ascensión de la burguesía
y al favorecer la emancipación del campesino, habían
procurado al Tercer estado un poder que a organización legal de la sociedad no tomaba en cuenta.
Sieyès dirá muy pronto que el Tercer estado es todo
de hecho y nada de derecho. Ésta es la causa profunda que, de la revolución aristocrática, hizo surgir
la del Tercer estado.

Abarcaba éste a todos los plebeyos, del rico al
mendigo; la burguesía no constituía en él más que
una pequeña minoría, pero que dirigió la Revolución
y obtuvo el mayor provecho de ella. La burguesía
no era homogénea. En primera fila estaban los financieros, cuyo papel había crecido al servicio del
Estado: los Receptores generales, a los que éste encargaba de percibir los impuestos directos, los banqueros que alimentaban la Tesorería, los munici-
neros que proveían al ejército y la marina. Junto
con la finanza, el comercio marítimo ofrecía el principal medio de hacer fortuna. Pero los negociantes
no estaban rigurosamente especializados: podía vér-
seles simultáneamente como armadores, comisionis-
tas, banqueros y manufactureros. La industria no
tenía el predominio en la economía; la concentración de las empresas apenas empezaba y el capitalismo conservaba su forma comercial: era el negociante el que reclutaba la mano de obra rural; la
manufactura misma no era indispensable más que
en las ramas que exigían maquinaria costosa, como
la tela estampada que Oberkampf fabricaba en Jouy,
los productos químicos, el hilado mecánico del algodón. Así, pues, una gran parte de la producción
quedaba en manos de artesanos, sea libres, sea agrupados en corporaciones. Según la dignidad de su
oficio, formaban una pequeña y muy modesta burguesía. Trabajaban solos o con un pequeño número
de obreros para la clientela local, pero el negociante

se convertía en el cliente principal de un número cada vez mayor de artesanos, y en la sedería lionesa la evolución ya había llegado a su término. Amenazado en su independencia, el artesano, hostil al capitalismo y a menudo favorable a cierta reglamentación, proporcionará la mayor parte del partido *sansculotte*.

Recién llegado al desahogo económico, el burgués compraba tierras o colocaba su dinero en renta hipotecaria. Había también rentistas del Estado, sobre todo en París. Por otro lado, el burgués enviaba a su hijo al colegio para comprarle después un cargo o hacer de él cuando menos un abogado. Los tribunales eran muy numerosos y los hombres de leyes también. La historia no ha esclarecido todavía el papel que los *oficiales*, incluso ennoblecidos, habían desempeñado en la ascensión y educación de la clase de la que provenían. Propietarios de sus puestos, gracias a la venalidad de los cargos, habían defendido, en cierta medida, contra la arbitrariedad, la persona y los bienes, la libertad civil sin la cual la formación misma de la burguesía sería inconcebible; habían opuesto a la fuerza el reino del derecho, de la Ley, que iba a ser la esperanza de la aurora de la Revolución. Durante mucho tiempo habían sido los mejores auxiliares del poder real contra los señores feudales, a cambio de lo cual éste abandonaba a estos "notables" la administración local. Pero despojados poco a poco de esta última en beneficio de los intendentes, una buena parte de ellos se iba a contar, junto con los hombres de leyes, entre el personal revolucionario. Las otras profesiones liberales: el magisterio, por el monopolio de la Iglesia, la medicina, las artes, no ofrecían más que un pequeño número de perspectivas lucrativas; los hombres de letras rara vez se enriquecían. A este "proletariado intelectual" la Revolución ofrecerá oportunidades.

La condición de los burgueses era pues muy variada. Los financieros y los negociantes tenían sus residencias en las grandes ciudades y alternaban con la nobleza. En provincia, el burgués conservaba mucho de su origen campesino; era ahorrativo y su mujer ignoraba la moda; las distracciones eran poco frecuentes; la autoridad del marido y del padre seguían siendo absolutas. Entre el burgués y el hombre del pueblo las relaciones eran frecuentes. En las ciudades, habitaban a menudo la misma casa; en muchas aldeas había hombres de leyes, y por otra parte los citadinos venían a vigilar a sus aparceros. Esto explica parcialmente la influencia de la burguesía en el seno del Tercer estado. En cuanto a los artesanos, muy próximos a sus obreros, proporcionaron los cuadros de las masas revolucionarias.

En opinión de los burgueses, el último término de la ascensión social había sido siempre el acceso a la nobleza. Pero se sobrentiende que pocos de ellos la obtenían, y en el siglo XVIII el exclusivismo aristocrático tendía a hacerla inaccesible; además, se restringía el número de empleos a los que el burgués podía aspirar. "Los caminos están cerrados por todas partes", escribía Barnave. La burguesía era casi unánime contra el privilegio. En la aurora del capitalismo se beneficiaba también con la libertad de investigación y de empresa, con la unificación del mercado nacional, la desaparición del régimen señorial y de la propiedad eclesiástica que inmovilizaban la tierra y los hombres. No se le hace sin embargo justicia cuando se presentan el amor propio y el interés como sus únicas guías. Por medio de la libertad e igualdad de derechos, quería llamar a todos los hombres para mejorar el destino terrestre de la especie: el idealismo no fue la fuerza menor de la Revolución. Sin embargo, esperaba del rey la transformación que deseaba. Ni siquiera fue ella la que impuso la convocación de los Estados generales sin la cual el giro que tomaron los acontecimientos sería inconcebible, pues sólo la aristocracia disponía de medios para hacerlo. La burguesía no era tampoco demócrata, pues hablaba del pueblo con desdén y lo temía; en su propio seno, de un escalón al otro, había —como dice Cournot— "una cascada de desprecio". Es verdad que en 1789, en sus disputas con la aristocracia y llena de optimismo, aceptó la intervención de las masas, y que algunos de sus miembros, de ahí en adelante, permanecieron fieles a éstas; pero el mayor número volvió luego a su primitiva actitud. En el fondo era ya tal como se mostrará bajo el reinado de Luis Felipe, persuadida de que el orden natural de las cosas le reserva el gobierno de la humanidad y de que es la única que puede conseguir el bien de todos al mismo tiempo que el suyo propio.

## Los obreros y los campesinos

Así, pues, se puede poner en duda que la burguesía hubiera llevado muy lejos el conflicto con la nobleza si los obreros, que formaban una clase netamente distinta, se le hubiesen presentado como aliados peligrosos. Pero la mayor parte de ellos no estaba concentrada ni en las manufacturas ni en barrios separados. Los *oficiales (compagnons)* de ciertos oficios, especialmente los papeleros y los de la construcción, agrupados en *gremios (compagnonnages)*, eran turbulentos y estaban siempre dispuestos a la huelga; pero la organización no abarcaba más que una pequeña minoría y era corporativa, por lo tanto fragmentaria. Así, el Tercer estado urbano pudo unirse contra la aristocracia, y los obreros de los célebres barrios de San Antonio y San Marceau siguieron a los artesanos que les daban trabajo.

Aquéllos tenían sin embargo sus propios intereses. La abundancia de la mano de obra no permitía el aumento de salario en consonancia con el alza de los precios y mantenía el desempleo. La principal preocupación del obrero era contratarse, hallar pan en la panadería y no pagarlo a más de dos *sous* la libra; era su principal alimento y necesitaba tres libras al día. También era muy adicto a la reglamentación, hostil al "acaparador" —comerciante, panadero, molinero— y estaba siempre dispuesto a ponerlo en la linterna, es decir, a ahorcarlo en el farol más próximo. En este punto el maestro artesano estaba con frecuencia acorde con él: todos tienen derecho a la vida; si el pan es demasiado caro, hay que regular su precio, y en caso de necesidad, pedir a los ricos con qué indemnizar al panadero.

Contrariamente a lo que podría imaginarse, los campesinos, en su gran mayoría, pensaban del mismo modo. Una parte apreciable del suelo, un tercio tal vez, con grandes variaciones locales, les pertenecía ya; además, el resto de la tierra cultivable estaba también en sus manos, a título de arriendo o de aparcería, pues el sacerdote, el noble y el burgués la explotaban rara vez por sí mismos. Pero la repartición era muy desigual. Entonces necesitaba el campesino mucha más tierra que hoy en día porque ésta quedaba en barbecho por lo menos un año de cada dos en el Mediodía y de cada tres en el Norte. Nueve familias de cada diez no poseían tierra bastante para vivir independientemente o no poseían ninguna. Sus miembros remediaban esto trabajando para otros como jornaleros o como obreros de industria y recurriendo a la mendicidad, que era la lacra eterna de los campos. En tiempos de crisis los mendigos se multiplicaban y se agrupaban. Se les trataba de "bandidos" y el miedo cundía, sobre todo en vísperas de la cosecha, puesto que podían cortarla por la noche.

Los campesinos que no cosechaban bastante para poder vivir, obligados a comprar en el mercado, compartían las inquietudes de los citadinos y se entregaban a las mismas violencias. Éste era particularmente el caso de los viñadores. Como el diezmero y el señor almacenaban mucho grano, parecían acaparadores natos; las autoridades que compraban para alimentar a sus administrados eran igualmente sospechosas de ganancias ilícitas; el rey mismo no era excluido, y el *Pacto de hambre*[3] le atribuía el cruel hábito de henchir su tesoro especulando con el pan de sus súbditos. El motín del hambre agrietaba pues la estructura administrativa y social.

El gran agricultor, el labrador acomodado, no tenían ciertamente los mismos intereses que los otros campesinos. Para desgracia del Antiguo Régimen, la comunidad rural juzgaba de manera unánime excesivas e injustas sus cargas. Eran en primer lugar el impuesto real, del que ella pagaba la mayor parte, y sobre todo los impuestos indirectos, el impuesto sobre la sal (la *gabelle*), los subsidios *(aides)*; el diezmo entregado al clero sin que su producto fuera dedicado, en la medida debida, al culto y a los pobres. Eran, en fin, los derechos señoriales. Ante todo, la justicia y los privilegios que según los juristas se relacionaban con aquellos: las prerrogativas honoríficas, los tributos por cabeza o por familia, los monopolios del molino, el horno, el lagar —o *banalités*[4]— de la caza y la pesca, del cazadero de conejos y del palomar, los peajes y derechos de mercado. Por lo

3 *Pacte de famine:* nombre dado por el pueblo, hacia 1754, a un contrato que se suponía había hecho el gobierno de Luis XV con ciertos negociantes para acaparar los granos, y con ello alzar los precios y provocar la escasez artificialmente. [T.]

4 O sea el uso difundido y con carácter de forzosidad de algún objeto que formaba parte de las pertenencias del señor. [T.]

menos un millón de campesinos seguían siendo siervos y no podían disponer de sus bienes. Otros tributos eran *reales*, es decir, relativos a la dependencia de un feudo *(tenure)*, que se suponía el campesino había recibido del señor a título perpetuo; se les exigía en dinero o en especie bajo los nombres de censo *(cens)*, o renta *(champart)*;[5] a esto se añadía, en caso de venta o de herencia colateral, un derecho por trasmisión de bienes, derecho de mutación o *casual* particularmente oneroso. En el siglo XVIII la reacción señorial había hecho frecuentemente la percepción más rigurosa, pero nada había exasperado tanto al campesino como los atentados a los derechos colectivos, puesto que éstos eran indispensables a su existencia. Cuando los frutos de la tierra habían sido recogidos, ésta se volvía comunal y todos los propietarios podían cuando menos enviar allí su ganado; este derecho de pastos en común *(vaine pâture)* obligaba a dividir el terruño en secciones u *hojas* y a reglamentar la rotación de los cultivos. Los bienes comunales, además, estaban muy extendidos. Los bosques también habían estado abiertos durante mucho tiempo al campesino. El señor había empezado por cerrárselos; luego, en muchas provincias, había obtenido del rey la facultad de descontar el tercio de los comunales por derecho de tría *(droit de triage)* y el permiso para el propietario de cercar sus tierras para sustraerlas a la *vaine pâture*. Efectivamente, los derechos colectivos estorbaban el progreso agrícola, mas su desaparición, que en el siglo XIX contribuyó tan poderosamente al éxodo rural, no podía realizarse más que en beneficio del propietario rico y a expensas del campesino.

Para luchar contra los privilegios, la burguesía podía contar con el apoyo del campesino, pero la igual-

---

[5] Antiguo derecho que tenían los señores feudales sobre las gavillas. [T.]

dad de derechos no podía bastar a éste. Le hacía falta una reforma del impuesto, la abolición del diezmo y de los derechos señoriales. Y lo que es más, era hostil como el obrero a esa libertad económica que la burguesía consideraba como la única capaz de asegurar la prosperidad general; él quería restaurar y mantener sus derechos colectivos y la reglamentación de la agricultura tanto como la del comercio de granos.

Durante toda la Revolución, el desempleo, la penuria, la carestía serán poderosos resortes de los movimientos populares que asegurarán la victoria de la burguesía. Contra la aristocracia, el Tercer estado constituirá un bloque. Pero entre la burguesía y el pueblo había un conflicto latente: sin ser en absoluto socialistas, obreros y campesinos juzgaban que la sociedad debía reglamentar el derecho de propiedad para asegurar a todos el derecho superior de vivir del trabajo.

## II. LA REVOLUCIÓN Y EL FIN DEL ANTIGUO RÉGIMEN

### (1787-1791)

#### 1. LA REVOLUCIÓN ARISTOCRÁTICA

*La Asamblea de los notables*

Los notables que representaban a los diversos elementos de la aristocracia —prelados, grandes señores, parlamentarios, consejeros del rey e intendentes,
magistrados municipales— se reunieron el 12 de febrero de 1788. No hicieron objeción a los proyectos
económicos de Calonne, pero protestaron con vehe-
mencia contra los que afectaban su preeminencia y
rechazaron la subvención territorial. Al dejar subsistir la talla y la capitación, la subvención territorial
no les imponía más que un sacrificio moderado, y
en el fondo se habían resignado a ella, pero previa-
mente pretendían imponer sus condiciones. Luis XVI
comprendió que Calonne no obtendría nada, lo destituyó el 8 de abril y lo reemplazó por Loménie de
Brienne, arzobispo de Tolosa. Éste modificó las proposiciones de Calonne con la esperanza de halagar
a los notables, pero fue en vano; ellos persistieron en
rechazar la subvención declarándose incompetentes
y haciendo alusión a los Estados Generales. El 25 de
mayo se cerró la sesión. Como el expediente había
fracasado, era necesario afrontar a los Parlamentos.

*El conflicto con los Parlamentos*

El Parlamento de París acogió sin pestañear la
libertad de comercio de granos, la conmutación en
dinero de la prestación personal para la reparación

de caminos y la creación de las Asambleas provinciales. En cuanto a la subvención territorial, la rechazó categóricamente, y cuando un sitial de justicia *(lit de justice)*[6] le impuso su registro, el Parlamento lo declaró nulo y sin validez. Se le castigó con el exilio, pero el Tesoro siguió vacío. No atreviéndose a recurrir a la bancarrota ni a la inflación, el gobierno capituló; la subvención fue abandonada y el Parlamento llamado de nuevo. Entonces, no hubo otro recurso que un nuevo empréstito. La dificultad, sin embargo, seguía siendo la misma: ¿cómo obtener el registro del empréstito? Entonces algunos magistrados revelaron el secreto designio de la aristocracia: tal vez el Parlamento cedería si se anunciaba la convocación de los Estados Generales. Brienne se resignó a prometerla para 1792 con tal que, de aquí a entonces, se le autorizara a tomar un préstamo de 420 millones. Sin embargo, como no estaba seguro de la mayoría, anunció bruscamente el 18 de noviembre una *sesión real* para el día siguiente. En sesión real, se tomaban en cuenta las opiniones, pero sin contar los votos: era un sitial de justicia bajo otro nombre. El procedimiento excitó la indignación y el duque de Orleáns aceptó protestar: "Sire —dijo—, esto es ilegal." Luis XVI, desconcertado, se irritó: "Me es igual... Sí, es legal porque yo así lo quiero." Cuando el rey se retiró, el Parlamento, una vez más, anuló lo que se había hecho.

El conflicto se eternizó y al mismo tiempo tuvo mayor alcance. Como el duque de Orleáns y dos consejeros fueran desterrados, el Parlamento condenó las órdenes de exilio en nombre de la libertad individual. Al presentir un golpe de fuerza, adoptó el 2 de mayo de 1788 una especie de Declaración de

---

[6] Asiento que ocupaba el rey durante las sesiones solemnes del Parlamento; después se designó con este nombre a las sesiones mismas. [T.]

derechos: únicamente los Estados Generales podían establecer nuevos impuestos; los franceses no podían ser arrestados y detenidos por órdenes arbitrarias; los magistrados, inamovibles, son los guardianes de las "leyes fundamentales" del reino.

Finalmente, Luis XVI inició de nuevo la tentativa de Maupeou que había abandonado al principio de su reinado. El Parlamento, cercado durante día y medio por la fuerza armada, presenció el 6 de mayo el arresto de dos de sus miembros. El 8, se le privó del derecho de registro, que se concedió a un *Tribunal plenario* cuya composición garantizaba la docilidad. El ministro de justicia Lamoignon reformó además la organización judicial, pero sin afectar la venalidad, y suprimió, a título de ensayo, la tortura previa. Esta vez, la resistencia tomó un sesgo amenazador. El Parlamento de París, suspendido inmediatamente, fue reducido al silencio. Pero los demás Tribunales soberanos, los Parlamentos de provincia, una parte de los tribunales subalternos, multiplicaron las protestas, y estallaron disturbios en varias ciudades. En Grenoble, el 7 de junio, en el momento en que el Parlamento exiliado iba a dejar la ciudad, la población apedreó desde los tejados a la guarnición y obligó a las autoridades a ceder; ésta es la llamada Jornada de las Tejas. Paralelamente, la creación de las Asambleas provinciales no había tenido como resultado más que debilitar la autoridad de los intendentes y desencadenar otras manifestaciones temibles. En varias provincias los nobles reclamaron simplemente el restablecimiento de los antiguos Estados provinciales. El 21 de julio de 1788, en el castillo de Vizille, una asamblea preparatoria convocó a los del Delfinado, y Brienne ratificó esta iniciativa revolucionaria. La Asamblea del clero, por su parte, lo abrumó con advertencias y volvió a insistir sobre la reunión de los Estados Generales. Brienne finalmente los convocó para 1789, y al verse sin recursos, presentó su dimisión el 24 de agosto. Necker, llamado de nuevo, reinstaló al Parlamento.

## Triunfo de la aristocracia

Durante la crisis, el papel principal había correspondido a los magistrados. Al poner en movimiento a los hombres de leyes, habían desencadenado, por medio de la acción concertada, un vasto movimiento de opinión y dejado a sus lacayos incorporarse a los motines de la curia. Sin embargo, equivocadamente se les ha imputado toda la responsabilidad: la aristocracia entera y hasta los príncipes de la sangre habían hecho causa común con ellos; los Estados provinciales los sostenían; en Bretaña, la nobleza los había ayudado a organizar comités de resistencia que vigilaban y se oponían a los agentes del rey; algunos oficiales habían rehusado obedecer, y los intendentes se habían negado a castigarlos. El ejemplo no se echará en olvido, y el Tercer estado no tardará en sacar provecho de él.

Por el momento, sin embargo, la aristocracia había obtenido la victoria. Pues los Estados Generales —y el Parlamento lo recordó el 23 de septiembre— debían estar, como en 1614, constituidos en tres órdenes, iguales en número, deliberar separadamente, y tener cada uno de ellos derecho de voto. No se podría pues emprender nada contra los privilegios sin el consentimiento de la aristocracia y, al disponer de dos votos de cada tres, ésta se consideraba capaz de imponer al rey sus condiciones. En todo caso, la monarquía había implícitamente cesado de ser absoluta; se regresaba a 1614. Era una revolución, pero la intervención de la burguesía cambió su sentido.

2. LA REVOLUCIÓN DE LA BURGUESÍA

*El partido patriota y su primer triunfo*

Excepto los curiales, la burguesía había permanecido hasta entonces escéptica o indiferente. Pero cuando supo la noticia de que los Estados Generales eran convocados, se halló unida en un instante contra la aristocracia. Muy hábilmente, no objetó la existencia de los órdenes, y se moderó al pedir solamente para el Tercero tantos diputados como el clero y la nobleza juntos; ordinariamente, no siempre, añadió el voto por cabeza. Los partidarios del Parlamento se habían intitulado orgullosamente los *nacionales*, los *patriotas;* la burguesía acaparó estos epítetos prestigiosos y constituyó en lo sucesivo el *partido patriota*. No se sabe a ciencia cierta si hubo en él un órgano central, aunque se ha señalado como tal a la francmasonería. Sin embargo, la aristocracia tenía un lugar importante en las logias y éstas no hubieran podido abrazar la causa del Tercer estado sin provocar protestas y escisiones, de las que no hay muestra. Entre los burgueses, los vínculos masónicos favorecieron seguramente la cooperación; empero, había muchos otros. Por otra parte se ha dicho que la aristocracia había dado el ejemplo de la acción concertada, y precisamente el único grupo al cual se puede atribuir una acción directora es el *Comité de los Treinta*, que parece ser ya había llenado este papel en la crisis de la primavera. Algunos de sus miembros estaban en relación con el duque de Orleáns, pero nada permite presentarlo como propiamente orleanista. Por lo demás, no cabe exagerar su influencia; durante toda la Revolución, el Tercer estado provincial, muy celoso de su autonomía, supo tomar las iniciativas que le parecieron convenientes, y esto fue precisamente uno de los resortes más vi-

gorosos del movimiento. La táctica, favorecida por
la abundancia de folletos que conmovían la opinión,
fue multiplicar las peticiones al rey.

Se contaba con Necker, que era popular como nunca, porque había logrado evitar la bancarrota al conceder de nuevo anticipos a los banqueros, sacando
100 millones de la Caja de Descuento, cuyos billetes
habían recibido curso forzoso, y asimismo no pagan-
do a los rentistas más que con cuentagotas. Estos
expedientes no podían durar más que un tiempo, y
Necker esperaba de los Estados Generales la reforma
fiscal, que era el único recurso efectivo. Como no
deseaba ponerse a discreción ni de la aristocracia
ni del Tercer estado, prefería dar satisfacción a este
último, pero limitando el voto por cabeza a las cues-
tiones financieras, lo que dejaría las demás al arbi-
trio del gobierno. Como sus predecesores, no estaba
seguro del rey y abordó la cuestión indirectamente.
Los notables, reunidos de nuevo el 6 de noviembre,
rechazaron la duplicación y el voto por cabeza. Sin
embargo no todos fueron unánimes; respecto a la
duplicación, una parte de la aristocracia y el mismo
Parlamento estaban dispuestos a ceder, so pretexto
de que ello no entrañaría de ningún modo el voto
por cabeza y, en consecuencia, era en sí indiferente.
El 27 de diciembre Necker obtuvo la adhesión del
Consejo. En su relación había reconocido que el voto
por orden era de derecho. El Tercer estado demostró su contento mientras que la aristocracia protes-
taba con violencia en Provenza, en el Franco Condado
y en Bretaña: en Rennes estalló la guerra civil.
Mirabeau en un *Discurso a la Nación Provenzal*, Sieyès en su famoso folleto *¿Qué es el Tercer Estado?*
replicaron con amenazadoras invectivas. Desde ese
momento la nobleza acusó a Necker de tramar su
ruina con la ayuda del Tercer estado, y recíprocamente la nación se persuadió de que la aristocracia

emplearía todos los medios para quedar dueña de los Estados Generales o para conducirlos al fracaso.

## Las elecciones y los cuadernos

Sin embargo, el gobierno fijaba el procedimiento electoral por reglamentos, el principal de los cuales apareció el 24 de enero de 1789. Los diputados fueron elegidos por asambleas celebradas por orden en la cabecera de bailía. Todos los nobles fueron convocados; los curas también, de modo que éstos se encontraron dueños de la elección, y más de una vez descartaron a sus obispos. Los plebeyos enviaban delegados elegidos por los contribuyentes en asambleas parroquiales y municipales. Los campesinos formaban una aplastante mayoría, pero la asamblea, que tenía que redactar un cuaderno de quejas (*cahier de doléances*), deliberaba, y los burgueses, principalmente los hombres de leyes, instruidos y habituados al uso de la palabra, se hicieron elegir sin dificultad.

La nobleza tuvo representantes de talento, como Cazalès, pero sólo los que se adhirieron al Tercer estado pudieron colocarse en primer plano. Los diputados del clero lo lograron en menor medida; los más conocidos son el abate Maury, miembro audaz de la oposición, y entre los liberales Talleyrand, obispo de Autun, y el cura Grégoire. Los del Tercer estado eran burgueses acomodados o que habían adquirido reputación, ya en París como los académicos Bailly y Target, ya en provincia como Merlin en Duai, Thouret en Ruán, Mounier y Barnave en Grenoble, Lanjuinais y Le Chapelier en Rennes. No se puede negar su saber, su dedicación y entrega al bien público. Sin embargo, fueron eclipsados por Mirabeau y Sieyès, dos de los raros privilegiados a quienes el Tercer estado había consentido en elegir por intérpretes. Sieyès, canónigo de Chartres, fue un teórico

eminente del derecho público, y su actuación durante
los primeros meses de la Revolución hizo de él un
oráculo. Pero carente de constancia y de talento
oratorio, se encerró muy pronto en el aislamiento.
Mirabeau, por el contrario, tenía del hombre de Estado la previsión realista, el manejo de los hombres
y una elocuencia sin par. Desgraciadamente, su juventud escandalosa y la indiferencia cínica que había
demostrado al poner su pluma al servicio del mejor
postor le privaba de toda consideración. Todos estaban convencidos de que la corte lo compraría cuando quisiera. Como Sieyès, no pudo conducir el Tercer
estado, cuya obra quedó como algo colectivo.

Del examen de los cuadernos salta a la vista que
los tres órdenes estaban acordes en numerosos puntos. Como el Tercero, la nobleza quería que la monarquía se volviera constitucional; como él, quería
proteger la libertad contra la arbitrariedad, y estimaba indispensable una reforma profunda de todas
las ramas de la administración. El conflicto apareció en cuanto se trató de la estructura de la sociedad; la nobleza aceptaba, no sin excepciones, renunciar a sus privilegios fiscales, pero pretendía
conservar todos los demás, continuar formando un
orden distinto, mantener, por medio de los derechos
señoriales, su autoridad sobre los campesinos. El
Tercer estado exigía la igualdad de derechos y que
no hubiera sino una sola categoría de franceses. Algunos nobles, ciertamente, consentían en ello, y en
el Delfinado los tres órdenes habían elaborado un
programa común. Pero el ejemplo no fue seguido;
de haber ocurrido las cosas de manera distinta, la
Revolución se hubiera hecho de común acuerdo.

Se había advertido a Necker que el rey debía intervenir en las elecciones para reunir a todos los
moderados en torno de un plan preciso de reformas.
Es indudable que una constitución análoga a la Carta

de 1814, la igualdad ante el impuesto, el acceso de
todos a los empleos públicos, una reforma del diezmo y la redención de los derechos feudales habrían
contentado al Tercer estado. Pero Necker sabía que
a la primera palabra hubiera sido despedido. Así,
guardó silencio, y la falta de gobierno dejó libre
curso al conflicto de los órdenes.

## La revolución pacífica de la burguesía

El 4 de mayo de 1789, los diputados y la corte desfilaron con gran aparato por las calles de Versalles
para ir a oír la misa del Espíritu Santo, y el 5, Luis
XVI presidió la sesión de apertura en el Hôtel des
Menus-Plaisirs. La nobleza inició al día siguiente la
verificación de los poderes, y desde el 11 se declaró
constituida. El Tercer estado rehusó obstinadamente
imitarla. No puso directamente en litigio la votación por orden, que era legal, pero exigió que la verificación de los poderes tuviera lugar en común,
como si no debiera resultar de ello un precedente
en favor del voto por cabeza, argumentando que importaba a cada orden comprobar si los otros estaban
regularmente constituidos. Los delegados conferen-
ciaron sin resultado. El rey propuso un plan conciliador y la nobleza dispensó al Tercer estado de la
peligrosa obligación de rechazarlo. La actitud de
la burguesía no dejaba, sin embargo, de presentar
inconvenientes, porque la exponía a que se le impu-
tara el poner obstáculos a las reformas. Las discusiones del clero le proporcionaron la ocasión de usar
una nueva táctica. Una pequeña minoría del clero,
que fue creciendo, se pronunciaba por la reunión.
Desde ese momento, la táctica del Tercer estado fue
multiplicar las exhortaciones para acelerar la defección de los curas. A principios de junio, Sieyès, de
acuerdo con el *Club Bretón* fundado por los muy

vehementes diputados de Bretaña, pero que se había convertido en director oculto del Tercer estado, juzgó llegado el momento de "cortar las amarras".

El 10 de junio decidió invitar a los privilegiados a unirse al Tercer estado; los que no se presentaran serían reputados rebeldes y la asamblea de los tres órdenes considerada completa de todas maneras; solamente algunos curas asintieron; los nobles liberales y La Fayette mismo, atados por su mandato, no osaron imitarlos. El 17, la reunión se adjudicó el nombre de *Asamblea Nacional*, así como la aprobación del impuesto. El 19, el clero votó por la reunión. Esto era ya una revolución, puesto que la constitución de los Estados Generales no podía ser legalmente modificada más que con el consentimiento de la nobleza y del rey.

El 20 de junio, el Tercer estado encontró la cámara cerrada y se le anunció que Luis XVI vendría a presidir una *sesión real*. La reacción fue la misma que en el Parlamento en 1787. El Tercero mostró la resolución de considerar nulo el golpe de autoridad que se avecinaba. Reunido en un salón del Juego de Pelota, bajo la presidencia de Bailly y por proposición de Mounier, prestó juramento de no separarse antes de haber establecido una constitución.

El 23, Luis XVI anuló las resoluciones tomadas por el Tercer estado, prescribió a los tres órdenes continuar sus deliberaciones separadamente, quedando la reunión como facultativa, y finalmente les notificó el programa de reformas que aceptaba sancionar. Nos hallamos aquí en el punto crucial de la Revolución. El rey consentía en convertirse en un monarca constitucional y en garantizar los derechos civiles del ciudadano; así, la revolución de la libertad fue desde ese momento una revolución nacional. Luis XVI autorizaba también la reforma administrativa: no sería más que cuestión de tiempo. Pero al aprobar de an-

temano la igualdad fiscal si la nobleza y el clero
consentían en ello, prohibía el voto por cabeza en lo
que concernía a los otros privilegios: el diezmo y los
derechos señoriales. Dicho de otro modo, él los confirmaba, y al ponerse de parte de la aristocracia sub-
rayaba el carácter propio de la Revolución de 1789,
que fue la conquista de la igualdad en la libertad.

Una vez que el rey hubo salido, el Tercer estado
permaneció en su sitio, y como el maestro de ceremonias invocara las órdenes del rey, Bailly replicó:
"La Nación reunida en asambleas no puede recibir
órdenes", fórmula cuya perfección la tradición ha
descuidado en provecho del desafío romántico de
Mirabeau: "No saldremos más que por la fuerza
de las bayonetas." Por el momento la corte estimó
que no tenía bastantes a su disposición y pareció
capitular; el 27 de junio, la nobleza y la minoría del
clero fueron invitados a reunirse al Tercer estado.
La asamblea acometió la elaboración de la Constitución; desde este momento es para la historia la
*Asamblea Constituyente.*

### El llamamiento al soldado

Así se realizó la revolución pacífica de la burguesía, por los mismos medios que habían hecho triunfar,
el año precedente, a la aristocracia. Sin embargo, las
consecuencias estaban aún por determinarse, pues
Bailly había reconocido que las decisiones de la
Asamblea Nacional debían ser sometidas a la sanción
del rey, y nadie había discutido aún la integridad del
poder ejecutivo. Los órdenes habían sido reunidos,
no suprimidos. La nobleza y el clero conservaban la
mitad de los votos, y unidos a los moderados del Tercer estado podían formar una mayoría que les facilita-
ría el triunfo. Pero estas probabilidades fueron desde-
ñadas. Desde el 26 de junio, Luis XVI había lanzado

las primeras órdenes que debían concentrar aproximadamente 18 000 hombres alrededor de París y de Versalles. El 11 de julio destituyó a Necker e instaló a un
nuevo ministro. El rey no podía dudar de su derecho a
emplear la fuerza contra los diputados rebeldes, y la
aristocracia se habría juzgado deshonrada si se rendía sin combatir. Se empeñaba, no obstante, en una
partida temible, pues en caso de fracasar, la sangre
vertida recaería sobre el rey y sobre sí misma. Nadie
pues creyó que la corte, como era sin embargo el
caso, no estuviera dispuesta a la acción: la Asamblea
parecía perdida. La intervención popular la salvó.

### 3. LA REVOLUCIÓN POPULAR

*La movilización de las masas*

Fue sobre todo la extraña noticia de la convocación de los Estados Generales la que conmovió al
hombre del pueblo e hizo trabajar su imaginación.
No sabía a punto fijo lo que eran ni qué podía resultar de la convocación, pero por lo mismo tenía
más esperanzas. Así, se extendió entre las masas esa
expectativa optimista que la idea de progreso había
sugerido a la burguesía, sin que el espíritu crítico
pudiera atenuar en ellas la fuerza de seducción. El
carácter mítico de la Revolución se mostró desde el
principio: iba a comenzar una nueva era en la que
los hombres serían más dichosos. El realismo del
campesino, sin embargo, no se mantuvo en el espejismo: puesto que el rey, en su bondad, quería conocer
los males que abrumaban a su pueblo, se sobre-
entendía que el remedio se había acordado de antemano; en todo caso, mientras llegaba la decisión de
los Estados Generales, mostró la resolución de no
pagar ya impuestos ni tributos. En el transcurso
de la primavera, nobles y sacerdotes se alarmaron

en todas partes, y la resistencia de la aristocracia en los Estados Generales se afirmó completamente.

La gran esperanza se asoció pues a un temor no menos vivo. Los privilegiados no renunciarían jamás voluntariamente a sus derechos. La impotencia de la Asamblea, atribuida a la obstrucción que aquéllos hacían, confirmó los recelos. Los nobles ejercían presión sobre el buen rey, y en caso de necesidad recurrirían a la fuerza llamando en su auxilio al extranjero: este peligro, que debía pesar con gran fuerza en la médula de la Revolución, fue presentido desde el principio. Así, desde muy temprano, el "complot aristocrático" obsesionó los espíritus.

La crisis económica, sin embargo, contribuyó poderosamente a poner las masas en movimiento. La crisis se ha atribuido a la competencia inglesa desencadenada por el tratado de 1786. En realidad, la industria había comenzado a decaer antes que éste estuviera en vigor, y cuando mucho constituyó una causa coadyuvante. Como se ha visto, el mal provenía ante todo de las calamidades agrícolas, y especialmente de la baratura del vino. La desastrosa cosecha de 1788 lo llevó al colmo, tanto más que la libertad de comercio de granos, concedida en 1787, había vaciado los graneros. Necker la revocó y ordenó comprarlos en el extranjero. A pesar de ello, en julio de 1789 el pan no costaba menos de 4 *sous* la libra en París, donde el gobierno lo vendía con pérdida, y en provincia de 8 a 10. A partir de la primavera, la penuria y la carestía provocaron los disturbios habituales, y los motines se multiplicaron a medida que se aproximaba la cosecha. El más famoso asoló, el 27 de abril, la manufactura de Revéillon, en el barrio de San Antonio. Al mismo tiempo, los mendigos, que habían llegado a ser incontables, afluyeron a las ciudades o comenzaron a errar por los campos sembrando el "miedo a los bandidos", provocando "miedos" locales e inquietando a las autoridades por la seguridad de la cosecha, hasta el punto de ordenar a las comunidades rurales armarse y montar guardia.

Mientras engendraba la anarquía, la crisis económica conjugaba sus efectos con la crisis política. No contribuyó solamente a excitar a gentes que hubieran permanecido indiferentes si hubieran tenido pan, sino que los volvió contra las autoridades, los diezmeros, los señores, los acaparadores, a quienes se juzgaba siempre responsables. Los disturbios urbanos hallaron en el campo ecos terribles. Desde fines de marzo, los de Tolón y Marsella inflamaron la alta Provenza, y a principios de mayo los de Cambray tuvieron por consecuencia la insurrección de Picardía. En los alrededores de París, los animales de caza fueron sistemáticamente exterminados y los bosques invadidos. Nadie puso en duda que la aristocracia practicaba el acaparamiento para hambrear al Tercer estado. Y puesto que aquélla proyectaba provocar la guerra civil ¿por qué no iba a tomar a sus expensas a los "bandidos" tan temidos? ¿Por qué asimismo las cárceles y los presidios, donde los miserables, amontonados confusamente y mal vigilados, se rebelaban a menudo, no les proporcionarían su contingente? Así, con la vuelta de la crisis económica, el "complot aristocrático" apareció como una monstruosa máquina de guerra montada contra la "Nación".

A lo largo de la Revolución, el miedo es inseparable de la esperanza. Pero este miedo no es cobardía: provoca una reacción defensiva que precede incluso al peligro; las jornadas revolucionarias y la leva en masa serán sus manifestaciones famosas. Al miedo se añade la voluntad de frustrar a los conspiradores por medio de la persecución de los sospechosos y, lo que es peor, ese encarnizamiento en castigarlos, después de la victoria, que la ignorancia y el

desdén por las formalidades jurídicas tradujeron por
ejecuciones sumarias, de las que las matanzas de
septiembre son sólo el ejemplo más célebre, y que la
Convención sustituyó por el terror gubernamental.
Miedo, reacción defensiva, terror, son pues correlati-
vos, y este complejo, que es la clave de los movimientos populares, no se disolverá sino después de
la victoria completa de la Revolución. Pero se estaría
en un error si se creyera que es exclusivo del pueblo;
este complejo se impuso, más o menos completamente, a numerosos burgueses. La célebre exclamación
de Barnave, que se recordará más adelante, y una
carta de Madame Roland, llevan la traza memora-
ble de ello. El Tercer estado íntegro creyó en el complot aristocrático, y desde principios de julio de 1789
el aflujo de tropas justificó su convicción.

## La revolución parisiense

Por eso la destitución de Necker fue una señal
que, al llevar la angustia al punto crítico, provocó la
réplica. La noticia se supo en París, el 12 de julio.
Era un domingo y había gran cantidad de gente en
el Palais-Royal. Bandadas de manifestantes se des-
parramaron por las calles. La caballería intervino,
pero el regimiento de los guardias franceses, que
desde hacía semanas fraternizaba con el pueblo, desertó. El barón de Besenval, que lo comandaba, concentró sus tropas en el Campo de Marte y no se
movió ya de allí.

Sobre la capital se cernía el miedo. No se trataba
de ir en auxilio de la Asamblea. Lo que temían los
parisienses era el asalto de las tropas que los rodea-
ban por todos lados y de los bandidos que se les
atribuía tener por auxiliares. Durante estos días,
los pánicos —primer episodio del Gran Miedo— fueron continuos. Resueltos sin embargo a defenderse,

levantaron barricadas. En medio de la confusión, intervino la burguesía, tanto para restablecer el orden como para organizar la resistencia. Los electores —los que habían nombrado a los diputados— se apoderaron de la autoridad, instituyeron un comité permanente y acometieron la formación de una milicia.

Sin embargo, el pueblo buscaba por todas partes armas y municiones. Como se supiera que en la Bastilla se las había sacado recientemente del Arsenal, la multidud se dirigió allí el 14 por la mañana. El gobernador De Launey la dejó penetrar hasta el foso; después, desconcertado, abrió el fuego. Al ser diezmada, la muchedumbre retrocedió clamando ¡traición! y a su vez se puso a tirotear. Pero el combate era demasiado desigual: los sitiados no tuvieron más que un herido, mientras que 98 asaltantes fueron muertos. La decisión vino una vez más de los guardias franceses, que apuntaron sus cañones contra la fortaleza. De Launey perdió la sangre fría, hizo bajar el puente levadizo y el pueblo se precipitó para vengar la supuesta insidia. A tres oficiales y tres soldados se les dio muerte; De Launey mismo, conducido al Ayuntamiento, fue asesinado, y poco después el preboste de los comerciantes, Flesselles, corrió la misma suerte. El 22 le tocó el turno a Foulon, adjunto del ministro de la Guerra, y a su yerno, Berthier, intendente de París; el 28, Besenval no se salvó más que por un pelo: los temores, en efecto, no se apaciguaban. Se pidió a la Asamblea que formara un tribunal de excepción para los conspiradores, pero ella en cambio creó un Comité de pesquisas. La burguesía misma estaba tan excitada contra los que la habían puesto en peligro, que cuando Lally-Tollendal protestó contra los homicidios, Barnave gritó en plena Asamblea: "¿Esa sangre es pues tan pura?"

La corte juzgó imposible recobrar París. Luis XVI pensó en huir; luego cedió, y el 15 anunció a la Asam-

blea la retirada de las tropas. Después de haber llamado de nuevo a Necker, se dirigió a París el 17,
donde fue recibido por Bailly, entonces alcalde, y por
La Fayette, elegido para mandar la guardia nacional, a la que había de dar por insignia la escarapela
tricolor que se convirtió en el símbolo de la nueva
Francia. El rey había legalizado la revolución parisiense; no tenía en la capital ni representantes ni
soldados. La Asamblea había triunfado.

## La revolución municipal en provincia

En provincia se habían seguido los acontecimientos
con pasión, y por instigación de los diputados, multiplicado las peticiones en favor de la Asamblea. A
la noticia de la destitución de Necker, varias ciudades tomaron, sin más, medidas de precaución: incautación de los arsenales, de los almacenes y cajas
públicas; institución de comités permanentes, formación de milicias. En Dijon, el 15, los sospechosos
fueron consignados; en Rennes, la guarnición desertó. Cuando cundió la noticia de la toma de la Bastilla, la acción se precipitó.

Ésta afectó diferentes formas. Con mucha frecuencia las manifestaciones bastaron para obligar a la
municipalidad a asociarse con nuevos miembros o a
desaparecer. A veces el pueblo aprovechó la ocasión
para reclamar el pan a 2 *sous* y se insurreccionó; en
esos casos, la regiduría desapareció.

Dondequiera los resultados fueron los mismos: los
intendentes se retiraron. Una nueva administración
se organizó espontáneamente, la municipalidad o el
comité permanente extendieron su autoridad sobre
la campiña circundante, y las ciudades se promettie-
ron recíprocamente ayuda y protección: Francia se
convirtió en una federación de comunas autónomas.
Mucho mejor que en París, burgueses y aristócratas

fraternizaron al principio en los comités por temor al pueblo; éste pudo alimentarse a bajo precio, pero los pobres quedaron excluidos de la guardia nacional y algunos agitadores fueron ahorcados. Poco a poco, fue necesario sin embargo desechar a los nobles y admitir representantes de la pequeña burguesía: el municipio se democratizó y durante toda la Revolución fue el centro de una vida intensa.

Esta total descentralización tendría graves consecuencias: si la Revolución salía victoriosa, se hallaría sin gobierno. La Asamblea gozaba de un respeto ilimitado; sólo ella era obedecida. Pero esta obediencia se le prestaba a condición de que estuviera de acuerdo con la opinión pública. El pueblo no quería pagar ya los antiguos impuestos; desafiando a la burguesía, imponía la reglamentación rigurosa de los granos. Y en el campo sus exigencias iban mucho más lejos.

## La revolución campesina y el "Gran Miedo"

La revolución urbana, en efecto, repercutió en el campo en algunas sublevaciones populares caracterizadas por ejecuciones arbitrarias. En el Bocage normando, en la alta Alsacia, en una parte de Henao, no faltaron los saqueos, pero sobre todo se quemaron archivos señoriales; en el Franco Condado, en Maconnais, los castillos fueron incendiados o saqueados. En las demás regiones nadie se atrevió a exigir nada en la época de la cosecha: pagó quien quiso hacerlo. El campesino no se detuvo en eso: las cercas fueron destruidas y los pastos comunales restablecidos, se tomó posesión de los bienes municipales sin consultar a nadie. Por supuesto, se dejó de pagar el impuesto y se detuvo la circulación de los granos. El granjero y el burgués fueron, llegado el caso, obligados a ayudar, y en Alsacia se persiguió a los judíos.

Como ocurría en París, los ánimos no se apaciguaban. ¿Qué no podía temerse de la aristocracia ul-
trajada? El conde de Artois, que había emigrado, iba
a traer tropas extranjeras; en vísperas de la cosecha
se temía más que nunca a los bandidos a sueldo, y
cuando París y las grandes ciudades expulsaron a los
mendigos, creció el rumor de su llegada al campo.
En medio de esta ansiedad general, miedos locales,
tales como los que ya se habían producido y para
los que bastaba la aparición de algunos individuos
en el linde de un bosque, se propagaron súbitamente
entre el 19 de julio y el 6 de agosto desde distancias
extraordinarias. El "Gran Miedo" no se propagó de
ningún modo desde París por ondas concéntricas;
no apareció por doquier el mismo día; no fue general: especialmente Bretaña y el bajo Languedoc no
fueron casi afectados por él. Pero cinco pánicos
"originales" dieron nacimiento a otras tantas corrientes que se diversificaron al infinito a través de la
mayor parte del reino. Sus efectos fueron muy va-
riables: en general, se empieza por huir; a menudo
también la gente se provee de armas. Y los bandidos
no dan señales de vida. Entonces sucede que se ata-
ca al señor y que la revuelta agraria toma de pronto
un nuevo impulso: así sucedió en el Delfinado, donde
numerosos castillos se vieron envueltos en llamas;
tres homicidios fueron cometidos en Ballon, cerca del
Mans, y en Pouzin, en el Vivarais. El Gran Miedo
acentuó pues la revuelta agraria, pero no era necesario para conmover al campesino; por iniciativa propia, éste se encargaba de su causa.

## La noche del 4 de agosto y la Declaración
   de Derechos

En la Asamblea, mientras tanto, se discutía si la
Constitución iría precedida por una Declaración de

Derechos. La afirmativa fue adoptada el 4 de agosto. Pero ¿cómo redactarla mientras los privilegios subsistieran? Y discutirlos en detalle daría pábulo a la obstrucción. Por otro lado, la anarquía alarmaba a los diputados. Contra los campesinos, el único recurso era el ejército y la justicia prebostal; y esto era ponerse a merced de la corte. Faltaba dar satisfacción a los insurrectos. Pero el debate amenazaba con eternizarse. En el Club Bretón, los patriotas resolvieron hacer una "operación mágica" que dejaría el campo libre de un solo golpe gracias al concurso de dos nobles amigos, el vizconde de Noailles y el duque d'Aiguillon, cuya iniciativa inesperada entusiasmó a la Asamblea. La noche del 4 de agosto añadió a la revolución política una revolución social; los privilegios, el diezmo, los derechos señoriales fueron abolidos y se proclamó la igualdad de derechos. Como las provincias y las ciudades renunciaron también a sus franquicias, la unidad jurídica de la nación se encontró realizada al mismo tiempo.

Sin embargo, el acuerdo entre la Asamblea y los campesinos siguió siendo equívoco. "El feudalismo queda abolido en Francia", dice el decreto de los días 5 a 11 de agosto que codificó las decisiones tomadas el 4. En realidad, el diezmo y los derechos señoriales que afectaban a la persona, es decir, la servidumbre, la justicia y las prerrogativas que la sujetaban, fueron suprimidas sin indemnización, mientras que las cargas de la *tenure* (es decir, aquellas relacionadas con el feudo), quedaban sujetas a redención.

En principio, sin embargo, el Antiguo Régimen había llegado a su fin, y la Asamblea redactó su "acta de defunción", al votar la Declaración de Derechos del Hombre y del Ciudadano que fue terminada el 26 de agosto de 1789.

## Las jornadas de octubre

Faltaba obtener la sanción del rey. Las divisiones de los patriotas lo incitaron a resistir. Mounier, erigido en intérprete de los "monárquicos", reclamó en vano una cámara alta, y para el rey el "veto absoluto" por lo que toca a las leyes ordinarias. En cuanto a los decretos constitucionales, la mayoría estimaba ahora que el rey estaba obligado a "aceptarlos". Pero la dificultad seguía en pie, y poco a poco muchos se dieron cuenta de que sólo una nueva "jornada" podría obligarlo a ello. El 30 de agosto, en el Palais-Royal, fracasó una primera tentativa de marcha sobre Versalles; pero el 14 de septiembre el rey llamó desde Douai al regimiento de Flandes, y el temor a un golpe de fuerza afiebró de nuevo a la capital. Como en julio, la crisis económica conjugó sus efectos con la crisis política; el desempleo se extendía, la cosecha era buena pero no había sido levantada, y el pan continuaba siendo escaso y caro. Pero una vez más la imprudencia de la corte prendió fuego al polvorín: el 1º de octubre el banquete ofrecido por los guardias de corps al regimiento de Flandes se señaló por manifestaciones contrarrevolucionarias en las que se vio el preludio de un llamamiento al ejército.

A despecho de la agitación, Bailly y La Fayette no tomaron precaución alguna, y el 5 por la mañana millares de mujeres se pusieron en camino de Versalles a fin de pedir pan, sin que nadie se opusiera. Por la tarde, cuando la guardia nacional se hallaba reunida, exigió a su jefe la llevara a vengar la escarapela tricolor. Luis XVI fue invitado a huir, pero de nuevo rehusó hacerlo. Se resignó a aceptar los decretos constitucionales, sin pensar que se le exigiría algo más. Pero los comisarios de la municipalidad parisiense, asociados con La Fayette, lo invitaron a ir a residir en París, y el 6 por la mañana, después de que el castillo fue forzado por la multitud y varios guardias de corps asesinados, tuvo que dejarse conducir. Poco después la Asamblea lo siguió, y en noviembre se instaló cerca de las Tullerías, en la Salle du Manège.

## El año de La Fayette

Al preparar la apelación a la fuerza, el rey había desatado la violencia popular. Las consecuencias fueron irreparables. Victoriosa, la Asamblea pretendió restablecer el orden votando, el 21 de octubre, la *ley marcial;* en caso de tumulto la municipalidad desplegaría la bandera roja, y desde ese momento podría dar orden de hacer fuego después de intimar a la turba a que se dispersara pacíficamente. ¿Pero obedecería la guardia nacional? Afortunadamente, la cosecha de 1790 fue mejor que la de 1789, y hubo calma por el momento. Con la nobleza, sin embargo, cualquier arreglo se había vuelto imposible. La emigración había comenzado; instalado en Turín, el conde de Artois pedía la intervención de las potencias. En Francia misma los defensores del Antiguo Régimen, los *Negros,* no se contentaban con llevar el conflicto a la Asamblea y a sus periódicos; en 1790, sublevaron a los católicos contra los protestantes en Montalbán y en Nîmes, organizaron en el Vivarais el partido de Jalès, y a fin de año prepararon una insurrección en Lyon. El "complot aristocrático" se volvía una realidad.

Los patriotas devolvieron golpe por golpe. Hicieron ahorcar al marqués de Favras por conspiración, publicaron el "libro rojo" de las pensiones y suprimieron los títulos de nobleza. Ellos también tenían sus periodistas, los más célebres de los cuales son Camille Desmoulins y Marat, y supieron organizarse reciamente. El Club Bretón, reconstituido como *Sociedad de Amigos de la Constitución*, que tenía su sede en el convento de los Jacobinos-Saint-Honoré, lo que le valió el nombre de club de los Jacobinos, se afilió las asociaciones que se fundaron a su imagen en todas las ciudades. La creación de municipalidades y administraciones de distrito y de departamento completó la estructura. El entusiasmo del Tercer estado siguió siendo vivo y se manifestó en las federaciones, las primeras de las cuales datan de 1789, que se multiplicaron al año siguiente y que coronó la Federación Nacional del 14 de julio de 1790, en la que la unidad de la nación halló su consagración definitiva.

Por popular que fuera la Asamblea, no era más que imperfectamente obedecida y se hallaba a merced de un movimiento popular; un poder ejecutivo vigoroso y estable hubiera sido necesario. Pero el rey estaba prisionero, y aunque se fingía tenerle confianza, su tentativa de julio lo hacía irremediablemente sospechoso. Aún no se sabía que en octubre de 1789 había protestado en Madrid y Viena contra todo lo que se había hecho, y demandado auxilio. Como no se deseaba cambiar de soberano, como ocurrirá en 1830, la Constitución se vio obligada a minar su autoridad y a conferir una parte de ella a sus propios comités, de modo que la Revolución no tuvo gobierno.

La Fayette, en lo sucesivo el "héroe de los dos mundos", convertido en mentor del rey, intentó constituir uno, del que Mirabeau deseaba ser el jefe. Pero como la Asamblea sospechara de él, y con razón, prohibió el ministerio a sus miembros el 7 de noviembre de 1789. Por lo menos el general, efímero ídolo del pueblo, al que deslumbraba su prestigio de gran señor, se jactaba de conducir los acontecimientos conciliando los contrarios, pero poseía más vanidad juvenil y exaltación romántica que cualidades de estadista, y los jefes del partido patriota, Du Port,

Alexandre de Lameth y Barnave —el "triunvirato"—, a quienes su popularidad irritaba, no lo secundaron. Mirabeau, por su parte, se vendió a la corte y siguiendo su plan contrarrevolucionario trató de arruinar la popularidad del "alcalde de palacio". A fines de agosto de 1790, ésta recibió un golpe irreparable. La indisciplina se había apoderado del ejército. Cuando la guarnición de Nancy se rebeló, después de muchas otras, el marqués de Bouillé la redujo a viva fuerza y La Fayette lo sostuvo enérgicamente. Los patriotas, al principio indecisos, acabaron por pronunciarse contra él, y la adhesión de los soldados constituyó una barrera contra los oficiales nobles. En ese momento, el rey decidió pedir formalmente ayuda al extranjero y comenzar sus preparativos de fuga; una parte del clero rompía con la Revolución con motivo de la constitución civil. El engranaje se aceleró de nuevo

## 4. La obra de la asamblea constituyente

### Los principios de 1789 y su aplicación

Éstos son, en primer lugar, la libertad: libertad de la persona o libertad individual; libertad de pensamiento, de palabra y de prensa; de trabajo, de invención y de empresa, y como corolario, el derecho de propiedad libre de toda traba. Al mismo tiempo la igualdad de derechos, sin la cual la libertad no sería sino un privilegio más; las leyes son las mismas para todos, los empleos públicos accesibles a todos. Los franceses, libres así e iguales en derechos, forman una nación una e indivisible; ninguna provincia puede pretender constituir un Estado dentro del Estado. Éste no encuentra su fin en sí mismo; su misión es garantizar a todos los ciudadanos el goce de sus derechos. La soberanía pertenece a la

nación, y los que la ejercen en su nombre son man-
datarios responsables; la libertad política es la garantía de las demás. En fin, los principios de 1789
no valen solamente para los franceses, sino para todos los hombres; en ellos se perpetúa la universali-
dad del humanismo antiguo y de la cristiandad. Al
proclamarlos, la Revolución, invitando a cada uno a
correr su suerte, despertaba la esperanza, excitadora
de energías, en el momento mismo en que los cambios que ella operaba y el impulso del capitalismo
brindaban oportunidades a la iniciativa privada. Así,
pudo oponer a la Europa aristocrática, cuyos marcos
rígidos ponían trabas al impulso individualista, incomparables recursos de vida y poder, y seducir a
través del mundo a todos los que soñaban con probar
sus fuerzas.

La Constituyente, sin embargo, no reconoció al
individualismo derechos ilimitados. La libertad es
el derecho de hacer lo que la ley no prohibe; por
tanto, la ley es la que determina su contenido positivo, y, siempre modificable, la ajusta a las circunstancias. Desde julio de 1789 no faltaban diputados
que les recordaran a los demás que no se gobierna
en tiempo de guerra o de revolución como en tiempo
de paz, y que la comunidad, si se ve en peligro, puede
restringir o suspender los derechos naturales para
asegurar la salud pública: el gobierno revolucionario
no tendría otra doctrina. La Declaración no es pues
un código, sino una serie de sugestiones que pres-
cribe al legislador dejar al individuo todo el margen
de libertad compatible con el interés general y los
derechos de los demás, pero le confía el cuidado de
marcar el límite según las circunstancias.

Los Constituyentes dieron numerosos ejemplos de
este realismo. Ante todo, sostenían la libertad individual; para garantizarla, emprendieron la reforma
del procedimiento criminal que reservó al juez la

orden de aprehensión y aseguró al acusado, a más
de la asistencia de un abogado, la comunicación del
expediente y la confrontación de los testigos en debate público. Sin embargo, para atraerse a los dueños de plantaciones que amenazaban con separarse y
también a los armadores y refinadores de azúcar,
mantuvieron la esclavitud y la trata de negros; después de haber reconocido los derechos cívicos a los
"hombres de color" libres, se retractaron y remitie-
ron su suerte a la decisión de los colonos blancos.
Detestaban el fanatismo, y sin embargo, por consideración al clero, no otorgaron a los disidentes sino
la tolerancia y les negaron la libertad de culto. Eran
hostiles a toda asociación, pero, por necesidad política, dejaron multiplicarse los clubs. Por otra parte,
la igualdad que acordaron es una igualdad de derechos, no de medios, lo que, en consecuencia, no niega
ni la desigualdad de bienes ni la jerarquía de condiciones que es resultado de aquélla. Además, si bien
la Declaración proclama que todos los ciudadanos
tienen el derecho de contribuir al establecimiento
del gobierno, los Constituyentes no obstante consi-
deraron el sufragio y la elegibilidad como *funciones
públicas*, accesibles a todos indudablemente, pero subordinadas, como todas las demás, a condiciones de
capacidad que en el caso estimaron ligadas a cierto
desahogo económico. Los ciudadanos "pasivos", aquellos que no pagaban una contribución de por lo menos tres jornadas de trabajo, fueron excluidos. De
los ciudadanos "activos", solamente pudieron ser electores los que pagaban 10 libras, y para los diputados
la cuota fue de un marco de plata (aproximadamente
52 libras).

Los Constituyentes no se movían, pues, en el terreno de lo abstracto. Como deseaban que sus ideas pe-
netraran en la realidad, la observaban con ojos aten-
tos. Su obra lleva fuertemente impresa la huella de

las circunstancias, y ésta es justamente una de las causas que la comprometieron.

## La organización del gobierno y la reforma administrativa

Con arreglo a la Declaración, todos los poderes —legislativo, ejecutivo y judicial— emanaban de la nación y su separación debía ser completa a fin de que su recíproco control previniera toda usurpación. Sin embargo, la Constituyente conservó la monarquía hereditaria e irresponsable. Luis XVI recibió una dotación anual de 25 millones, una guardia, la iniciativa diplomática, el nombramiento de seis ministros, jefes militares y embajadores. En detrimento también de la separación de poderes, se le otorgó un veto suspensivo sobre los decretos de la Asamblea legislativa por dos legislaturas, o sea cuatro años. Pero como se desconfiaba de él, no se le dejó sobre esta asamblea ninguna otra influencia; la asamblea era permanente, no podía ser disuelta y sólo ella tenía la iniciativa de las leyes. Gracias a ella, la burguesía censataria era dueña del Estado. Los ministros no disponían, pues, del poder sin su colaboración, que no obtuvieron, ya que las circunstancias los hacían sospechosos, puesto que el rey lo era. Aunque éste los hubiera elegido entre los constitucionales, como Mirabeau quería, hubiera ocurrido lo mismo. De hecho, el poder ejecutivo se halló dividido entre los ministros y los comités de la Asamblea, de manera que no hubo verdadero gobierno.

Por otro lado, éste no hubiera podido funcionar sin un control efectivo de la administración. Pero la Constituyente la descentralizó por completo, en lo cual no hizo sino plegarse de nuevo a las circunstancias, ya que la revolución municipal se le había adelantado. Las parroquias se convirtieron en comunas, pero fueron agrupadas en circunscripciones nuevas: el cantón el distrito y el departamento. Al crear las generalidades,[7] la realeza había comenzado a romper los límites tradicionales de la vida provincial; la Constituyente completó su obra. Se complacía sin duda en la idea de que el particularismo se hallaría debilitado con ello, pero los franceses se encontraron muy a gusto en divisiones claras y cómodas que ponían a su alcance cabeceras accesibles y ya provistas de un mercado. Los diputados de cada región dispusieron el mapa tomando en cuenta conveniencias locales y con un espíritu absolutamente práctico. Por supuesto que los intendentes y sus subdelegados desaparecieron. El departamento y el distrito recibieron un consejo, un directorio ejecutivo y un procurador-síndico que fue, de hecho, el jefe de los negociados. El alcalde, los funcionarios municipales y un procurador constituían, con los notables, el Consejo general de la comuna. Todos estos administradores eran nombrados por elección. Se les confirieron las atribuciones más amplias: la fijación y percepción del impuesto, el mantenimiento del orden con la dirección de la guardia nacional; otra vez en detrimento de la separación de poderes, la municipalidad obtuvo la jurisdicción sobre las contravenciones *(simple police)* y los directorios lo contencioso administrativo.

Todas las administraciones fueron adaptadas a las nuevas circunscripciones, especialmente la justicia. Bailías, senescalías y Parlamentos habían sido suprimidos. En lo civil, el cantón tuvo su juez de paz, el distrito su tribunal, del cual se apelaba al tribunal vecino. En lo penal, la municipalidad juzgó las transgresiones, el juez de paz los delitos, un tribunal departamental los homicidios. Por encima de todos ellos estaba un tribunal de casación, y para los ca-

[7] Es decir, las divisiones financieras del reino. [T.]

sos políticos, la Suprema Corte. Finalmente, los
tribunales de comercio fueron conservados. Todos
los jueces fueron electivos, pero para juzgar los crímenes se les asoció un jurado de acusación y uno
de juicio. Un nuevo código penal eliminó definitivamente la tortura y adaptó, para la pena de muerte,
la máquina inventada por el doctor Guillotin. El poder ejecutivo y la Asamblea no tenían otro medio de
hacerse obedecer que el de suspender o anular, llegado el caso, estas administraciones. La descentralización tendía al federalismo, y una vez llegada la
guerra puso a la nación en peligro.

## La Hacienda pública

Las circunstancias marcaron también la situación
financiera. La Constituyente consagró la desaparición de los impuestos indirectos y puso en vigor, a
partir de 1791, las nuevas contribuciones directas:
la de la tierra, la personal y mobiliaria y la patente.
A falta de un catastro y de datos estadísticos, fijó
las dos primeras a ciegas, lo que provocó innumerables quejas. Las municipalidades, por otro lado poco
capaces en el campo, arreglaron los registros con
lentitud extrema. En octubre de 1789, Necker había
ideado una *contribución patriótica* que ascendía a la
cuarta parte de la renta y que no tuvo mejor éxito.
Sólo el impuesto indirecto hubiera procurado entra-
das inmediatas. Pero la Constituyente no habría sido
ya capaz de establecer de nuevo los subsidios ni el
impuesto sobre la sal, como tampoco el diezmo y los
derechos señoriales.

El Tesoro siguió pues ingresando en caja poca
cosa. Los gastos, sin embargo, crecían; había que
indemnizar los servicios suprimidos y la Asamblea
quería poner al día el pago de las rentas. No obstante, prohibió los anticipos y suprimió las libranzas

que los recaudadores suscribían en representación de ingresos futuros y que los bancos descontaban. No quedaba otro recurso que el papel moneda. Como éste necesitaba una garantía, la Constituyente se vio obligada a declarar, el 2 de noviembre de 1789, que los bienes del clero estaban a disposición de la nación y que la asignación de los sacerdotes figuraría en lo sucesivo en el presupuesto.

El 14 de diciembre se crearon 400 millones de obligaciones que fueron los primeros *asignados*. No pudieron ser colocados porque los *bienes nacionales* sobre los cuales estaba "asignado" su valor no estaban todavía disponibles. La Asamblea suprimió pues los monasterios, quitó al clero la administración de su patrimonio y reglamentó las modalidades de la venta. Entonces fue posible imponer los asignados a los acreedores. Pero muchos tenían necesidad de fondos y las obligaciones no podían servir para pagar a funcionarios y soldados. En agosto de 1790, se hizo por lo tanto del asignado una moneda. A falta de ellos, se reservarían los bienes nacionales a los proveedores, a los ricos y a los aristócratas a quienes se había privado de sus cargos. Todo el mundo podía adquirir el asignado-moneda y la ventaja política y social que se derivaba de ello era evidente. La operación era arriesgada, mas si la paz hubiera durado, tal vez no hubiera sido desastrosa. Sin embargo, la depreciación fue inmediata, no sólo porque el numerario desapareció, como ocurre siempre en casos semejantes, sino porque faltaba la confianza, ya que si la contrarrevolución llegaba a triunfar repudiaría el asignado. El valor de cambio empezó a bajar y el alza de los precios, aunque más tardía, se impuso necesariamente. En 1792, ésta suscitará una crisis económica que, una vez más, agravará la crisis política.

*La reforma agraria y la obra económica*

La burguesía se había adjudicado el poder político. La legislación económica de los Constituyentes, concebida igualmente en su provecho, fue para las masas una decepción más. El 15 de marzo de 1790, la obligación de redimir las cargas señoriales relativas a la dependencia del feudo había sido confirmada. El provecho de la supresión del diezmo había sido, por otra parte, reservado al propietario; el arrendatario, el aparcero, no ganaba pues nada con ello. Con mayor razón el jornalero. Razón de más para desear que se les proporcionara la tierra que tanto necesitaban. Confiaron en que se les distribuiría por lo menos una parte de los bienes nacionales gratuitamente o a precio módico.

La Asamblea no era contraria a multiplicar los pequeños propietarios, pero la situación financiera privaba sobre cualquier otra consideración: la ley del 14 de mayo de 1790 decretó la pública subasta de los bienes nacionales. El pago en doce anualidades y la facultad de asociarse para pujar permitieron a los campesinos que gozaban de cierto desahogo participar en ella; en Cambray y Picardía, muchas comunidades rurales, al intervenir llegado el caso por la violencia, descartaron a los rivales interesados, de manera que todos sus miembros pudieron obtener una parte. Sin embargo, aunque el beneficio fue apreciable para los campesinos, la burguesía llevó la mayor ventaja y el hecho esencial es que la mayoría de los rurales fueron descartados.

Éstos vieron con peores ojos aún la libertad absoluta concedida a la agricultura y la extensión del derecho de cercado a todo el reino, ya que los derechos colectivos quedaban así destinados a desvanecerse tarde o temprano. En fin, no menos sensible —tanto a los obreros como a los campesinos— fue la firme resolución que mostró la Constituyente de mantener la libertad de tráfico de granos.

La legislación de la industria y del comercio se transformó también, en un sentido favorable a la burguesía. El mercado interior fue unificado por la supresión de las aduanas interiores y los peajes; se otorgó plena libertad al fabricante y al comerciante por la abolición de las corporaciones; la tarifa aduanera perseveró en proteger al manufacturero; la ley Le Chapelier del 14 de junio de 1791 prohibió a los obreros, como el Antiguo Régimen lo había hecho siempre, las cofradías y la huelga; con lo que, privados de acción colectiva los obreros, la libertad de trabajo no podía beneficiar más que a sus patronos.

¿Se iba a ayudar por lo menos a los sin-trabajo? De ninguna manera. La Constituyente pronunció, en mayo, la disolución de los talleres de caridad en París. Prometió, es cierto, organizar la asistencia a los inválidos así como la educación primaria pública, pero ello quedó sólo como promesa, en el momento en que la desaparición de las limosnas del clero asestó a los pobres un golpe funesto. Así, se infligieron perjuicios terribles al entusiasmo revolucionario. Demócratas y aristócratas sacaron provecho de ello.

## La Constitución civil del clero

El conflicto religioso abría justamente entonces a la contrarrevolución perspectivas imprevistas. El clero había perdido mucho: su independencia política, sus privilegios, sus bienes. Se había alarmado sobre todo cuando vio a la Asamblea conceder derechos cívicos a los disidentes y negarse a declarar el catolicismo religión del Estado. Sin embargo, la mayoría permanecía dócil. Los Constituyentes no tenían de ninguna manera la intención de romper con él.

Aunque sostenían la libertad de conciencia, el estudio de la Antigüedad y la enseñanza de los sacerdotes les habían habituado a juzgar que la ciudad no puede vivir sin religión, y sabían que nadie mejor que los curas podría explicar sus decretos a la masa inculta y exhortarla a la obediencia. El catolicismo conservó pues el privilegio del culto público retribuido, el estado civil, la asistencia social y la enseñanza.

Empero, la Iglesia estaba dentro del Estado y no el Estado dentro de la Iglesia. Los juristas de la realeza habían sostenido siempre que, excepción hecha del dogma, el Estado tenía toda la autoridad para reformar la Iglesia. Los Constituyentes no querían permitir al rey nombrar obispos nobles, hostiles al nuevo orden, y el clero mismo había solicitado muchos cambios. Era seguro que el Concordato no sobreviviría. Pero nadie se asustaba de un conflicto con el Papado, que no había osado romper con José II, pese a sus audaces reformas. Se suprimió en primer lugar al clero regular, con excepción de las órdenes que se dedicaban a la enseñanza y la caridad. Después se votó, para el clero secular, la *Constitución civil del clero*, el 12 de julio de 1790. Las circunscripciones administrativas se convirtieron en patrón de la organización eclesiástica; el obispo y el cura serían elegidos al igual que los otros funcionarios. El primero sería consagrado por el metropolitano o por otro obispo; se pondría en comunión con el papa sin solicitarle la investidura.

Estas disposiciones provocaban objeciones. En la Asamblea, los obispos, sin embargo, no las condenaron positivamente. Pero apareció un abismo entre el galicanismo de los juristas y el del clero, el cual, al defender su autonomía contra la curia romana, no pensaba sacrificarla al Estado, y al admitir la iniciativa reformadora de éste, reservaba la decisión final a la Iglesia representada por el concilio nacional, y en su defecto por el papa. La Constituyente secundó a los juristas, e invitado por ella, el rey "aceptó" el 22 de julio, por consejo de Boisgelin y de Champion de Cicé, arzobispo de Burdeos y ministro; éstos pensaban decidir al papa a "bautizar" la Constitución civil, y la Asamblea los dejó hacer.

Pío VI detestaba ya la Revolución, como gentilhombre y también como soberano temporal, pues estaba en peligro de perder Aviñón, que acababa de pedir ser reintegrado a Francia. La Constitución civil limitaba ahora su autoridad espiritual; por lo tanto, la declaró inaceptable. Cuando el rey y los obispos lo supieron, era demasiado tarde, pero guardaron el secreto con la esperanza de que el papa acabaría por ceder. Pasó el tiempo. Cuando murieron algunos sacerdotes fue preciso elegir a sus sucesores. Como el papa guardara silencio, una parte del clero protestó por la demora. Para terminar, la Asamblea decretó, el 27 de noviembre, que los sacerdotes, funcionarios públicos, prestaran juramento a la Constitución, por lo tanto a la Constitución civil comprendida en aquélla; si no lo hacían, serían reemplazados.

El resultado sorprendió a la opinión pública. Sólo siete obispos juraron, uno de los cuales era Talleyrand; los curas se dividieron sobre poco más o menos en dos bandos, pero muy desigualmente según las regiones: en el Norte, Alsacia y el Oeste, los rebeldes, llamados no juramentados o refractarios, formaron una mayoría aplastante. Aunque la Iglesia constitucional se organizó, no pudo proveer todos los curatos y tuvo que dejar en su puesto a numerosos refractarios. Sin embargo, el papa estimó que ya era tiempo de intervenir, y en marzo-abril de 1791 condenó oficialmente los principios de 1789 y la Constitución civil.

El cisma dio un extraordinario impulso a la agi-

tación contrarrevolucionaria. Mucha gente no quiso
comprometer su salvación renunciando a los "buenos
sacerdotes"; por lo tanto, aunque no pensaran en
restablecer el Antiguo Régimen, fueron sin embargo
arrastrados al partido de la oposición y trataron muy
mal a los curas juramentados. Los revolucionarios,
por su parte, trataron a los refractarios como enemigos públicos. El 7 de mayo de 1791, la Constituyente intentó llevar de nuevo la calma reconociendo
a los refractarios el derecho de decir misa en la
iglesia parroquial. Pero como se les negaba la administración de los sacramentos y la posesión del estado civil, quedaron reducidos a ejercer en secreto. El
mal no tenía remedio.

## Francia en 1791

Los aristócratas no fueron los únicos que cobraron
ánimos. Desde 1789, hubo demócratas que protestaron contra el censo. Éstos sólo tenían, en la Asamblea, algunos representantes, uno de los cuales era
Robespierre. Fuera, su número creció rápidamente y
se organizaron en clubes populares. El más importante
fue el de los *Franciscanos*. Danton, Desmoulins, Marat, desde su *Amigo del Pueblo*, les dieron ánimos.
En mayo de 1791 formaron un comité central. Desde el otoño precedente algunos se declararon republicanos, sin encontrar, por cierto, mucho eco. Esta
propaganda se aprovechaba de las decepciones que
mantenían viva la agitación popular. Como los campesinos no querían pagar ni redimir los cargos señoriales, la revuelta agraria se avivaba de tiempo en
tiempo: en Bretaña, en el Quercy y en el Périgord, a
principios de 1790; en la provincia de Nivernais y en
el Borbonesado en mayo; en el Gâtinais durante la
época de la cosecha; de nuevo en el Quercy y el Périgord al finalizar el año. Los obreros también se

sublevaban; en mayo de 1791, en París, las huelgas se multiplicaron. La burguesía se sentía inquieta. La obra de la Constituyente se cuarteaba antes de completarse y los periódicos contrarrevolucionarios predecían la "ley agraria", es decir, el reparto de bienes. Ésta es la razón por la cual Mirabeau, juzgando las circunstancias favorables, aconsejaba al rey dejar París para reemprender la lucha. Pero Mirabeau murió el 2 de abril de 1791. El "triunvirato", que evolucionaba rápidamente, se aprovechó de ello para entablar partida a su vez con la corte, de la que aceptó subsidios para su periódico *El Logógrafo*. Robespierre, que se había convertido en el jefe indiscutible de los demócratas, les asestó un golpe certero cuando persuadió a la Asamblea para que prohibiera la reelección de los diputados. Sin embargo, los del triunvirato persistieron en sus maniobras. Su intención era entenderse con La Fayette y con la derecha para revisar la Constitución: el poder del rey se acrecentaría y sería creada una cámara alta; el censo sería aumentado y los clubes disueltos.

Pero su proyecto, como el de Mirabeau, era ruinoso, pues no tenían la menor intención de volver al Antiguo Régimen y admitían que Luis XVI estaba de acuerdo con ellos. De pronto, se hallaron al borde del abismo porque el rey huyó. Este acontecimiento —"el acontecimiento de Varennes", éste fue el eufemismo con que se lo bautizó— destruyó el edificio político de la Constituyente y a la vez sacó a luz el conflicto que oponía la Revolución a la Europa aristocrática y la connivencia de Luis XVI con el extranjero. La Asamblea no logró más que aplazar sus consecuencias: la guerra y la caída de la realeza.

## III. LA CAÍDA DE LA REALEZA. GIRONDINOS Y MONTAÑESES

### (1791-1794)

Desde 1789, el Tercer estado había imputado a la aristocracia la intención de provocar la intervención del extranjero. La actitud de los emigrados, cuyo número era creciente, lo confirmó en su convicción. A decir verdad, más de uno de ellos sólo pensaba en ponerse a salvo mientras finalizaban las perturbaciones, pero otros —que eran los únicos que hablaban— anunciaban que entrarían muy pronto en Francia con sus aliados para vengarse; no exceptuaban ni al mismo rey, cuya debilidad consideraban una traición. Después del fracaso del complot de Lyon, el conde de Artois había dejado Turín para instalarse en Coblenza, en la casa del elector de Tréveris, mientras que el príncipe de Condé se estableció en Worms; organizaron un ejército a la vez que redoblaban sus instancias de ayuda en las diferentes capitales. Asustada por la infiltración de la "peste francesa" que volvía reacios a los campesinos, conmovía a la burguesía y entusiasmaba a numerosos escritores, profesores y estudiantes, la aristocracia europea se inclinaba por la acción; en Inglaterra, donde no tenía nada que temer de la burguesía, se irritaba al ver cómo se propagaba la agitación democrática: Burke, que había publicado en 1790 sus *Reflexiones sobre la Revolución francesa*, no cesaba de predicar la cruzada para la salvación de la civilización.

### Europa y la Revolución

Los Constituyentes detestaban la guerra como la negación misma del orden humano que la Revolución prometía al mundo. El 22 de mayo de 1790, declararon solemnemente que Francia renunciaba a las conquistas. Pero también la temían porque en el exterior ayudaría la causa de los emigrados, y dentro pondría en manos del rey grandes fuerzas militares. Para impedir a Luis XVI que la provocara, le prohibieron declararla sin su consentimiento, y para quitarle todo pretexto, dejaron entender que las alianzas del Antiguo Régimen no obligaban a la nación. España no fue sostenida en el conflicto que la ponía en disputa con Inglaterra a propósito de la bahía de Nootka Sound en Canadá. Sin embargo, la Revolución había trastrocado el derecho internacional al proclamar, con la soberanía nacional, el derecho de los pueblos a disponer de sí mismos. Una vez afirmado el principio, la Asamblea mostró cierta prudencia en su aplicación. Los príncipes alemanes posesionados de Alsacia protestaron contra la abolición de los derechos feudales y declararon rotos los tratados de Westfalia que habían cedido la provincia a Francia. Se les respondió que los alsacianos eran ahora franceses porque querían continuar siéndolo y no en virtud de un tratado, pero se les ofreció una indemnización. A los aviñonenses que pedían su anexión a Francia no se les satisfizo sino hasta el 16 de septiembre de 1791, tiempo después de haber sido consumada la ruptura con el papa.

Catalina II, el rey de Suecia Gustavo III, el rey de Prusia Federico Guillermo II, se mostraban complacientes con los emigrados, y la primera incitaba a los alemanes a hacer la cruzada para apoderarse de Polonia, a espaldas del rey sueco y el rey prusiano. Pero todo dependía del Emperador. Leopoldo II no era en forma alguna insensible a la solidaridad familiar y monárquica, mas consideraba que entre Luis XVI y sus súbditos no era imposible llegar a un arreglo, y sobre todo, que antes de ocuparse de los asuntos ajenos tenía el deber de arreglar los suyos propios. Se había visto obligado a restablecer su autoridad en Bélgica y Hungría, que se habían sublevado bajo el reinado de José II; desde 1787, Austria, aliada a Rusia, peleaba contra los turcos; en 1790 y 1791, Prusia, en dos ocasiones, intentó, en vano por cierto, aprovecharse de ello para imponer una segunda repartición de Polonia. El Emperador rechazó pues los requerimientos de los emigrados y también los de Luis XVI. Los revolucionarios sospechaban que éste era cómplice de aquéllos. En realidad, profundamente heridos por las injurias de los emigrados, a los que, por su parte, acusaban de haberlos abandonado, el rey y la reina no deseaban verlos volver en armas y hallarse a su merced. Pero no es menos cierto que también ellos apelaban al extranjero. Desde octubre de 1789, Luis XVI había enviado un agente a Madrid y a Viena a protestar en su nombre contra todo lo que se había hecho desde el 23 de junio y a pedir ayuda. No fue, pues, la Constitución civil del clero la que lo empujó a seguir ese camino, aunque ésta haya constituido un nuevo motivo y de los más apremiantes. Fue en efecto en el mes de octubre de 1790 cuando se resolvió a dar plenos poderes al barón de Breteuil para insistir en favor de una intervención. Los reyes se reunirían en Congreso para dirigir un requerimiento a la Asamblea; a despecho de las advertencias de Mirabeau, Luis XVI y María Antonieta se imaginaban que los franceses, atemorizados, les suplicarían erigirse en mediadores en las condiciones que ellos quisieran. Sin embargo, solicitaban también una demostración militar, y el embajador de España había observado en seguida que la invasión sobrevendría fatalmente. En todo caso, la prudencia aconsejaba ponerse a salvo antes del golpe decisivo, y el mismo mes de octubre de 1790, se determinó, de acuerdo con Bouillé, que la familia real se refugiaría en Montmédy. En la primavera siguiente, su situación se volvió cada vez más apurada. El rey no quería capellán constitucional. Cada vez se tenía mayor certeza de que iba a huir, y el 18 de abril la multitud le impidió dirigirse a Saint-Cloud. Como las potencias se obstinaran en guardar silencio, el rey tomó la resolución de obligarlas a intervenir rompiendo con la Asamblea. Esta decisión, como las tentativas de junio y julio de 1789, marca un punto crucial en la historia de la Revolución: provocó la guerra y la caída de la realeza.

## La huida del rey

La noche del 20 de junio de 1791, la familia real salió sin obstáculos de las Tullerías por una puerta que La Fayette no hacía vigilar, por consideración a la reina y a Fersen, según el ministro Saint-Priest. El mismo Fersen había preparado para ella una pesada berlina que la condujo hacia Châlons. Más adelante, debía encontrarse con los destacamentos apostados por Bouillé. El éxito dependía en gran parte de sus jefes, pues en la vecindad de la frontera se tenía a las poblaciones del Este alertas, y en 1790 las habían conmovido varios "miedos". Pero como la berlina tardara en llegar, perdieron la sangre fría y se retiraron. Cuando, en plena noche, ésta llegó arriba de la cuesta de Varennes, los postillones, al no encontrar el relevo convenido, se detuvieron para buscarlo; este retardo perdió a Luis XVI. En varios lugares había sido reconocido sin que nadie osara o quisiera denunciarlo. Pero ocurrió de otra manera en Santa Menehould, donde la audacia y energía del jefe de la posta, un antiguo soldado, determinaron su destino. A escape, Drouet alcanzó y pasó el coche aún inmóvil, llegó a Varennes, mandó cerrar el paso, y cuando la berlina bajó finalmente, la detuvo. Al toque de rebato se reunió la guardia nacional y los campesinos de todas partes; los húsares que llegaron desertaron. Al amanecer, aparecieron los mensajeros de La Fayette llevando los decretos de la Asamblea. Los fugitivos tuvieron que tomar otra vez el camino de París en medio de turbas amenazadoras, y el 25 se hallaban de nuevo en las Tullerías.

"El acontecimiento de Varennes" provocó otro gran miedo. Pues nadie dudó que con su huida Luis XVI hubiera dado la señal para la invasión. Puesto que la complicidad del rey en el "complot aristocrático" estaba ahora comprobada, había que tomarlo como rehén; incluso la Asamblea dio la orden de detenerlo a cualquier precio. Las plazas fuertes se pusieron espontáneamente en estado de sitio y todas las ciudades tomaron medidas de seguridad. Desde el 21, la Constituyente movilizó la guardia nacional y le pidió voluntarios para constituir batallones de maniobra. Nobles y refractarios fueron amenazados o aprisionados; los castillos saqueados o incendiados.

Una vez recuperado el rey ¿qué se iba a hacer con él? La Asamblea había suspendido su autoridad y lo tenía prisionero; de hecho, Francia se había transformado en república. Los Franciscanos y algunos clubes de provincia dieron a entender que debía continuar siéndolo, y demócratas conocidos, Brissot y Condorcet por ejemplo, dieron su adhesión; a partir de este momento, hubo en realidad un partido republicano. La vuelta del rey y la actitud de la Asamblea retrasaron sus progresos, y por otro lado no todos los demócratas habían aceptado que la forma de gobierno fuera una cuestión esencial. Robespierre se limitaba a pedir que se reemplazara a Luis XVI y que se le procesara por alta traición, ya que, en su opinión, la inviolabilidad constitucional no podía, sin contradecirse a sí misma, pasar por alto este crimen. Destronar al rey era exponerse a la guerra. Brissot no se arredraba y trazaba ya la política de la futura Gironda. La Asamblea, por el contrario, quería evitarla a cualquier precio, pues además de violar su propia constitución, la guerra abriría el camino a la democracia política y social. Desde el primer momento, había hablado del "secuestro" del rey y marcado, por medio de esta argucia, que estaba resuelta a absolverlo. "La Constitución, he aquí nuestra guía", había gritado Barnave, el 21, a los Jacobinos. Él tomó la dirección de la maniobra. Por una parte, Luis XVI, aconsejado por él, declaró que se había equivocado acerca del estado de ánimo de los franceses y dio a entender que aceptaría la Constitución. Por otra, María Antonieta se encargó de trasmitir las memorias donde Barnave, tranquilizando a Leopoldo, le rogaba rehusarse a toda intervención.

Sin tomar en cuenta las peticiones de los Franciscanos, la Asamblea exculpó a los soberanos por los decretos del 15 y 16 de julio. Sin embargo, los Franciscanos reunieron de nuevo a la multitud, el 17, en el Campo Marte para firmar un nuevo requerimiento. Invitados por la Constituyente a mantener el orden, Bailly y La Fayette proclamaron la ley marcial; en su presencia, la guardia nacional dispersó la reunión a tiros. Los demócratas fueron perseguidos por conspiración; buen número de ellos fueron detenidos o huyeron; varios de sus periódicos desaparecieron.

Los Jacobinos, una minoría de los cuales se había inclinado hacia la democracia, se vieron en peligro de desaparecer por la escisión de casi todos los diputados, que fundaron el nuevo club de los Fuldenses, y no se restablecieron sino poco a poco debido a los perseverantes esfuerzos de Robespierre. La matanza del Campo Marte, que arruinó definitivamente la po pularidad de Bailly y La Fayette, ya acusados de complicidad en la huida del rey, acabó de cortar en dos al partido patriota: por un lado, los constitucionales, la burguesía censataria; por el otro, los demócratas destinados a convertirse unánimemente en republicanos. Dueño de la situación por el momento, el triunvirato intentó revisar la Constitución según sus miras, pero no obtuvo apenas más que un aumento del censo. Los "negros" se negaron a cualquier arreglo y la mayoría de los constitucionales igualmente: aunque aceptaran restablecer a Luis XVI, no estaba en su poder tenerle confianza. Las consecuencias del suceso de Varennes eran irreparables.

En el exterior, la huida había causado sensación. España llamó a su embajador y expulsó a muchos franceses. El 6 de julio, el Emperador propuso a los soberanos concertarse para salvar a la familia real; el 25 firmó un primer acuerdo con el rey de Prusia y aceptó encontrarse con él en Pilnitz, Sajonia. Preocupado por la suerte de Polonia y sabiendo que Inglaterra permanecería neutral, prestó no obstante oído favorable a las garantías de Barnave. En vano, María Antonieta le advirtió que la intervención era el único medio de salvación y que si ella se prestaba a la política de los triunviros era para mejor "adormecerlos". En Pilnitz, dio a entender que si Luis XVI aceptaba la Constitución se daría por satisfecho.

En ese caso, lo mejor hubiera sido guardar silencio, como Barnave lo pedía. Pero Leopoldo y su ministro Kaunitz se imaginaban que una amenaza intimidaría a los Jacobinos y secundaría a los Fuldenses; intentaron también complacer al rey de Prusia que deseaba poder dar una satisfacción cualquiera a los emigrados. El 27 de agosto, los dos soberanos, en una declaración pública, invitaron a los otros a sumar sus fuerzas a las suyas para restablecer el orden en Francia: "entonces, y en ese caso", se lanzarían a la acción. Como la abstención de Inglaterra era segura, Leopoldo no se consideraba comprometido. No por ello impidió que el conde de Artois y el conde de Provenza, que habían logrado llegar a Coblenza, presentaran la declaración como un ultimátum, y los franceses la tomaron como tal. ¿Cómo hubieran podido saber a ciencia cierta las intenciones secretas de Leopoldo? ¿Cómo hubieran podido persuadirse de que Inglaterra rehusaría tomar su desquite de la guerra de América? Por anodina que se haya pretendido que fuera, la amenaza era sin embargo una injuria: hasta la mayor parte de los constitucionales estaban dispuestos a no pasarla por alto.

## Los Girondinos

Una vez que aceptó la Constitución, el rey fue restablecido en su autoridad y la Constituyente se retiró el 30 de septiembre de 1791. Al día siguiente, la Asamblea legislativa tomó su lugar. Ésta comprendía una enorme mayoría de constitucionales. Pero el rey les seguía siendo sospechoso como a sus predecesores; esperaban la guerra para la primavera; execraban a los emigrados, y la agitación de los refractarios los alarmaba. En Aviñón, el 16 de octubre, los aristócratas asesinaron al alcalde, y los patriotas vengaron su muerte con la matanza de la Glacière. Cuando la izquierda propuso "medidas radicales" para restablecer la seguridad y la confianza, lo consiguió fácilmente.

Esta izquierda era guiada por hombres nuevos o que habían permanecido hasta ahora en segundo plano, entre los cuales se distinguieron Brissot, diputado de París, y Vergniaud, el más brillante de los diputados de la Gironda. Se les llamó *Brissotinos*, pero después que Lamartine publicó en 1847 su *Historia de los Girondinos* les quedó este último nombre. La pequeña burguesía instruida, pero de pocos medios de fortuna, de abogados y periodistas, había proporcionado buena parte de esta segunda generación revolucionaria; el idealismo y la ambición no eran sus únicas guías; fueron sensibles también a los atractivos del poder, les gustó alternar, en los salones, con los financieros y hombres de negocios. Ligados a la democracia política por sus orígenes, se sintieron cada vez más inclinados a imponerle la tutela de la riqueza a la vez que la del talento. El carácter, en ellos, no igualaba al ingenio. Brissot era un periodista que por haber residido en el extranjero era considerado conocedor de Europa; se improvisó como diplomático, y en este papel mostró más ardor irreflexivo que habilidad circunspecta. Vergniaud, orador vehemente, uno de los mejores de la Revolución, no fue, a la hora de la acción decisiva, más que duda y debilidad. Atraídos, como La Fayette, por el entusiasmo romántico, los Girondinos carecieron de energía, faltos de real audacia, cuando se presentaron las consecuencias lógicas de la política que habían inaugurado.

Para hacerse escuchar, explotaron la animosidad de los constitucionales contra los enemigos de la Revolución, y obtuvieron decretos contra los emigrados, después contra los refractarios, aunque fueran indiferentes a la suerte del clero juramentado, y más ligados a Voltaire y los Enciclopedistas que a la religión civil de Rousseau. Para perjudicar a los emigrados, lo mejor era sin embargo dirigir al Elector de Tréveris la intimación de disolver sus tropas, y así fue decidido. Como éste pidió naturalmente ayuda al Emperador, los Girondinos pudieron entonces inculpar a Austria de provocar la guerra. Aseguraban que ésta sería fácil, pues los pueblos oprimidos

secundarían la "cruzada de la libertad universal".
Los refugiados, especialmente Clavière, el banquero
ginebrino, los apoyaban con todos sus recursos.
Los belgas y los de Lieja que habían huido de la
reacción austriaca expresaban el deseo de formar
legiones. El ardor de los Girondinos, generosos y
sinceros, ganó poco a poco al pueblo revolucionario.
Sólo Robespierre resistió hasta el fin, asegurando que
la guerra beneficiaría a la corte y que en todo caso
traería como consecuencias inevitables la dictadura,
el debilitamiento de los franceses y la reacción nacional de los pueblos que se pretendía liberar.

No es seguro que los Girondinos hubieran conse-
guido sus fines si La Fayette y sus amigos, que con-
fiaban en tomar la dirección de los ejércitos y volverlos en caso de necesidad contra los Jacobinos, no
se hubieran unido a ellos. Condorcet y Madame de
Staël, que consiguió se diera el ministerio de la Guerra a su amante, el conde de Narbonne, sirvieron
de lazos de unión. Los triunviros permanecieron
hostiles, pero la corte misma, a la que desesperaba
la inacción de Leopoldo, estaba resuelta a obligarlo
declarándole la guerra. La reina escribía a Fersen,
a propósito de los Girondinos: "¡Los muy imbéciles!
No se dan cuenta de que lo que hacen es servirnos."

Leopoldo obligó al Elector a dispersar a los emigrados, pero, fiel a su política de intimidación, continuó con sus amenazas. La Gironda se valió de
ellas para enviarle un ultimátum, el 25 de enero
de 1792. La actitud del ministro de Negocios Extranjeros, De Lessart, parecía indecisa; pero fue a
Narbonne a quien Luis XVI destituyó. Después de
lo cual la Gironda hizo encausar a De Lessart; sus
colegas, asustados, se retiraron.

Luis XVI aceptó los servicios del general Dumouriez, que se venía ofreciendo desde hacía mucho
tiempo, jugando a la vez al patriota y sosteniendo

relaciones con la Gironda. Haciendo creer que los ministros Jacobinos no actuarían como jacobinos, logró que se confiara la Hacienda a Clavière, y el ministerio del Interior a Roland, antiguo inspector de manufacturas, también amigo de Brissot. El plan de la Gironda parecía haber triunfado; en realidad, ésta asumía la responsabilidad del poder sin ser dueña de él. Madame Roland, convertida en la Egeria del partido, se dio cuenta de ello, pero no pudo hacer nada. Por añadidura, Robespierre denunció las transacciones de estos "intrigantes" que, por su parte, lo acusaban de ayudar a la corte con su oposición obstinada. Los demócratas, a su vez, se dividieron definitivamente: éste fue el origen del duelo mortal entre Girondinos y Montañeses.

El primer cuidado de Dumouriez fue declarar la guerra a Austria, el 20 de abril de 1792. Presumía que podría ganarse a los enemigos tradicionales de esta potencia: Prusia, Cerdeña, los Turcos. Su fracaso fue completo; Prusia se había incluso aliado al Emperador el 7 de febrero. Sin embargo, habiendo organizado la propaganda de acuerdo con Brissot, no dudaba poder conquistar a Bélgica. Sabía que el ejército no estaba preparado. Las tropas de líneas desconfiaban de sus oficiales, y los voluntarios de 1791, muy patriotas y que proporcionaron muchos generales a la República, tenían que aprender todo lo concerniente a la guerra. Pero unos y otros se afirmarían o se formarían combatiendo, y por otro lado los austriacos no les oponían más que treinta mil hombres dispuestos en cordón de Lorena al mar. El 29 de abril, cincuenta mil franceses franquearon la frontera. Pero a la vista del enemigo dos columnas se desbandaron y Dillon, uno de sus jefes, fue asesinado en Lille. La ofensiva militar también había fracasado. Los generales echaron la responsabilidad sobre los Jacobinos que promovían la indisciplina, y

declararon que la paz se imponía. En el fondo, si La
Fayette había cambiado de opinión es que el estado
de Francia le inquietaba.

La guerra, en efecto, al exaltar el ímpetu nacional, cuya clara huella conserva el *Canto de Guerra
para el ejército del Rin,* compuesto en Estrasburgo
a fines de abril por Rouget de Lisle, había despertado el ardor revolucionario que en la complejidad del
tiempo era inseparable de él. Los voluntarios, avan-
zando a través de Francia, lo llevaban a todas partes
y frecuentemente tomaban la iniciativa de las violencias. Al mismo tiempo que el general Dillon, un
refractario fue asesinado en Lille, y en el curso del
verano se cometieron homicidios aquí y allá en provincia; los patriotas se armaban de chuzos y enarbo-
laban el gorro rojo. La agitación conservaba un
carácter social: la sublevación popular con ejecuciones arbitrarias había recomenzado en el Macizo Central, y un poco en todas partes se despojaba a los
ricos para recompensar y equipar a los voluntarios.
Finalmente, la baja del asignado, que perdía ahora
un 50 por ciento, no provocaba solamente una crisis de carestía, sino que restringía el aprovisionamiento de los mercados porque el campesino aguardaba el
alza; los negociantes encargados como de costumbre de proveer los ejércitos compraban además a
cualquier precio. El azúcar también se volvió escaso porque en agosto de 1791 los esclavos se habían
sublevado en Santo Domingo. Desde el invierno se
multiplicaron los motines en favor de la reglamentación y sobre todo de la regulación de los precios.
En el mercado de Étampes, el 3 de marzo, el alcalde
Simoneau fue asesinado. En París, el vicario Jac-
ques Roux reclamaba la pena de muerte para los
acaparadores. Como compartía las inquietudes de
los Fuldenses, La Fayette no pensaba más que en volverse contra el enemigo del interior y negoció se-

cretamente con los austriacos un armisticio que le
permitiría avanzar sobre París.

La Gironda le tomó la delantera. A fines de mayo,
mandó disolver la guardia del rey, votó un nuevo
decreto contra los refractarios y convocó veinte mil
guardias nacionales para formar un campamento en
París. Luis XVI opuso el veto a estos dos últimos
decretos. En una carta fechada el 12 de junio, Roland le manifestó que iba a provocar la caída del
trono y el exterminio de los aristócratas. Exasperado, el rey olvidó toda prudencia y destituyó a los
ministros brissotinos. Dumouriez había aprobado su
actitud, pero atacado por los Girondinos tuvo miedo
y se hizo trasladar al ejército del Norte. Los Fuldenses tomaron de nuevo el poder.

## El 20 de junio

Desde fines de mayo, las barriadas amenazaban
con intervenir. El alcalde, Petion, no tuvo más remedio que someterse. El 20 de junio la turba invadió
las Tullerías reclamando la retractación del veto y la
vuelta de los ministros patriotas. Pero el rey sufrió
con dignidad los reproches y amenazas y se obstinó
en su negativa. El insulto que había sufrido provocó violentas protestas. Petion fue suspendido, y el
28, La Fayette apareció amenazante en la barra de
la Asamblea. El proyecto de golpe de Estado fracasó, sin embargo, porque el rey lo rechazó. No quería ser salvado por los constitucionales, pues confiaba poder aguantar hasta la llegada de los aliados. La
actitud de los Girondinos lo animó a ello.

Éstos habían vuelto a su política de intimidación.
El 3 de julio Vergniaud, en un discurso célebre, había denunciado la traición del rey, y el 11, la declaración de que la patria se hallaba en peligro acabó
de enardecer a la opinión pública. De todos modos

no pensaban más que en recuperar el gobierno. Vergniaud y Guadet llegaron inclusive hasta a escribir a Luis XVI intentando persuadirlo. Pero aunque hubiera llamado de nuevo a los aborrecidos ministros ¿quién le hubiera impedido destituirlos de nuevo en plena invasión? El pueblo revolucionario quería acabar de una vez: la política de los Girondinos los había puesto entre la espada y la pared. Sin embargo, lejos de organizar la insurrección o de volverla inútil proclamando la destitución del rey por medio de la Asamblea, amenazaron a los republicanos. A su vez, habían llegado a temer la acción popular. Se prescindió de ellos, y esto fue lo que los perdió.

*La jornada del 10 de agosto*

Desconcertados un momento por su fracaso del 20 de junio, los patriotas parisienses habían sido reforzados por los de la provincia. Mientras las administraciones departamentales manifestaban su fidelidad monárquica, las municipalidades, y en primer lugar, el 27 de junio, la de Marsella, se pronunciaron por la destitución del rey. So pretexto de asistir a la Federación del 14 de julio, los guardias nacionales tomaron el camino de París. Desde el 11, estos *federados* protestaban en la Asamblea contra el veto, y el 17 Robespierre redactó para ellos una petición que pretendía la suspensión del rey.

París, desde 1790, estaba dividida en cuarenta y ocho secciones cuyos ciudadanos, semanas atrás, habían tomado la costumbre de reunirse diariamente, formando así igual número de clubes donde los "pasivos" se infiltraron, de suerte que poco a poco los moderados fueron suplantados y que cuarenta secciones se pronunciaron por la destitución. Robespierre completó el programa con la elección de una *Convención* por sufragio universal. La palabra, tomada de los anglosajones, designaba una asamblea destinada a redactar o revisar una constitución.

El 27 de julio, las secciones organizaron un comité central en el Ayuntamiento; los federados se les habían adelantado: un directorio insurreccional secreto aseguró la unión. El 30, los federados marselleses, llamados por Barbaroux, desfilaron por el "barrio de gloria" cantando el himno de Rouget de Lisle, que desde entonces lleva el nombre de *Marsellesa*. El 1º de agosto, se conoció el Manifiesto solicitado por la corte, pero redactado por un emigrado, cuya paternidad asumió, aunque a disgusto, el duque de Brunsvick, generalísimo de las potencias alemanas; en él se hacía la amenaza de entregar París "a una ejecución militar y a una subversión total" si se hacía "el menor ultraje" a la familia real. Petion, que debía presentar a la Asamblea, el 3, la petición de las secciones, obtuvo que se aguardara su decisión. La sección del Hospital de Ciegos, en el barrio de San Antonio, le dio de plazo hasta el 9. Nada sucedió. En la noche, se tocó a rebato. Las secciones enviaron al Ayuntamiento comisarios que sustituyeron a la comuna legal. Mandat, comandante de la guardia nacional, que había preparado la defensa, fue arrestado y muerto. En las Tullerías no quedaba más que la Guardia Suiza, y la familia real se refugió en la Asamblea. Los marselleses fueron los primeros en llegar; se les dejó penetrar hasta la escalera principal y solamente entonces, como en la Bastilla, los Suizos abrieron el fuego y limpiaron la plaza del Carrousel. Cuando al fin llegó la gente de los barrios, la ofensiva recomenzó; hacia las 10, el rey ordenó a los guardias volver a los cuarteles, pero los asaltantes rehusaron la tregua pretextando que se les tendía una celada y mataron a gran número de Suizos. Además del rey, la "jornada" alcanzaba a la Legislativa y se pensaba en dispersarla. Pero

como los Girondinos continuaban siendo populares
en provincia, se decidió tomarlos como fiadores. La
Asamblea subsistió; pero reconoció a la nueva Comuna. Aquélla no se pronunció por la destitución y
solamente declaró al rey suspendido; mas la Comuna lo aprisionó en el Temple, y entonces la decisión
fue reservada a una convención elegida por sufragio
universal. En lugar del rey, se instaló un consejo
ejecutivo provisional donde entraron los ex ministros girondinos, pero se les asoció a Danton, que era
un agitador popular. En suma, la Revolución se
atascaba en una transacción, y entretanto no había
verdadero gobierno.

## El primer Terror

La revolución del 10 de agosto no encontró resistencia seria. No habiendo podido La Fayette arrastrar consigo a sus tropas, se pasó al lado de los
austriacos, que lo hicieron prisionero. El primer
cuidado de los vencedores fue echarse sobre los sospechosos; el 11 de agosto la Legislativa autorizó su
arresto. Se aprisionó a cierto número de ellos en
París, pero en provincia las autoridades mostraron
un celo moderado. El 26 de agosto, la Asamblea
ordenó también la deportación, o más exactamente
la proscripción de los refractarios; en París se les
aprisionó; en provincia ellos mismos se expatriaron
o se escondieron. En resumen, el primer Terror hubiera sido bastante benigno si sólo hubiera dependido de los poderes públicos. Pero había que contar
con la exaltación popular, y no solamente en París,
sino también en provincia, los episodios homicidas
se multiplicaron. En la capital el peligro era mayor
porque allí se quería vengar a los muertos del 10 de
agosto. Desde el 11, se había hecho la amenaza
de matar a los prisioneros; el 17, la Asamblea se

resignó a crear un tribunal extraordinario para juzgarlos, pero éste se mostró menos severo de lo que se esperaba. La capitulación de Longwy y el sitio de Verdun acabaron de exaltar la pasión homicida. Si los prusianos llegaban, los aristócratas les prestarían ayuda, y como en 1789, se temía que las cárceles les proporcionaran un contingente para una San Bartolomé de patriotas. La tarde del 2 de septiembre, cuando el toque de rebato sonaba y detonaba el cañón de alarma, los refractarios que eran conducidos a la prisión de la Abbaye fueron asesinados por la multitud e inmediatamente se acudió a las prisiones. Se improvisaron tribunales populares, especialmente en la Abbaye y la Force. Los sacerdotes y los aristócratas no fueron de ningún modo las únicas víctimas; los prisioneros de derecho común constituyen más de las dos terceras partes de ellas. Los asesinos, que obraron hasta el día 6 y entre los cuales se advierten pequeñoburgueses y militares, no eran probablemente muy numerosos, pero no hubo ninguna tentativa de represión. Los Girondinos se sintieron dominados por el terror; la Comuna contemporizó; su comité de vigilancia, en el que figuraba Marat, aprobó la matanza y por una circular la puso como ejemplo a la provincia. Danton, por su parte, los dejó hacer.

El Terror acentuó las consecuencias del 10 de agosto. Nadie defendió ya a la realeza. Los sacerdotes romanos, que no eran funcionarios, fueron sometidos, como todos los franceses, a prestar el juramento a la libertad y a la igualdad que se llamó "pequeño juramento". Los constitucionales, en su mayoría de opinión moderada, comenzaron a verse tratados sin consideración; el estado civil se hizo laico y se instituyó el divorcio. La repercusión social fue igualmente sensible. Las deudas señoriales fueron abolidas sin indemnización, a menos que se las justificara por el título primitivo que había concedido la dependencia al feudo; se prometió a los campesinos la repartición de los bienes comunales y la venta de los bienes de los emigrados por pagos ínfimos. Se volvió a la reglamentación del comercio de granos, que pudieron ser incautados para el aprovisionamiento de los mercados, e incluso fueron tasados los que estaban destinados al ejército.

Al mismo tiempo, la Asamblea y la Comuna, de acuerdo sobre este punto, aceleraron el envío de refuerzos a la frontera e intentaron un primer ensayo de movilización general: requisa de armas y caballos, de campanas y platería de las iglesias, de granos y forrajes. Los resultados no deben exagerarse: se enviaron unos veinte mil hombres a Champaña. Pero el ejército tuvo la impresión de que en lo sucesivo la Revolución sería defendida, e indudablemente fue Danton el que más contribuyó a inculcarle el sentimiento de voluntad de vencer.

Se tuvo así un primer esbozo del gobierno del año II. Pero la reacción fue casi inmediata. Las matanzas habían provocado la reprobación. Los Girondinos se habían retractado y denunciaban la "ley agraria"; alarmada, la burguesía formó filas detrás de ellos y las elecciones en la Convención fueron un triunfo para el partido.

## Valmy y Jemappes

La campaña tomó, por otro lado, un giro que fue muy favorable a los Girondinos. Los prusianos y los emigrados habían entrado en Francia el 19 de agosto y en pocos días habían hecho capitular Longwy, después Verdun, tras la misteriosa muerte del comandante Beaurepaire. Brunsvick esperaba pasar el invierno en el Mosa, pero el rey de Prusia decidió seguir adelante, a través de Argona. Aquél encontró los desfiladeros ocupados por el ejército de Sedan, al mando de Dumouriez, a quien Danton había enviado allí, y por el ejército de Metz, dirigido por Kellermann. Brunsvick logró sin embargo tomar un atajo y vino a acampar delante de los franceses concentrados en las alturas de Valmy. En lugar de maniobrar para envolverlos, el rey dio la orden de ataque. Guiados por el recuerdo de Federico II, el ejército prusiano creía dispersar sin dificultad el de los "chapuceros". De hecho, tenía frente a él a una mayoría de tropas de línea, de voluntarios que la guerra de escaramuzas había fraguado y una artillería sin rival. Al ser recibidos por un fuego graneado al grito de "Viva la nación", las columnas de asalto se desconcertaron y Brunsvick ordenó la retirada.

No había sido una gran batalla; Dumouriez, no muy confiado, inició las negociaciones para ganar tiempo, y Danton entró en el juego. Sin embargo, la lluvia arruinó al ejército enemigo acampado en Champaña, piojoso y mal abastecido; si se retiraba, en el paso de Argona podía ser aniquilado. No obstante, lo dejaron retirarse bajo promesa de evacuar Francia, con la esperanza de que el rey de Prusia firmaría la paz y tal vez se volviera contra Austria. Una vez salido del mal paso, éste no llegó tan lejos, pero en cambio no pensó más que en resarcirse a expensas de Polonia. Durante este tiempo, Saboya y Niza habían sido ocupadas sin combate; Custine se había apoderado de la orilla izquierda del Rin hasta Maguncia y asimismo de Francfort; mientras los austriacos atacaban Lille, Dumouriez se dirigía apresuradamente hacia Bélgica: el 6 de noviembre obtuvo en Jemappes una brillante victoria que le entregó Bélgica entera. Europa quedó estupefacta y en Francia los Girondinos triunfaron.

## La Convención girondina

La Convención se había reunido el 20 de septiembre, en el momento en que terminaba la batalla de Valmy. Al día siguiente abolió la monarquía, y a partir del 22 fechó el año I de la República, la cual fue así establecida indirectamente, no por preferencia teórica, sino porque Luis XVI había sido derribado y el tiempo era apremiante, y porque la Francia revolucionaria se veía obligada a gobernarse por sí misma. La Convención no era una imagen de la nación entera. Por supuesto que los franceses que estaban dispuestos a ayudar al enemigo o que deseaban su victoria no podían figurar en ella. Pero otros —probablemente la mayoría— aunque temían la contrarrevolución y el desmembramiento del territorio, temían igualmente los sacrificios que llevaba aparejados la guerra a ultranza y hubieran aceptado cualquier transacción que trajera de nuevo la paz. Para la minoría de acción revolucionaria no había duda posible: "¡La victoria o la muerte!" Durante el primer Terror, nadie había osado contradecir. Todos los convencionistas se decían decididos a combatir implacablemente.

Entre Girondinos y Montañeses prosiguió la rivalidad mortal que había comenzado después del 10 de agosto. Como habían recurrido a los pudientes inquietos por el progreso popular, y como su número aumentaba con hombres que, demócratas de un día para otro, los tomaban en realidad por pantalla, ya que estaban empeñados en destruir la obra de Danton y la Comuna, los Girondinos aparecieron como conservadores sociales. Sin embargo, continuaban siendo belicosos, sin darse cuenta de que la guerra nacional que habían declarado exigía, aparte de medidas excepcionales, el apoyo de las masas, y que para obtenerlo era preciso interesarlas en la salvación de la Revo-

lución, como lo estaba ya la burguesía. Los Montañeses eran conscientes de esta necesidad y eso constituyó su fuerza; además, casi reducidos al principio
a la diputación de París, elegida en presencia de los
*sans-culottes*, buscaban naturalmente un punto de
apoyo fuera de la Asamblea, en los clubes de los Jacobinos y Franciscanos, en la Comuna, entre el pueblo
de las jornadas.

Un arreglo parcial no era imposible. La Gironda
no formaba un partido organizado y obró siempre
sin método determinado. Si los Roland, y sus amigos Brissot, Barbaroux, Louvet, Buzot, se mostraron
implacables, hombres como Vergniaud y Ducos estaban dispuestos a oír razones. Los Montañeses no
estaban unidos tampoco. El alma de la política in-
transigente fue Robespierre, quien, con una lucidez
inhumana, denunciaba la transacción eventual detrás de la reacción girondina, y la contrarrevolución
detrás de la transacción. Su espíritu serio, naturalmente receloso, consideraba toda concesión como una
traición y la rechazaba con un ardor inflexible. "Cree
todo lo que dice", había observado con asombro Mirabeau, que no era capaz de comprender semejante
actitud. Pero en cambio Danton, aunque no pensara
sapararse del pueblo revolucionario, no rechazaba las
negociaciones, con tal que la Revolución, y tal
vez él mismo, pudieran obtener provecho de ello. En
este coloso se discierne, como en Vergniaud, el gusto
por la vida indolente y fácil que le hacía insoporta-
bles los largos recelos y la saña tenaz. Ofreció su
concurso a la Gironda a fin de intentar un acerca-
miento.

Una masa enorme de Convencionales, la *Llanura*
o *Pantano*, optaron siempre con espíritu decisivo entre las dos "facciones". Estos burgueses de 1789 —muchos de ellos eran antes Constituyentes— detestaban
la violencia y querían la libertad económica, por lo

cual se inclinaban naturalmente hacia la Gironda. Pero la *Llanura* estaba resuelta a defender la Revolución, y siempre que los Montañeses propusieron medidas para ese fin, obtuvieron su adhesión, del mismo modo que en la Legislativa los Girondinos, por la misma razón, habían arrastrado consigo a los constitucionales. Después de Valmy, sin embargo, el peligro había pasado y la *Llanura* sólo pensaba en poner fin al régimen de excepción que él mismo había suscitado; por lo tanto fue girondina.

Cuando Danton presentó su dimisión, el "virtuoso" Roland se halló dueño del Consejo ejecutivo. Se libertó a los sospechosos; muchos emigrados y deportados regresaron; el tribunal del 17 de agosto fue suprimido; el 8 de diciembre la libertad de comercio de granos fue restablecida; las obras de construcción de fortificaciones y los talleres de armamentos y equipo que daban trabajo a los desocupados fueron abandonados. Esta reacción liberal hacía suponer que iba a intentarse firmar la paz, y las perspectivas para ello no eran desfavorables. Prusia negociaba con Rusia la segunda repartición de Polonia, negociación que fue concluida el 23 de enero de 1793; Austria, frustrada, hubiera tal vez aceptado negociar si la República hubiera ofrecido devolver sus conquistas.

Como anteriormente, la conducta de la Gironda fue por desgracia una maraña de contradicciones. Aunque repudiara dirigir una guerra de masas, se dedicó sin embargo a provocar la coalición general que la hacía indispensable. Exaltada por la victoria, no habló más que de extender por toda Europa, incluso por el mundo entero, la cruzada libertadora. El 19 de noviembre la Convención prometió "fraternidad y ayuda" a todos los pueblos que quisieran reconquistar su libertad. Holanda fue el primer blanco; Dumouriez se preparaba ya para invadirla y el 11 de noviembre el Consejo había abierto el Escalda, que los tratados de Westfalia cerraron a la navegación. España también estaba amenazada, y el venezolano Miranda, lugarteniente de Dumouriez, fue bien acogido cuando ofreció sublevar la América Latina. Pero los pueblos libertados ¿quedarían dueños de su destino? Los amigos de Francia no tardaron en comprobar que sus conciudadanos no estaban a la altura de las circunstancias, y que sin protección armada no conservarían el poder; así, pidieron la reunión. Paralelamente, el entusiasmo romántico de la victoria suscitaba sueños de grandeza. "La República francesa —escribía Brissot— no debe tener por límite más que el Rin." En fin, Cambon declaraba que la guerra era demasiado costosa para que se libertara a los pueblos gratuitamente. El 15 de diciembre, un nuevo decreto decidió que en los países ocupados el diezmo y los derechos feudales serían abolidos, así como los privilegios; los antiguos impuestos serían reemplazados por otros personales sobre los ricos: "Guerra a los castillos, Paz para las chozas." En cambio, se incautarían los bienes eclesiásticos, y el asignado, garantizado por ellos, se volvería moneda legal y pagaría las requisiciones. El resultado, predicho poco antes por Robespierre, fue desastroso: los pueblos no admitieron que se hiciera su felicidad sin consultarles y a sus expensas. Por tanto se concluyó que era necesario anexarlos para impedirles pasarse a la contrarrevolución. Saboya había sido anexada desde el 27 de noviembre. De enero a marzo, ocurrió lo mismo con Niza, Bélgica y la orilla izquierda del Rin, ya que Danton y Carnot habían aceptado a su vez el "principio de las fronteras naturales". En estas condiciones, era segura la guerra con Inglaterra, tradicionalmente resuelta a prohibir a Francia la conquista de los Países Bajos y a no tolerar ninguna hegemonía sobre el continente.

## La muerte del rey

Los Girondinos deseaban salvar al rey. El mejor argumento hubiera sido que para concluir la paz era preciso perdonarlo. Pero como instigaban a hacer la guerra, la única alternativa que les quedaba era retardar el proceso. "Si se le juzga, es hombre muerto", había dicho Danton. La Convención, en efecto, estaría obligada a declararlo culpable; de otro modo condenaría el 10 de agosto y su propia existencia. Culpable Luis XVI de haber apelado al extranjero, sería difícil a la Convención no pronunciar la pena de muerte, pues los revolucionarios no admitirían que se le tratara con consideración cuando ellos debían afrontar la muerte para detener la invasión. Pero para que el problema no fuera planteado precisaban de la connivencia de los Montañeses. Mas los Girondinos, sin darles tregua, se esforzaban por arrastrar a la *Llanura* y encausarlos como responsables de las matanzas de septiembre y como culpables de aspirar a la dictadura o de querer restablecer la monarquía para uno de ellos: Felipe de Orleáns convertido en Felipe Igualdad. Los Montañeses respondieron acusando a sus adversarios de querer salvar al "tirano", cuya cabeza llegó a ser así la postura de los partidos. Cuando, el 20 de noviembre, se descubrió el armario de hierro donde Luis XVI había ocultado sus papeles más comprometedores, el proceso se hizo inevitable.

Luis XVI negó o se escudó tras la Constitución; sus defensores invocaron la inviolabilidad, pero a esto se había respondido ya desde 1791, cuando se dijo que era absurdo suponer que aquélla cubriera la alta traición; negaron también la competencia de la Convención, lo que no se tuvo en cuenta porque, conforme a la teoría de Sieyès, ella encarnaba la soberanía nacional, en tanto que Asamblea Constituyente, y reunía en sus manos todos los poderes. Por la misma razón, la Convención rechazó la proposición Girondina de someter la sentencia a la ratificación del pueblo. Luis XVI fue declarado culpable por unanimidad y condenado a muerte por votación nominal por 387 votos contra 334. Sin embargo, 26 diputados habían propuesto sobreseer la ejecución; descontados éstos, la muerte del rey la conseguía sólo medio voto. Se procedió a un último escrutinio: los 26 se dividieron y el sobreseimiento fue rechazado por 380 votos contra 310. Hasta el último momento, los realistas habían conservado muchas esperanzas, pues el representante de España, Ocáriz, había obtenido del banco Le Couteulx un anticipo de más de 2 millones para comprar los votos. Un asesino pagado mató el 20 de enero al representante Le Peletier y otros pensaron en secuestrar al rey cuando se dirigiera hacia la plaza de la Revolución, hoy día plaza de la Concordia, donde lo esperaba la guillotina. Pero las precauciones que se habían tomado eran demasiado buenas. El 21 de enero de 1793, Luis XVI fue ejecutado.

El regicidio exaltó la fidelidad monárquica, pero asestó un golpe fatal al carácter divino de la dignidad real. En lo inmediato, rompió, como lo querían sus partidarios, toda perspectiva de arreglo entre la Revolución y sus adversarios en Francia y Europa. Inglaterra expulsó al embajador de Francia y el 1º de febrero la Convención le declaró la guerra. La muerte del rey no había sido más que un pretexto. Para España y los Estados italianos fue la causa de la ruptura. Con excepción de Suiza, Turquía y los Estados escandinavos, Francia se halló en conflicto con Europa entera. En las luchas con su rival, Inglaterra tenía la costumbre de fomentar una coalición continental a fin de asegurarse una victoria

fácil en el mar y las colonias; esta vez, se la encontró
ya hecha.

## La Revolución en peligro

La actitud de los Girondinos no sólo con respecto
a los Montañeses sino también durante el proceso
del rey, había minado su influencia en la Convención. Roland presentó su renuncia. Los desastrosos
inicios de la campaña, que no habían preparado mejor que en 1792, precipitó su caída. Dumouriez acababa de entrar en Holanda cuando Cobourg, inva-
diendo Bélgica, lo hizo soltar presa y lo derrotó, el
18 de marzo, en Nerwinden. Habiendo criticado violentamente el decreto del 15 de diciembre, el general
estaba reñido con la Convención; así, se puso de
acuerdo con Cobourg para pasar de nuevo la frontera
y avanzar sobre París. Su ejército rehusó seguirlo y
Dumouriez se pasó al frente austriaco el 5 de abril. Los
austriacos entraron entonces en Francia y sitia-
ron Condé y Valenciennes. Los prusianos, por su parte, franquearon el Rin y obligaron a Custine a retroceder precipitadamente. Maguncia fue igualmente
sitiada.

Simultáneamente, la contrarrevolución se desen-
cadenaba en el interior. El 24 de febrero, la Convención, para reforzar el ejército, había requisado
300 000 hombres dejando que los *assujettis*[8] —los célibes de 18 a 40 años— eligieran a los que debían partir. En casi todos los departamentos la leva provocó
disturbios, a veces muy graves, y del 10 al 15 de marzo
los campesinos de Vandea, en vez de ir a defender
la Revolución que había proscrito a los "buenos sacerdotes", tomaron en masa las armas contra ella.
Favorecidos por el terreno boscoso, derrotaron a los

[8] Es decir, las personas obligadas por la ley a pagar
un impuesto personal. [T.]

guardias nacionales precipitadamente reunidos. A
los jefes plebeyos, Cathelineau y Stofflet, vinieron
a sumarse los nobles —Charette, Bonchamp, d'Elbée,
Lescure, La Rochejacquelein—. De acuerdo con el
abate Bernier, organizaron un gobierno en nombre
del rey y apelaron a Inglaterra. Felizmente para la
República, aquélla no comprendió qué oportunidad
se le ofrecía, y por otra parte los campesinos, que
acudían en cuanto los "azules" eran señalados, retor-
naban a sus trabajos después de la victoria. Sin
embargo, incluso cuando se resignaron, en mayo, a
utilizar tropas de la frontera, los ataques mal diri-
gidos fracasaron y los "bandidos" se apoderaron de
varias ciudades.

La traición de Dumouriez y la guerra civil exas-
peraron a los republicanos y llevaron a la *Llanura* a
votar poco a poco las medidas de excepción preconizadas por la Montaña: el 21 de marzo aparecieron
los comités de vigilancia; el 28, las leyes contra los
emigrados y los refractarios fueron codificadas y
agravadas; el tribunal revolucionario, decretado en
principio el 9 de marzo, fue organizado. Pero ¿a qué
todo esto, en tanto no hubiera gobierno? Los días 5
y 6 de abril se instituyó un comité de salud pública y
Danton entró en él; como los Girondinos y los Montañeses siguieran atacándose mutuamente, no había
que contar con que se le dieran los poderes necesarios. Una vez más la solución llegó de fuera. En
1789, la intervención popular había salvado a la Asamblea; en 1792, había derrocado la monarquía a pesar
de aquélla; esta vez, el pueblo se puso en su contra.
El programa se elaboró, tanto en provincia como en
París, en el seno de los clubes. Los *"sans-culottes"*,
como se les llamaba ahora, querían restablecer la
unidad en la Convención expulsando de ella a los
Girondinos, y asegurar la eficacia del gobierno que-
brantando todas las resistencias por medio de una

represión despiadada. Pero, como siempre, para arrastrar a las masas la política no era suficiente. El asignado bajaba a ojos vistas y los precios subían tan rápidamente que los salarios no los seguían ya. Desde noviembre, los leñadores y los vidrieros del Perche habían bajado a Beauce para imponer la regulación de los precios; en febrero se habían saqueado las tiendas de comestibles de París; las poblaciones, enloquecidas, paralizaban completamente la circulación de granos. Los jefes populares —particularmente los "rabiosos"— reclamaban pues el "máximum" de los víveres, la requisición de los granos, auxilios para los pobres y para las familias de los soldados; un ejército revolucionario que les asegurase la autoridad y diese, a la vez, trabajo a los desocupados; finalmente, impuestos sobre los ricos que procurarían los recursos necesarios. Como anteriormente, se pasó más de una vez a la acción sin aguardar a que la Convención aceptara sus demandas. Así ocurrió en Lyon. Los Montañeses vacilaban en mutilar la Asamblea, contra el principio mismo de la democracia, y no creían en las virtudes de la reglamentación. Pero no podían elegir. Fue la traición de Dumouriez la que inauguró el período decisivo. El 1º de abril, los Girondinos y Danton se acusaron recíprocamente de complicidad con el general que había sido su amigo; el 5, los Jacobinos invitaron a las sociedades afiliadas a una acción concertada para hacer excluir a los Girondinos; el 13, éstos obtuvieron al fin que se encausara a Marat, quien, por otra parte, fue absuelto; el 15, las secciones replicaron por medio de una petición conforme al deseo de los Jacobinos. La iniciativa de estos últimos mostraba que los Montañeses se habían puesto de acuerdo con los Franciscanos y las secciones, de las cuales habían aceptado el programa social. El 11 de ábril, la Convención dio curso obligatorio al asignado. La ley del 4 de mayo ordenó a los departamentos fijar el precio máximo a los granos y a los forrajes, restableció la venta exclusiva en el mercado y autorizó las requisiciones. El 30 de mayo, se decidió también tomar un empréstito forzoso de 1000 millones.

Desde hacía mucho tiempo la Gironda llamaba a la burguesía y a la provincia contra la amenaza parisiense. Marsella, Burdeos, Nantes, la apoyaban, y en Lyon una insurrección destituyó a las autoridades jacobinas. En el mismo momento, en París, los *sans-culottes* se ponían en movimiento. El 18 de mayo, la Gironda había obtenido que una comisión de los Doce hiciera una encuesta sobre la conspiración que la amenazaba; los arrestos que dicha comisión ordenó provocaron el estallido. Un comité central de las secciones constituido en la sala del Obispado, organizó, el 31 de mayo, una manifestación que obtuvo solamente la supresión de los Doce. Pero el 2 de junio, cercada en las Tullerías, donde hacía poco se había instalado, por los seccionarios en armas, la Convención tuvo que decretar el arresto de veintinueve Girondinos, además de los ministros Clavière y Lebrun y los miembros de la comisión de los Doce. Se les concedió también, en principio, el mando del ejército revolucionario. Era la dictadura de la Montaña. Sin embargo, la revolución del 31 de mayo no ponía fin a la crisis, no había organizado el poder ejecutivo y el pueblo no había ganado gran cosa con ella.

## La crisis federalista

La revolución del 31 de mayo se vio al poco tiempo comprometida de nuevo: 75 diputados habían protestado y las noticias de los departamentos eran impresionantes. El comité de Salud Pública se esforzó por contemporizar. La suerte de los Girondinos fue dejada en suspenso; el ejército revolucionario y el empréstito forzoso no fueron organizados, y sobre todo se votó precipitadamente una constitución, dando a entender con ello que la dictadura era provisional. Esta constitución de 1793 era lo bastante democrática para instituir un referéndum en materia legislativa y fue además sometida a la ratificación de la nación, pero desde el punto de vista social no innovaba apenas nada. Por la misma época fueron otorgados de nuevo a los campesinos beneficios esenciales: la Convención decretó el 3 de junio la venta de los bienes de los emigrados, en pequeños lotes; el 10, la repartición de los bienes comunales; el 17 de julio, la abolición sin indemnización de lo que quedaba de los derechos feudales. Esto era acentuar la política de la Constituyente, no repudiarla.

No se logró sin embargo evitar la guerra civil. Normandía, Bretaña, el Franco Condado y la mayor parte del Mediodía se rebelaron contra la Convención. Los Montañeses acusaron a los insurrectos de querer transformar a Francia en una federación de repúblicas soberanas y los llamaron "Federalistas". En realidad, si la hostilidad del particularismo provincial contra París tuvo algo que ver en el movimiento federalista, éste se justificaba por la preocupación de vengar el principio democrático contra aquellos que habían atentado contra la representación nacional, y sobre todo era de origen social: la burguesía se decidía a luchar contra el empuje popular. Así pues, el pueblo permaneció indiferente o acabó por pronunciarse por los Montañeses. Además, los rebeldes no estaban de acuerdo: en el Sureste, dejaron que la dirección pasara a manos de los aristócratas; en otros lugares, y sobre todo en la vecindad de la frontera y de la Vandea, prefirieron someterse antes que traicionar la Revolución. La revuelta no se obstinó más que en Lyon y Tolón. Pero en julio había parecido que Francia se disgregaba.

Con respecto al extranjero, Danton había igualmente contemporizado al ofrecer devolver lo conquistado y también entregar a la reina. Los coligados, que habían recuperado lo primero y se inquietaban poco por la segunda, se burlaron de sus proposiciones. Entre tanto, los reveses continuaban: los Alpes y los Pirineos eran ahora forzados y los vandeanos, aunque habían fracasado frente a Nantes el 29 de junio, lograban rechazar todos los asaltos. La crisis económica era más grave que nunca. Los ingleses habían puesto a Francia en estado de bloqueo; aliados con España, habían entrado en el Mediterráneo, donde Paoli les entregaba Córcega. El máximum había vaciado los mercados porque las autoridades no habían hecho requisiciones más que por pura fórmula. El asignado había caído a menos del 30 por ciento; se especulaba con frenesí y los capitales huían al extranjero. La Convención, lejos de reforzar la reglamentación, parecía dispuesta a abandonarla.

## El Comité de Salud Pública y el Gobierno Revolucionario

Su impotencia impulsaba a los *sans-culottes* a realizar nuevos esfuerzos. La Paz era imposible; por tanto, ellos reclamaban la guerra a ultranza con la movilización general de todas las fuerzas del país, que llamaban "la leva en masa". Contra los acaparadores y el rico egoísta, los "rabiosos" por un lado y por el otro Marat, Hébert, redactor del *Père-Duchesne* y Chaumette, procurador de la Comuna, no cesaban de reclamar "grandes medidas", puesto que tenían medios de organizar una nueva "jornada" y la Convención estaba a su merced. Esta situación presentaba grandes peligros. Aunque gracias al ímpetu

de los *sans-culottes* se consiguió la creación del gobierno revolucionario, su ardor no servía de nada
sin una autoridad que los disciplinara. La Revolución
tuvo justamente entonces la oportunidad de que, por
azar, la autoridad se constituyera al fin. El 10 de
julio la Convención hubo de renovar el Comité de Salud Pública que no había sido hasta entonces más
que aplazamiento e inacción. Danton fue eliminado.
El nuevo Comité no era homogéneo, pero fue siéndolo poco a poco. Los Montañeses decididos —Couthon, Saint-Just, Jeanbon Saint-André, Prieur de la
Marne, Héraul de Séchelles— se unieron a Barère,
Lindet, y se sumaron a Robespierre el 27 de julio;
Carnot y Prieur de la Côte-d'Or el 14 de agosto; Bil-
laud-Varennes y Collot de Herbois el 6 de septiembre.
Así se formó el gran Comité del año II. Estos hombres, probos, obstinados y autoritarios permanecieron
unidos durante algunos meses por el peligro, por el
gusto del poder, y sobre todo por la voluntad de
vencer. Se impusieron a la Asamblea por el temor
de los *sans-culottes* y dominaron a estos últimos en
nombre de la Asamblea. Era una situación difícil;
sin embargo, lograron sostenerse hasta la victoria.

Empero, en julio de 1793 su plan no estaba determinado y sus principales medios de acción faltaban
aún. Éstos les fueron, en gran parte, impuestos por
los *sans-culottes*, cuya crisis, que llegaba a su apogeo, exacerbó por última vez el complejo revolucionario. El 13 de julio Marat fue asesinado por una
joven realista, Carlota Corday, que fue guillotinada
el 17. En ese mismo momento, los lyoneses decapi-
taban al jacobino Chalier, mientras que otros patriotas recibían la muerte en Marsella y Tolón. Cla-
mores furiosos exigieron represalias. María Antonieta
fue entregada al tribunal revolucionario y la lista de
los Girondinos proscritos se alargó. Luego se supieron una tras otra las derrotas de la Vandea, la ca-

pitulación de Maguncia y Valenciennes, la invasión
de Saboya y del Rosellón. En el Norte y en Alsacia
representantes en comisión, de concierto con los *sans-
culottes*, tomaban iniciativas decisivas: la leva en
masa, el arresto de los sospechosos.

En París, se hablaba otra vez de ir a vaciar las
prisiones. El Comité tomó providencias para impedirlo, pero no se opuso a la votación de un decreto
contra los sospechosos. En cambio vaciló en lo que
se refiere a la leva en masa; finalmente, el decreto
del 23 de agosto limitó el llamamiento a los célibes
de 18 a 25 años, pudiendo ser todos los demás ciudadanos requeridos para prestar diversos servicios de
guerra, en la retaguardia. Aún quedaba por decidir
el máximum. La Convención había votado, el 26 de
julio, la pena de muerte contra los acaparadores y,
poco después, suspendido las exportaciones. Cambon
acababa de desmonetizar los asignados "con la cara
del rey", y el 24 de agosto abrió el gran libro de la
Deuda pública, donde los acreedores tuvieron que hacer registrar de nuevo sus títulos, cuyo cupón fue
afectado por un descuento de un quinto de su valor;
el 3 de septiembre el empréstito forzoso fue organizado. Probablemente se esperaba detener la inflación
y, con ello, el alza de precios. Esto era una quimera, y los "rabiosos" se impacientaban. De pronto, se
supo que los realistas acababan de entregar Tolón y
la escuadra del Mediterráneo a los ingleses. Hébert, la Comuna y los Jacobinos entraron esta vez en
el movimiento. El 5 de septiembre, una manifestación obtuvo que la Convención constituyera al fin
el ejército revolucionario y pusiera "el Terror a la
orden del día"; el 11, un máximum nacional de granos y forrajes fue instituido; el 17, fue votada la célebre "ley de los sospechosos". Finalmente, en la
Convención, la oposición que ya se había esbozado
en julio cuando se hizo el arresto de Custine, se pre-

cisó en septiembre cuando Houchard sufrió la misma suerte. El Comité estrechó su amistad con los seccionarios: el máximum general de artículos de primera necesidad es del 29 de septiembre; las mercancías inglesas fueron prohibidas y los súbditos enemigos arrestados; los grandes procesos comenzaron; el 10 de octubre, la Convención proclamó oficialmente que "el gobierno de Francia es revolucionario hasta la paz", es decir, que la aplicación de la Constitución era suspendida.

## El Terror

Desde ese momento los terroristas reinaron en París. La reina fue ejecutada el 16 de octubre y los Girondinos el 31. Madame Roland y otros corrieron la misma suerte y varios más fueron condenados en provincia; algunos se suicidaron. Algunos Fuldenses como Bailly y Barnave perecieron también, así como Felipe Igualdad. Hubo en París 177 condenados a la pena capital en los tres últimos meses de 1793. Además los arrestos continuaban. La ciudad había recobrado la tranquilidad; la leva en masa y el ejército revolucionario habían disminuido las filas de los seccionarios, y muchos de ellos trabajaban ahora en los talleres militares y los negociados; la Comuna había instituido el racionamiento por medio de tarjetas, y el Comité proporcionaba granos como podía. Lo difícil era abastecer de nuevo los comercios, una vez vacíos. Pero había, además, otras preocupaciones.

Los extremistas, en efecto, habían iniciado una agitación de otra especie: la descristianización violenta había comenzado. Aparte un cierto número de "curas rojos", los sacerdotes constitucionales, poco favorables a la Montaña, habían llegado a ser decididamente sospechosos, y el 21 de octubre la Convención los sometió a la deportación basándose en la denuncia de diez ciudadanos. Por otro lado, muchos republicanos juzgaban inútil proseguir la experiencia de la Constituyente; y desde noviembre de 1792, Cambon había propuesto suprimir el presupuesto del culto. Como las ceremonias hacían falta incluso a los *sans-culottes*, el culto revolucionario sustituyó poco a poco a la religión tradicional. El nuevo culto tenía tanto sus mártires —Le Peletier, Marat, Chalier— como su altar —"el altar de la patria"—, sus símbolos y sus cantos. En octubre la Convención descristianizó el calendario y sustituyó el domingo por el *"décadi".*[9] Ciertos Montañeses no toleraban ya sino con disgusto el culto rival, y Fouché, en Nevers, lo había confinado a las iglesias. Chaumette en París, numerosos representantes en provincia y los ejércitos revolucionarios, lo entorpecieron igualmente. Intimidados, algunos sacerdotes dimitieron de sus funciones y las comunas renunciaron al culto público con la aprobación de la Convención. Un puñado de extremistas violentaron entonces los acontecimientos: constriñeron a Gobel, obispo de París, a abdicar, y para festejar el éxito la Comuna se apoderó de Notre-Dame para celebrar allí, el 10 de noviembre, la "fiesta de la Razón", y el 24, cerró las iglesias.

La Convención y el Comité se alarmaron; la República tenía ya bastantes enemigos sin que se les procurara el refuerzo de todos los que deseaban asistir a la misa del clero constitucional. El Comité tenía aun otro motivo para ello; hacia el 12 de octubre, Fabre d'Églantine, amigo de Danton, había denunciado una "conspiración del extranjero" destinada a hundir la república en la anarquía, y en efecto, entre los descristianizadores se observaba la presencia de refugiados como el alemán Cloots. Finalmente, tras la descristianización Robespierre adi-

[9] Nombre del décimo día de la década republicana en Francia. [T.]

vinaba el ateísmo, que en su opinión iba asociado a
la inmoralidad pública y privada. Así, pues, de acuerdo con Danton, "puso un límite": el 8 de diciembre,
un decreto confirmó la libertad de cultos. A este
respecto, el éxito fue ilusorio: el 10, la Convención
añadió que las iglesias que habían sido cerradas con-
tinuaran así, y los *sans-culottes* persistieron en apoderarse de las otras. Aunque desde el punto de vista
político el Comité había contenido a los extremistas,
a los que ahora se llamaba hebertistas, éstos sin
embargo continuaban siendo temibles. El ejército
revolucionario les estaba sometido. Si el reavituallamiento llegaba a ser difícil, el ataque recomenzaría.

En provincia no se discutía la autoridad del gobierno, pero a menudo se obraba sin consultarlo. Se
habían enviado a todas partes representantes en comisión para organizar la leva en masa, con poderes
discrecionales que la urgencia hacía necesarios, pero
que la lentitud de las comunicaciones no permitía
controlar. En lo esencial, los animaba un mismo espíritu, y obraron, en cierta medida, como agentes de
centralización. "Depuraron" a las autoridades, detuvieron a los sospechosos, armaron a los reclutas y
nutrieron a las poblaciones por medio de requisiciones. Pero de una región a otra las circunstancias y
el ambiente eran distintos, y los mismos representantes diferían por las tendencias, el carácter e incluso la moralidad. Muchos se limitaron a las medidas indispensables de seguridad y defensa nacional.
Otros, como Fouché, imitaron la política social
parisiense, organizaron ejércitos revolucionarios, talleres y hospicios, hicieron aplicar severamente el
máximum y los impuestos a los ricos. La descristianización fue igualmente esporádica. El Terror mismo no llegó a ser sanguinario sino por excepción,
pero en las regiones en guerra civil, algunos, como
Fouché y Collot d'Herbois en Lyon, Barras y Fréron

en Tolón, procedieron a las ejecuciones en masa, y
Carrier, en Nantes, condenó a muerte a los prisioneros sin juzgarlos.

En la jurisdicción de cada representante la diversidad no fue menor, porque como no siempre cono-
cían la región, y en todo caso, como no podían
ocuparse de todo, tuvieron que pedir ayuda a los jacobinos nativos. Se formaron comités revolucionarios
de departamento o de distrito y comités de salud pública que la ley no autorizaba. Sus miembros, a su
vez, diferían unos de otros y no podían tampoco observar de cerca lo que ocurría en los burgos y las
aldeas. Aquí los moderados, los *citra*, tenían la preponderancia; allá los extremistas, los *ultra*. Se denunciaban los unos a los otros, y el mejor patriota
estaba expuesto a contratiempos peligrosos por cuanto que los representantes que se sucedían golpeaban
a veces alternativamente a diestro y siniestro. Muy a
menudo también el partido dominante entró en conflicto con los representantes; fue Saint-Just el que,
en Estrasburgo, abatió a Euloge Schneider, Tallien en
Burdeos, Barras, Fréron y Carrier, riñeron con los
terroristas locales, los cuales, muy celosos de su poder, se inclinaban, como todos los revolucionarios
desde 1789, a reclamar el apoyo del poder central
más bien que sus órdenes; verdaderos "federalistas",
Jacobinos en suma, no veían con buenos ojos las
intrusiones extrañas. Para colmo, como varios representantes operaban a menudo en la misma región,
llegó a ocurrir que cada uno tuviera su clientela, y
de aquí resultaron querellas resonantes.

Este carácter anárquico del Terror inquietaba al
Comité. Las ejecuciones sumarias, los arrestos e
impuestos abusivos, la descristianización, provocaban
protestas y podían atizar la guerra civil; los conflictos entorpecían el esfuerzo administrativo; por otra
parte, el *sans-culotte* de provincia era, en sí, un he-

bertista. Al reforzar la centralización se corría el riesgo, ciertamente, de romper el impulso revolucionario. Pero la situación económica se adelantó a las objeciones políticas. El máximum había detenido la producción, y no obstante no era posible renunciar a él. Aparte de que los *sans-culottes* no lo hubieran tolerado, el Comité, que había emprendido enormes gastos de guerra, comprendía que el máximum le era indispensable; sin él, el alza de precios habría reducido a la nada el valor del asignado, único recurso de la República. Por la misma razón, le era preciso controlar los valores de cambio, y en consecuencia intervenir en el comercio exterior. En el interior, la producción debía ser puesta de nuevo en marcha, las materias primas y la mano de obra distribuidas, los transportes asegurados por medio de la requisición. Para alimentar a París y las regiones deficitarias, era preciso también que el gobierno se apoderara de los excedentes para repartirlos. Las consideraciones financieras y económicas, más aún que las políticas, empujaban al Comité a atribuirse una autoridad sobre toda la vida de la nación como jamás se había visto.

De octubre a diciembre, mientras defendía su existencia en la Convención y contenía el empuje extremista, organizó pues poco a poco el gobierno revolucionario. El decreto del 14 de frimario del año II (4 de diciembre de 1793), determinó sus rasgos esenciales. Sin embargo, la necesidad de vencer era la verdadera razón de su existencia. Por eso, en ese mismo momento, las victorias que obtenía pusieron de nuevo a discusión la autoridad del Comité.

## Las primeras victorias del gobierno revolucionario

Obligado a detener la invasión con las fuerzas de que disponía, mientras la leva en masa era organizada, el gobierno había salido beneficiado por los errores de los coligados, que no habían pensado en dar a sus ejércitos un jefe supremo.

En agosto, Coburgo había obligado a los franceses a retirarse tras el Escarpa, de modo que el camino de París le quedaba franco. Pero los ingleses y los holandeses recibieron orden de ir a sitiar Dunquerque, y Coburgo tuvo que contentarse con tomar Quesnoy y atacar Maubeuge. Por su parte, los austriacos de Wurmser, al ver a los prusianos de Brunsvick permanecer a la defensiva en el Palatinado, no se decidieron a invadir Alsacia sino hasta octubre.

Carnot aprovechó esto en primer lugar para reforzar a Houchard, que victorioso en Hondschoote (6 y 8 de septiembre), liberó Dunquerque, pero dejando escapar al enemigo, lo que le costó la cabeza. Carnot pudo entonces formar, para Jourdan, un ejército que libertó Maubeuge en la batalla de Wattignies (15 y 16 de octubre). El esfuerzo se dirigió luego hacia el Este, y Hoche, franqueando los Vosgos, expulsó a Wurmser de Alsacia; Landau fue liberado del bloqueo el 28 de diciembre. Saboya había sido reconquistada en octubre y los españoles rechazados en el Bidasoa y más allá del Tech.

Se había realizado casi el mismo esfuerzo para poner fin a las insurrecciones realistas. Lyon no sucumbió sino hasta el 15 de octubre y el sitio de Tolón, donde Bonaparte se destacó por primera vez, no terminó hasta el 14 de diciembre. En Vandea, Kléber, con la guarnición de Maguncia, había sido antes derrotado a su vez. Finalmente, los ejércitos de los "azules" se reunieron en Cholet y allí aplastaron a los "blancos". Pero una parte de estos últimos franqueó el Loira y se adelantó hasta Granville. No habiendo podido apoderarse de esta ciudad, volvieron a bajar hacia el Sur. Kléber y Marceau los derrotaron en el Mans y dispersaron a los que quedaban en Savenay, el 23 de diciembre. Durante la lucha, no se había perdonado la vida sino a disgusto, y en el curso de la represión perecieron después la mayoría de las víctimas del Terror. En Nantes, donde un gran número de prisioneros había sido concentrado, los agentes de Carrier se deshicieron de ellos ahogándolos en el Loira, sin formalidad alguna.

El territorio no había sido enteramente evacuado ni la Vandea dominada por completo. Sin embargo, el peligro inmediato estaba descartado. El Comité anunciaba que en la primavera la victoria costaría mucho y los hechos probaron que tenía razón. Pero tal como ocurrió después de Valmy y Jemappes, todos aquellos a quienes lesionaba la economía dirigida o a quienes irritaban los excesos de la represión —¡y puede imaginarse cuán numerosos eran!— hallaron intérpretes, de los que el más patético fue Camille Desmoulins en su *Vieux Cordelier*. Por lo cual, los hebertistas, en nombre de los *sans-culottes*, clamaron contra la traición. El Comité, de nuevo, se halló cogido entre dos fuegos.

## El triunfo del Comité de Salud Pública

El Comité recelaba tanto más de los hebertistas cuanto que la conspiración del extranjero pareció confirmarse por las revelaciones de Chabot y de Basire. Éstos habían contado en noviembre que Batz, contrarrevolucionario notable, planeaba dislocar el partido Montañés por la corrupción, y que había intentado sobornarlos por intermedio de su colega Delaunay, para lograr que Fabre falsificara el decreto que reglamentaba la liquidación de la Compañía de las Indias, recientemente suprimida. El falso decreto llevaba, es cierto, la firma de Fabre, pero éste aseguró que Delaunay se la había arrancado por sorpresa. En el primer momento la campaña moderantista no alarmó pues al Comité. Robespierre hizo incluso crear un comité encargado de revisar los arrestos.

Pero en seguida Collot y Billaud protestaron y el designio de los *Indulgentes* llegó a ser evidente. Dividido el Comité, se renovaría, y Danton sería su jefe. Éste haría la paz y pondría fin al gobierno revolucionario. El 2 de diciembre había clamado: "Pido que se evite el derramamiento de sangre humana." A fines de diciembre, Robespierre se retractó y denunció de nuevo el doble peligro de derecha e izquierda. Después, se descubrió en casa de Delaunay un proyecto de decreto sobre la Compañía de las Indias que llevaba correciones de puño y letra de Fabre; de lo que se concluyó que éste era realmente cómplice de la falsificación. Ahora bien, por otro lado, Danton, que parecía haberse vuelto súbitamente muy rico, era considerado venal, y una carta de Mirabeau, que atestigua que en 1791 había recibido dinero de la corte, ha confirmado después la acusación. El Comité estimó pues que indulgentes y extremistas por igual habían entablado partida con la contrarrevolución y el extranjero para derribarlo, aunque con intenciones y por medios diferentes.

Mutilar el partido Montañés, a pesar de no ser ya más que una minoría, era sin embargo cosa tan grave que la crisis se prolongó durante dos meses. Pero al finalizar el invierno el pan se hizo escaso; la propaganda extremista volvió a la carga y el 4 de marzo los Franciscanos se declararon en estado de insurrección. El Comité aprovechó la ocasión. Los Hebertistas fueron detenidos y ejecutados el 4 de germinal (24 de marzo). Al librar así a los Indulgentes de sus rivales, no pensaba quedar a su merced y los proscribió a su vez: Danton, Fabre, Camille Desmoulins y sus amigos fueron guillotinados el 16 de germinal (5 de abril).

Esta crisis marca un momento crucial en la historia de la Revolución. Por primera vez desde 1789, el gobierno se había adelantado a la acción popular y suprimido a sus jefes. El ejército revolucionario fue disuelto, la Comuna renovada, y los Franciscanos desaparecieron: la autoridad estaba restablecida. Su posición de mediador entre la Convención y los *sans-culottes* había dado fuerza al Comité. Desorganizando a estos últimos se había puesto a merced de la Asamblea. En el apogeo de su poder, Robespierre y sus colegas no tenían más que dividirse para perderse. No sucumbieron sin embargo sino una vez asegurada la victoria de la Revolución, que era la razón de ser de este gobierno. Conviene, pues, esbozar brevemente sus rasgos.

## Características y organización del gobierno revolucionario

Los jefes lo repitieron sin cansarse: es un gobierno de guerra, y no se gobierna en tiempo de guerra como en tiempo de paz. Para asegurar la victoria, no basta decretar "grandes medidas", sino que hay que aplicarlas "revolucionariamente", es decir, por una autoridad que obre con la rapidez y el poder irresistible "del rayo".

La democracia subsiste en principio, puesto que la Convención es quien posee este poder supremo. Pero los principios constitucionales quedan suspendidos. ¡Dura necesidad! Sin embargo, en caso de derrota ¿qué quedaría de ellos? Nada de separación de poderes, pues son los Comités de la Convención los que detentan el poder ejecutivo. Ni elecciones, ni garantías para los derechos individuales, ya que la "fuerza coactiva", el Terror, debe poder quebrantar todas las resistencias. Ni periódicos independientes; en el seno mismo de los clubes, Jacobinos y *sans-*

*culottes* no tienen ya más que el derecho de aprobar. Por supuesto, este régimen es provisional; una vez vuelta la paz, la Constitución recuperará su imperio. ¿Pero cuándo?

La Convención tiene veintiún comités. Dos de ellos tienen la preponderancia: el Comité de Seguridad General, encargado de la represión, y sobre todo el Comité de Salud Pública, que está "en el centro de la ejecución". En provincia, el departamento ha perdido casi todas sus atribuciones; el poder central se entiende directamente con los distritos y las municipalidades; él los depura, es decir, destituye y reemplaza a sus miembros a discreción; un *agente nacional* habla en su nombre en cada administración y, en caso necesario, delega representantes en misión para "dar cuerda a la máquina", pero cada vez menos, porque, como miembros de la Convención, tienden a la independencia. La justicia revolucionaria también se concentra, y el 8 de mayo de 1794 los tribunales revolucionarios son suprimidos en provincia. De hecho, la centralización quedó incompleta. En provincia, los conflictos no cesaron; en la Convención los comités defendían sus atribuciones contra el de Salud Pública. Pero la organización creada por la Constituyente no era ya sino un recuerdo. Los *sans-culottes* habían reclamado la dictadura: la obtuvieron, pero son los comités y su burocracia los que la ejercen y no les queda más que obedecer como los demás.

## El ejército del año II

El ejército era la razón de ser de semejante gobierno: todo le fue sacrificado. Su jefe supremo fue Carnot, oficial del cuerpo de ingenieros, ayudado principalmente por Prieur de la Côte d'Or y Lindet.

Una vez terminada la leva en masa, se disponía

de más de un millón de hombres. Éstos eran de origen diverso: en la primavera de 1794 se emprendió la tarea de hacer la amalgama, es decir, que se mezcló el soldado de línea con los voluntarios para restaurar la unidad. Al mismo tiempo, se llevó a cabo la reconstitución del mando; los nobles habían sido excluidos, salvo excepciones justificadas. El nombramiento de los suboficiales por votación se sustituyó poco a poco por una selección. Nuevos generales, más jóvenes, Hoche y Jourdan, Marceau y Kléber, principalmente salidos de los voluntarios y seleccionados por la guerra, conquistaron renombre. Eliminados los oficiales sospechosos, la disciplina fue rigurosamente restablecida. Sin embargo, la represión no era el único medio con que el Comité contaba; de preferencia, apelaba al amor de la patria y de la Revolución. Esto no fue en vano; Marmont y Soult han evocado ellos mismos con emoción el recuerdo de la atmósfera luminosa en que habían vivido al servicio de "la Indivisible". Por primera vez en la historia moderna, un ejército verdaderamente nacional marchaba al combate. Muchas otras de sus características no son menos originales. Era un ejército improvisado, pues la mayor parte de los soldados no habían sido preparados como en el Antiguo Régimen por años de cuartel. Los oficiales, es verdad, siguieron apegados a la táctica tradicional que colocaba a los hombres ya en orden angosto y lineal, sobre tres filas, para el juego de salvas, ya en columnas profundas y macizas para el ataque con bayoneta; pero sus soldados de infantería, ignorando estas sabias maniobras, se dispersaban y obraban aisladamente, utilizaban la naturaleza del terreno para aproximarse al enemigo, y finalmente cargaban en masa confusa. La caballería, desgraciadamente, no podía imitar este método y durante mucho tiempo fue inferior a la de los austriacos. De la masa misma de este ejército resultaron otras novedades. Se procedió a articularlo en divisiones que a menudo fueron verdaderos cuerpos de ejército donde estaban representadas todas las armas; la maniobra estratégica adquirió así una flexibilidad hasta entonces desconocida. Abrumar al adversario por el número, obrar por masas, fue pues el principio táctico de Carnot; éste no lo realizó sino imperfectamente porque, ingeniero de profesión, continuó atribuyendo a las plazas fuertes una importancia capital en lugar de no pensar más que en destruir al ejército enemigo. Con Bonaparte, el nuevo arte de la guerra alcanzará su perfección. Los teóricos del siglo XVIII habían determinado sus características esenciales; por la leva en masa la República le dio vida.

Las circunstancias no permitían conceder a la marina tanta atención como al ejército, y por otro lado la improvisación no podía prestarle los mismos servicios. Jeanbon Saint-André reorganizó las escuadras y Surcouf, como corsario, se hizo célebre. A pesar de que los ingleses no eran todavía dueños absolutos del mar, no se pudo debilitar su ascendiente y casi todas nuestras colonias sucumbieron. Victor Hugues recuperó, sin embargo, y conservó la Guadalupe, y en Haití, después que la Convención abolió la esclavitud, los negros se aliaron a los franceses para expulsar a los ingleses.

## El gobierno económico

Para abastecer a este ejército, en plena guerra civil, en el momento en que el bloqueo privaba a Francia de muchos recursos, y especialmente del nitro de las Indias, indispensable para la fabricación de la pólvora, el Comité encontró dificultades extraordinarias. La iniciativa individual no habría podido vencerlas, y por otro lado sus exigencias habrían minado el asignado. Por la requisición y la regulación de los precios, el Comité asumió pues la dirección de la economía nacional. Industriales como Périer, banqueros como Perregaux, sabios como Monge, Berthollet, Guyton de Morveau, fueron contratados por él; Vauquelin, Chaptal y Descroizilles crearon una organización nacional para la búsqueda de nitro; Chappe inventó el telégrafo óptico; un laboratorio de ensayos se formó en Meudon y allí se construyó el globo cautivo que fue utilizado en Fleurus. Bosques, minas y canteras, fundiciones y forjas, curtidurías y fábricas de papel, lo mismo la manufactura de tejidos que el taller del zapatero, encargado de proporcionar dos pares de zapatos por década, se hallaron puestos al servicio de la nación. Las materias primas de toda clase fueron buscadas con afán, mientras el agricultor entregaba granos, forrajes, textiles, los particulares, llegado el caso, daban ropa blanca y mantas de abrigo. Una gran parte de la economía se vio nacionalizada. En realidad, es más exacto decir dirigida. El Comité creó fábricas nuevas para la manufactura de armas y pertrechos, pero en la gran mayoría de los casos se contentó con someter a sus órdenes las empresas existentes, y aunque limitó el beneficio por la regulación de precios, no lo suprimió. El comercio exterior, que había sido confiado por un momento a comisiones administrativas, fue luego entregado a grupos de negociantes que operaban como comisionados del Estado. Que el gobierno no pretendía extender el estatismo por principio y deseara por el contrario reducir a lo más preciso su carga abrumadora, lo muestra su actitud en lo que concierne al reavituallamiento. Cuando se esforzaba en proveer todas las necesidades del ejército, no concedió a los civiles el beneficio de la requisición más que para los granos; incluso abandonó al distrito el cuidado de aplicarla y a la municipalidad la facul-

tad de utilizar como lo creyera conveniente los recursos puestos a su disposición. Así fue en auxilio
de regiones que no se bastaban a sí mismas otor-
gándoles las requisiciones hechas en otras mejor
provistas, pero no se ocupó de entregarlas y trans-
portarlas. En suma, en la medida de sus posibilida-
des, limitó la requisición y la fijación de precios a
las necesidades del Estado.

Ése no era, sin embargo, el único objeto que se
habían propuesto los *sans-culottes* al imponerlas. En
su opinión, el máximum tenía un valor social: estaba
destinado a procurarles los medios de vivir del trabajo, y por eso los hebertistas, para asegurar su
aplicación, habían incitado a la nacionalización con
todas sus fuerzas. Sin requisiciones, los *sans-culottes*
se vieron privados, excepto de pan, de todos los artículos de primera necesidad, que se vendieron en
lo sucesivo clandestinamente. El artesano a quien el
Estado limitaba la ganancia, el tendero cuyo expen-
dio estaba vacío, no sacaron ventaja con ello, y todavía menos el obrero, que arriesgaba mucho más
al violar el impuesto sobre los salarios. Desde el
punto de vista económico, como desde el político,
el gobierno revolucionario los decepcionó, no obstante
que ellos lo habían creado y que constituían su principal apoyo.

### La política social y el llamado a "la virtud"

Los Montañeses se dieron cuenta de que para sal-
varlos del desaliento era preciso tomar otras medidas. Ni ellos ni los *sans-culottes* eran socialistas,
pero sí eran hostiles a la "opulencia", a la excesiva
desigualdad de las fortunas. Su ideal era una sociedad de pequeños propietarios y de artesanos independientes. La Convención votó leyes de sucesión
encaminadas a dividir los patrimonios hasta el ex-

tremo. El reparto de los bienes comunales creó nuevos propietarios en numerosos pueblos; la división de los bienes nacionales en pequeños lotes tendía al mismo fin; sin embargo, como la subasta pública se mantuvo, los pobres casi no sacaron provecho de ella. Los robespierristas fueron los que intentaron contentar finalmente a los pobres: en ventoso del año II, Saint-Just hizo decretar que los bienes de los sospechosos fueran distribuidos entre los patriotas indigentes. Pero esta medida, forma extrema de la democracia social de los Montañeses, no tuvo aplicación alguna. Por otra parte, aunque la Convención había instituido la beneficencia nacional y la instrucción primaria obligatoria y gratuita, hubiera sido necesario, para que estas instituciones fueran eficaces, mucho tiempo y mucho dinero.

En definitiva, el gobierno revolucionario exigía tales sacrificios que sólo el espíritu cívico, el patriotismo, lo que Robespierre, después de Montesquieu y Rousseau, llamaba la "virtud", podía hacerlos aceptables. En el peligro, más que en el curso ordinario de las cosas, el valor moral del ciudadano es la piedra angular de las democracias. Por medio de sus discursos y periódicos, por los himnos de los poetas y los músicos (el más célebre de los cuales es el *Canto de la Partida* de Marie-Joseph Chénier y de Méhul), por las fiestas que organizaba David, los hombres del año II no cesaron de recordarlo. Robespierre —y no era el único— quería dar como sostén de la virtud la fe en el Ser Supremo y en la inmortalidad del alma; el decreto que creó las fiestas "decenales" dedicó la primera al Ser Supremo, que fue celebrada el 20 de pradial (8 de junio de 1794). Pero la virtud cívica no puede ser más que el fruto de una larga cultura, y estos esfuerzos sólo podían ejercer una influencia limitada, sobre todo cuando tantos motivos políticos, sociales y religiosos enemistaban

a los franceses y anublaban en su espíritu el sentido
de la unidad nacional.

## El "Gran Terror"

Contra los recalcitrantes, se disponía de la "fuerza
coactiva", principalmente representada por los comités de vigilancia y por las judicaturas de excepción, llamadas tribunales revolucionarios o comisiones populares, así como por las comisiones militares.
Su rigor ha dejado una impresión tan fuerte, que de
toda la obra del gobierno revolucionario casi es lo
único que se ha conservado en la memoria: ha quedado como el gobierno del Terror. La organización
de guerra y la economía dirigida, tal como la Convención las realizó en 1793 y que se vieron reapare-
cer en 1914, suponen sanciones rápidas y severas,
mas el Terror es algo completamente distinto a un
instrumento de gobierno destinado a quebrantar la
resistencia del interés personal.

Ante todo, fue una manifestación colectiva y popular de esa voluntad punitiva lo que desde 1789 se
había mostrado estrechamente unido al miedo del
complot aristocrático y a la reacción defensiva y
militar que se le oponía. En 1793, fue llevada al apogeo por la guerra civil. Antes como después, ésta ha
provocado muchas veces represiones feroces. Con mayor motivo sucedió así cuando los enemigos de la
Revolución se habían aliado al extranjero. Al llevar
por la fuerza a los Montañeses al poder, los *sans-
culottes* agravaron el mal, ya que una parte de los
republicanos tomaron las armas contra ellos. Las
tres cuartas partes de las 17 000 condenas a la pena
capital fueron pronunciadas en los departamentos rebeldes. Además, estaba en la naturaleza del complejo revolucionario y del "clima" de guerra civil que los
tibios y los indiferentes fueran "sospechosos", y

los conflictos religiosos aumentaron desmesurada-
amente. Por lo menos cien mil personas fueron apri-
sionadas.

Por otra parte, el espíritu terrorista tendía espontáneamente a la ejecución sumaria. Al organizar la
represión, la intención del gobierno revolucionario
era, en cierta manera, prevenir nuevas matanzas como
la de septiembre. No lo logró. La guerra civil provocó hecatombes sin juicio previo, ya porque se rehusara a dar cuartel, ya porque, como Carrier en
Nantes, se las ordenara voluntariamente. Estas víctimas, cuyo número se desconoce, se suman a las condenas de los tribunales de excepción.

Incluso la represión legal no pudo ser exactamente controlada por el gobierno. Durante meses, las
administraciones, los comités, los representantes, detuvieron a los sospechosos que quisieron; la centralización, por otro lado, siguió siendo incompleta, y
por ejemplo cuando los tribunales revolucionarios de
provincia fueron suprimidos, se dejó subsistir el que
Lebon había creado en Arrás y en Cambrai, así como
la comisión de Orange. Hubiera podido esperarse que
los comités, convertidos al fin en árbitros indiscuti-
bles, restringieran la represión. Pero no fue así: en
floreal, por ejemplo, perecieron Madame Elisabeth y
Lavoisier. Identificándose con la Revolución, los dirigentes emplearon el Terror contra los Montañeses
indulgentes o hebertistas; más tarde se persuadie-
ron que de seguir así se intentaría matarlos a ellos
como se había hecho con Marat. Cuando, a principios
de pradial, hubo una tentativa de asesinato contra
Collot d'Herbois y Robespierre, se interpretó como
una nueva fechoría del "complot aristocrático" pagado por Pitt. En réplica, el decreto del 8 de pradial
(27 de mayo de 1794) prohibió dar cuartel a los soldados ingleses y hanoverianos; después, la ley del
22 (10 de junio) suprimió las escasas garantías de-

jadas a los acusados y desencadenó en París un nuevo
episodio sangriento, el "Gran Terror", que hizo 1376
víctimas, una de las cuales fue André Chénier. Así,
los miembros de los comités, después de haber reducido a los *sans-culottes* a la obediencia, se dejaron
dominar hasta el fin por la pasión de venganza. "No
se trata de dar algunos ejemplos —había dicho
Couthon—, sino de exterminar a los implacables sa-
télites de la tiranía." Esto era adoptar la actitud
contraria a la de un estadista. El error fue tanto
más funesto cuanto que la victoria se afirmaba: la
matanza pareció el expediente odioso de gobernantes
que querían mantenerse en el poder a toda costa.

## La victoria revolucionaria

Si bien el Comité de Salud Pública rehusaba negociar la paz antes de la victoria, se preocupaba no
obstante por evitar la extensión de la coalición; así,
reanudó las relaciones con los neutrales —Estados
Unidos, Suiza, los Estados escandinavos— renunciando a la propaganda, y se abstuvo de anexarse Mulhouse y Ginebra. Procuraba dar a la guerra un
carácter esencialmente nacional, y a medida que avanzaron sus ejércitos explotó rigurosamente los países
ocupados. De este modo, abrió el camino a la política anexionista que debía de eternizar la guerra.
Pero su intención no era ésa: "Queremos terminar
este año", decía Carnot.

El esfuerzo principal fue confiado al ejército del
Norte. Desgraciadamente Pichegru, que estaba al
frente de él, demostró ser un jefe mediocre; dejó
tomar Landrecies, y aunque sus lugartenientes derrotaron a Coburgo en Tourcoing, la situación quedó
indecisa. Fue el ataque contra Charleroi lo que aseguró la victoria. Se había encargado de ello al ejército de las Ardenas. Como Brunsvick permanecía

inmóvil, Jourdan pudo incorporarse a aquél con los refuerzos traídos del Mosela y tomó el mando del ejército que poco después recibió el nombre famoso de Sambre-Mosa. Sin cesar inducido al ataque por Saint-Just, acabó por apoderarse de Charleroi y derrotó a Coburgo en Fleurus el 26 de junio; en un mes, Bélgica fue reconquistada: Amberes y Lieja capitularon el 9 de termidor (27 de julio). Por los dos extremos de los Pirineos España se hallaba invadida y la misma suerte esperaba a Italia: Bonaparte, ahora general de brigada, había logrado imponer su plan a Carnot por medio de sus amigos, los dos Robespierre. Polonia acababa de sublevarse y Prusia pensaba en negociar con Francia para dirigir todos sus esfuerzos hacia el Este; España estaba exhausta; Holanda iba a ser ocupada. Por un supremo esfuerzo, se podía imponer la paz —una paz definitiva si era sin conquistas—. Mas era preciso que la armazón de guerra subsistiera hasta entonces.

### El 9 de termidor (27 de julio de 1794)

Pero los propios miembros de los comités le asestaron el golpe mortal al dividirse. El Comité de Seguridad General estaba celoso desde hacía mucho tiempo del Comité de Salud Pública, que tendía a atribuirse todos los poderes y había hecho votar la ley de pradial sin consultar a su rival. Se culpó de ello principalmente a Robespierre y era natural, pues éste no ocultaba que en su opinión era necesaria "una sola voluntad". Muy pronto la mayoría del Comité de Salud Pública se volvió también contra él. Se le acusó de aspirar a la dictadura, y los terroristas llamados de provincia, Carrier y Fouché, Barras y Fréron, quienes eran sospechosos de prevaricación, lo mismo que Tallien, cuya amante, Teresa Cabarrus, estaba en la cárcel, temerosos de que se les pidiera cuentas, añadieron que Robespierre quería mutilar de nuevo la Convención.

En realidad la dictadura había sido colectiva. Robespierre no había elegido a sus colegas y ni siquiera presidía el Comité; nunca había obrado sin su aprobación, y en muchos casos es hasta imposible decir que él había tomado la iniciativa. Es probable, sin embargo, que el ascendiente del "Incorruptible" y el prestigio de que gozaba entre los *sans-culottes* hayan despertado recelos. Algunos no sentían ningún interés por el culto del Ser Supremo, ni tampoco por los decretos de ventoso. No puede dudarse, sin embargo, que el mal provino sobre todo de antipatías personales. Todos estos hombres eran autoritarios; agotados por el trabajo, se dominaban difícilmente. Carnot tuvo con Saint-Just altercados violentos y Robespierre no era ni conciliador ni amable, como lo ha dicho Levasseur.

A fines de pradial, el Comité de Seguridad General se dio a la tarea de comprometerlo aprovechando el caso de una mujer vieja, Catalina Théot, que se decía "madre de Dios". Robespierre se opuso al proceso, pero al no poder obtener la destitución de Fouquier-Tinville, fiscal del Tribunal revolucionario, dejó de asistir al Comité. El 8 de termidor tomó a la Convención por árbitro. Nada podía agradar más a la Asamblea, que sólo había aceptado el gobierno revolucionario por la fuerza. Robespierre, por ser el miembro más eminente de éste, tenía muchas probabilidades de que se pronunciaran en contra suya. Acabó por perderse cuando se negó a dar el nombre de los enemigos que denunciaba, lo que equivalía a pedir carta blanca, y espantó a todo el mundo. Al día siguiente, se le impidió hablar y fue encausado juntamente con su hermano, y con Saint-Just, Couthon y Lebas.

La Comuna tomó su defensa y los puso en libertad.

Pero desde la proscripción de los hebertistas, los *sans-culottes* no tenían ya cuadros de insurrección; se perdieron varias horas, y Barras las aprovechó para reunir una manga que invadió el Ayuntamiento. Robespierre tenía la mandíbula rota por un pistoletazo: probablemente se había querido suicidar. Fue ejecutado el 10 con sus amigos; otros corrieron la misma suerte: en total ciento cinco. En toda Francia, los terroristas se desconcertaron y la mayor parte de la nación se mostró muy satisfecha, pues juzgó que el gobierno revolucionario tocaba a su fin. Y no se equivocaba.

## IV. DEL 9 DE TERMIDOR AL 18 DE BRUMARIO

Los miembros de los comités no pensaban cambiar de sistema por el hecho de que se hubiera proscrito a Robespierre, y esperaban conservar el poder. Pero la mayoría de la Convención, aunque estaba de acuerdo en la necesidad de mantener la dictadura a fin de aplastar cómodamente a Jacobinos y *sans-culottes*, estaba resuelta a ejercerla ella misma.

### Desmembramiento del gobierno revolucionario

Así, desde el 11 de termidor la Convención decidió que los comités serían renovados cada mes en una cuarta parte y que ningún miembro podría ser reelegido sino después de un mes de intervalo. El 17 de fructidor (24 de agosto), el Comité de Salud Pública fue reducido a la guerra y la diplomacia. La ley de pradial había sido abrogada; las ejecuciones se espaciaron y las prisiones comenzaron a vaciarse. El gobierno revolucionario perdió así sus tres atributos esenciales: la estabilidad, la concentración de los poderes y la "fuerza coactiva". Simultáneamente, los colegas de Robespierre fueron expulsados de los comités y desde el 12 de fructidor se propuso encausar a varios de ellos.

La Llanura no consintió en ello en seguida. A ningún precio quería caer de nuevo bajo el yugo de los terroristas y ordenó procesos resonantes que condujeron al patíbulo a Carrier, Fouquier-Tinville y Lebon. Pero temía también el triunfo de la contrarrevolución. Los emigrados y los refractarios continuaron siendo merecedores de la pena de muerte y los sacerdotes constitucionales presenciaron la supresión del presupuesto de cultos y la separación de la Iglesia y del Estado el 18 de septiembre de 1794. La política del Centro, dirigida por Merlin de Duai, Cambacérès, Sieyès, Reubell, habría sido conceder la amnistía a los hombres del año II, con excepción de aquellos a los que se reconociera culpables de actos ilegales, a fin de reconciliar a todos los "patriotas de 1789".

Como en 1793, la decisión fue impuesta desde afuera. Los realistas, ayudados por Tallien y Fréron, terroristas tránsfugas, organizaron a los "petimetres",[10] a la "juventud dorada", en la que muy pronto pulularon los desertores y los emigrados en bandas armadas que se hicieron dueñas de las calles; y en los salones que volvían a abrirse, la Cabarrus, convertida en Madame Tallien, dio el tono a las "maravillosas".[11] Muchos Convencionales, engañados, cedieron poco a poco a la reacción. Desorganizados y privados del apoyo del gobierno, los *sans-culottes* se hallaron en posición desventajosa. El 11 de noviembre, sus adversarios se dirigieron a cerrar el club de los Jacobinos; el 2 de diciembre, setenta y ocho Girondinos recuperaron su lugar en la Convención. Desde febrero, el Terror blanco se iniciaba en Lyon y en el Sureste con matanzas.

La política adoptada en el Oeste por los termidorianos precipitó los acontecimientos. En la Vandea, Charette y Stofflet resistían todavía, y en el norte del Loira los "chuanes" asolaban el campo desde el estío precedente. El Comité se imaginó que restablecería el orden concediendo la libertad a los refractarios, con cuyos jefes determinó, de febrero a mayo, unas "pacificaciones" que no preveían siquiera el desarme de los rebeldes. En consecuencia, no se podía rehusar a los demás franceses el restablecimiento del culto; por lo tanto, fue autorizado en privado el 21

10 Nombre que se daba en 1793 a los elegantes realistas. [T.]

11 Se dice de los y las elegantes que adoptaron modas excéntricas hacia 1795. [T.]

de febrero de 1795; después, el 30 de mayo, la Convención consintió en devolver las iglesias siempre y cuando los sacerdotes hicieran acto de sumisión a las leyes. Grégoire reorganizó la Iglesia constitucional; cierto número de eclesiásticos romanos se sometieron, mientras que otros prefirieron continuar ejerciendo ilegalmente y en secreto. En ese momento, como la crisis económica agitaba de nuevo al pueblo, la Asamblea no rehusaba nada a los reaccionarios.

## El derrumbe del asignado

"¡A los terroristas!", tal era el santo y seña de los Termidorianos. Pero el horror de la sangre vertida no era lo único que los inspiraba; éste disimulaba un movimiento de reacción política y social que confiere al período su principal interés. Los "notables" habían sido profundamente humillados al perder el monopolio de las funciones públicas que la Constituyente les había conferido y al ver que ocupaban cargos en las administraciones locales artesanos y tenderos, incluso obreros. Hombres de negocios y proveedores de guerra, puestos bajo tutela o eliminados por la economía dirigida, suspiraban por los beneficios que les proporcionaría el retorno de la libertad.

La Llanura compartía los sentimientos de la burguesía, de la cual había salido. Comenzó por devolver la libertad al comercio de importación; después pretextó que ésta quedaría sin efecto mientras el máximum subsistiera. Aunque éste era abiertamente violado desde que no se tenía ya miedo, seguía aplicándose a las requisiciones. Nadie se dio cuenta de que si se suprimía el máximum, apoyo del asignado, la República quedaría sin recursos. El 4 de nivoso del año III (24 de diciembre de 1794) el máximum desapareció, y en el curso de las semanas siguientes la estructura económica constituida por el Comité de Salud Pública corrió la misma suerte que la estructura política. Sólo se mantuvieron provisionalmente las requisiciones de granos para los mercados y, por desconfianza hacia los proveedores, se conservaron las agencias encargadas de abastecer a los ejércitos.

Poco importaba. El alza de los precios fue vertiginosa; ésta condenó al Estado a la inflación incontenible, y la corriente infernal no se detuvo ya. El asignado valía aún 31 por ciento en termidor; desde germinal del año III estaba a 2 por ciento. A la carestía se añadió la escasez, pues la cosecha del año II fue insuficiente, y el campesino no quería ser pagado sino en metálico. Se vio, pues, cómo la reglamentación municipal se volvía, paradójicamente, cada vez más rigurosa a medida que la libertad se hacía, en teoría, más completa. Y a pesar de todo, en el mismo París, en los últimos días de marzo, faltó el pan.

Los *sans-culottes* habían asistido sin decir palabra a la proscripción de los diputados Montañeses, y algunos de ellos, como Babeuf, habían incluso al principio hecho coro con los reaccionarios. El hambre, por última vez, los puso de nuevo en movimiento.

## Las jornadas de germinal y pradial

El motín del hambre tomó necesariamente apariencia política. Con la Convención, la constitución de 1793 estaba amenazada; su suerte no dejaba indiferentes a los insurrectos, quienes tomaron como contraseña pan y constitución; de salir victoriosos, habrían evidentemente devuelto el poder a los Montañeses. Pero carecían enteramente de organización. La Comuna había sido suprimida y los *sans-culottes* expulsados de los comités de vigilancia y del estado mayor de la guardia nacional; sus clubes cerrados, sus jefes diezmados. La jornada del 12 de germinal del año III (1º de abril de 1795) no consistió más que en manifestaciones confusas de un pueblo que padecía, amenazador pero impotente. Pero, sin embargo, fue suficiente para provocar la deportación sin juicio de Collot, Billaud y Barère. Seis semanas más tarde la acción popular se desencadenó de nuevo, no menos desordenada, pero más violenta.

El 1º de pradial (20 de mayo), la Convención fue invadida y el diputado Féraud asesinado. Los comités disponían de algunas tropas y de guardias nacionales de los barrios ricos, que permanecieron sin embargo inactivos, esperando probablemente que los Montañeses se comprometieran por algunas proposiciones. Fue lo que ocurrió, en efecto, al anochecer; inmediatamente la fuerza armada hizo evacuar la sala y doce diputados fueron detenidos. Al día siguiente, el pueblo volvió a la carga; se le calmó con promesas mientras acudían los refuerzos; el 4, el barrio de San Antonio, sitiado, desprovisto de pan y municiones, se rindió sin combatir. Estas jornadas marcan verdaderamente el final de la Revolución; el resorte popular se halló roto en ellas por el ejército que, obediente al gobierno, había quebrantado el pacto tácito que desde 1789 lo unía a los *sans-culottes*. El pueblo no se moverá ya sino hasta 1830.

## El Terror blanco

Una comisión militar pronunció numerosas condenas a muerte, especialmente contra seis Montañeses, "los mártires de pradial"; los Jacobinos fueron aprisionados en masa, entre ellos muchos diputados. El mismo Carnot estuvo a punto de serlo. En provincia también siguieron sus pasos y algunos terroristas fueron guillotinados. Sin embargo, el Terror blanco fue sangriento sobre todo en el Sureste. En Bourg y Lons-le-Saulnier, en Lyon, Montbrison y Saint-Étienne, en Marsella y Tarascón, las prisiones quedaron vacías por las matanzas. Como los *sans-culottes* de Tolón se habían sublevado, una comisión militar se encargó de ellos. Por todas partes los homicidios individuales se multiplicaron. Se iba a la caza del patriota como a la de la perdiz.

La Llanura se alarmó. Incluso *La Marsellesa* estaba ahora proscrita, y los nuevos terroristas no guardaban secreta su simpatía por la monarquía. Se mencionaba a sus cómplices, como Boissy d'Anglas, en la Convención y los comités; sin embargo, éstos no habían llegado a un acuerdo. Unos querían volver a la constitución de 1791, revisándola, y restablecer a Luis XVII, que seguía prisionero en el Temple. Pero el niño murió el 8 de junio, y el conde de Provenza, convertido en Luis XVIII, publicó un manifiesto favorable al Antiguo Régimen. Los monárquicos constitucionales se resignaron desde entonces a un entendimiento con los republicanos. Los absolutistas, por el contrario, prepararon una nueva guerra civil con la ayuda de Inglaterra. En París trabajaba una "agencia real"; el príncipe de Condé compró la ayuda de Pichegru, que estaba a la cabeza del ejército del Rin. A principios de pradial, los chuanes tomaron de nuevo las armas cuando se anunció que una expedición arribaba por fin de Inglaterra. Este nuevo asalto consolidaría la República.

*Los Termidorianos y la coalición*

Desde hacía varios meses, los Termidorianos se habían aprovechado del impulso dado a los ejércitos por el Comité del año II. Pichegru había conquistado Holanda, la que se constituyó en una *República Bá-*

*lava*, y Jourdan, una vez que rechazó a los austriacos
al otro lado del Rin, concentró cerca de Coblenza
los ejércitos del Rin y del Mosela que habían ocupado el Palatinado. Pero en la primavera fue preciso
suspender la lucha. Al dislocar el gobierno revolucionario, los Termidorianos se habían privado de los
medios de proseguirla. Poco a poco las obras de guerra habían sido abandonadas; el derrumbe del asignado y la escasez dejaban a los negociados impoten-
tes, y por las mismas razones los proveedores, a los
cuales se recurría cada vez más, no quedaron mejor
parados. La miseria de los soldados se volvió tan
lastimosa como la de los civiles, y desertaron en
masa.

Incapaces de imponer la paz general, los Termidorianos tuvieron al menos la suerte de ver cómo la
coalición se dislocaba y cómo varias potencias acep-
taban negociar separadamente. La Toscana fue la
primera en ceder, en enero de 1795. Con Prusia las
negociaciones fueron más largas. No habiendo logrado triunfar sobre los polacos, Federico Guillermo
II tuvo que abandonar a los rusos la tarea de ani-
quilarlos. Como Catalina II preparaba con Austria
una tercera repartición que lo despojaría, o lo redu-
ciría a la parte mínima, Federico había llevado, en
octubre de 1794, sus tropas detrás del Rin y abierto
las negociaciones en Basilea con Barthélemy, representante de Francia en Suiza. Al determinar sus condiciones, los Termidorianos se vieron obligados a
orientar, de manera decisiva, la política exterior de
la República.

Se daban cuenta de que al reclamar las "fronteras
naturales" corrían el riesgo de prolongar indefinidamente la guerra, por lo que el Comité se había abs-
tenido de manifestarse públicamente. Pero los contrarrevolucionarios se pronunciaban ruidosamente en
**favor** de los "antiguos límites", ya que no podían

dejar de hacerlo para beneficiar a sus aliados extranjeros. Los republicanos, en número creciente, procedieron por tanto a afiliarse detrás de Sieyès y Reubell, anexionistas resueltos, de modo que la cuestión de las "fronteras naturales" se convirtió en la piedra de toque de los partidos, por largo tiempo.

Como el Comité se renovaba parcialmente cada mes, su opinión fue vacilante durante mucho tiempo. Sin embargo, desde el principio decidió asegurar el porvenir exigiendo que Prusia aceptase de antemano la cesión de la orilla izquierda del Rin si la República ganaba al Imperio, quedando convenido que los príncipes laicos desposeídos recibirían indemnizaciones a expensas de la Iglesia católica. El rey, por su parte, pretendió que se dejara a los demás Estados de Alemania del Norte entrar con él en la neutralidad y teniéndolos bajo su dirección hacerla respetar, lo que si bien equivalía a cortar el Imperio en dos, impedía el acceso de los ejércitos franceses a una parte de éste. El tratado de Basilea se concluyó finalmente sobre estas bases la noche del 4 al 5 de abril de 1795.

Este tratado entrañó la capitulación de los holandeses, que habían resistido cuanto pudieron a las exigencias de Sieyès y Reubell. El 16 de mayo, la paz de La Haya les quitó Flandes, Maestricht y Venloo, y les impuso la alianza francesa así como un ejército de ocupación. Tuvieron además que entregar 100 millones de florines que sirvieron sobre todo al Directorio: así se comenzó a hacer la guerra a expensas de los países conquistados. España, a su vez, firmó la paz en Basilea, el 22 de julio, sin más pérdida que su parte de Santo Domingo, en cuanto Moncey alcanzó el Ebro. Había llegado el momento de zanjar la cuestión de los límites. Thugut, el canciller austriaco, tal vez se hubiera resignado a negociar si se le hubiese devuelto Bélgica y si Prusia le hubiera

asegurado la Alemania del Sur tomándola bajo su
protección; pero para conceder su ayuda, Federico
Guillermo exigía que Francia renunciara al Rin.

Cuando menos Thugut no podía poner la República en peligro, pero los ingleses eligieron este momento para desembarcar, en la península de Quiberon, a partir del 23 de junio, un ejército formado por
emigrados y prisioneros franceses. Hoche había tomado la delantera al reducir a los chuanes a la impotencia. Cerró la entrada de la península con una
trinchera, y después, en la noche del 20 de julio,
derrotó a sus adversarios. Millares de prisioneros
cayeron en sus manos, entre los cuales había 718
emigrados que las comisiones militares mandaron fusilar. Charette había tomado de nuevo las armas,
pero el conde de Artois, desembarcado en la isla de
Yeu, no le prestó ningún socorro y partió sin tar-
danza.

## La Constitución del año III y el 13 de vendimiario

El peligro había reanimado el sentimiento republicano. El gobierno hizo tocar de nuevo *La Marsellesa*, dejó a los *sans-culottes* dar caza a los "cuellos
negros" y puso en libertad a parte de los Jacobinos.
El convenio de los realistas constitucionales y de la
Llanura, patrocinado por Madame de Staël y por su
amigo Benjamin Constant, ambos otra vez en París,
no fue desmentido, y aseguró el voto de la Constitución del año III, que fue terminada el 22 de agosto.

Ésta se propuso dos fines. En primer lugar, suprimir la democracia política, y con ello la democracia social. El sufragio universal desapareció. Una
contribución directa cualquiera bastó para ser *ciudadano activo*, pero para ser *elector* era necesario ser
propietario o locatario de una tierra o una casa de
valor variable, según las localidades. En manos de es-

tos electores, aproximadamente veinte mil, el predominio de los "notables" pareció asegurado. La otra
preocupación fue proteger la libertad contra cualquier
dictadura. El Cuerpo legislativo fue dividido en dos
cámaras: los *Ancianos* y los *Quinientos*. El ejecutivo
fue confiado a un *Directorio* de cinco miembros elegidos por los Ancianos entre los candidatos propues-
tos por los Quinientos. Cada año, la tercera parte de
los diputados y un director veían expirar su cargo.
Con los dos poderes así divididos y sin autoridad
recíproca se suponía que el poder del Estado, reducido al mínimo, no podría nunca volverse dictatorial
y amenazar la libertad. Por otra parte, la descentralización fue restablecida: se concedió solamente al
Directorio el nombramiento de *Comisarios* cerca de
cada administración para vigilarla y estimularla. El
distrito fue suprimido y las municipalidades, directamente subordinadas a la administración departamental, reducida a cinco miembros, fueron más independientes. Además, cn las comunas que tenían menos
de 5 000 habitantes no subsistió más que un *agente
municipal*, y los agentes de cantón reunidos en la
cabecera de distrito constituyeron una municipalidad
colectiva que, de hecho, no tuvo apenas autoridad
y dejó a cada uno de aquéllos amo incontrolado de
su comuna. En conjunto, puede decirse que la Constitución del año III había dispuesto todo para que
el trabajo legislativo fuera lo más lento y el poder
ejecutivo lo más débil posible, lo que, en plena guerra extranjera y civil, era verdaderamente una locura.

El pueblo fue invitado a ratificar la Constitución
y a proceder a las elecciones. El triunfo de los realistas parecía seguro. Los franceses no deseaban volver al Antiguo Régimen, pero como la inflación estaba en todo su apogeo, sufrían y consideraban a la
Convención responsable de ella. En consecuencia, los
Termidorianos, que habían reprochado a los Monta-

ñeses haber impuesto su dictadura, se dieron a la tarea de perpetuar la suya: el 5 de fructidor (22 de agosto) decidieron que las dos terceras partes de los diputados fueran elegidas entre los Convencionales, y los Montañeses que estaban arrestados fueron excluidos. Esto fue la ruptura entre monárquicos y republicanos, y en París los primeros recurrieron a la insurrección. La Convención alistó a los *sansculottes* y encargó a Barras, cuyo ayudante principal fue Bonaparte, entonces sin cargo alguno, que organizara la defensa. El 13 de vendimiario del año IV (5 de octubre de 1795), después de un vivo combate, consiguieron el triunfo, lo que aseguró su fortuna. Los Jacobinos fueron recompensados con la amnistía, en tanto que los parientes de los emigrados fueron expulsados de los cargos públicos. La Llanura regresaba así a la política que había tenido su adhesión después de Termidor: la unión de los republicanos bajo la égida de la burguesía.

El brote de ardor revolucionario había reanimado el impulso conquistador. En septiembre, Jourdan y Pichegru habían recibido la orden de cruzar el Rin, y el 1° de octubre Bélgica había sido anexada. Pero Pichegru, con sus retardos calculados, dejó que Jourdan fuera rechazado; después, vencido él mismo, presenció cómo los austriacos reconquistaban una parte del Palatinado. Aunque la cuestión del Rin continuaba pendiente, la Convención inició la política de conquista. Al separarse el 26 de octubre de 1795, dejó al Directorio una terrible herencia: la bancarrota y la guerra.

### La obra de la Convención

La Convención había adoptado sucesivamente políticas tan contradictorias que resulta difícil encontrarles un rasgo común. Sin embargo, tienen uno: la voluntad de confirmar, adaptando los medios a las circunstancias, la victoria del Tercer estado sobre los privilegiados, y en este sentido no hay siquiera ruptura entre la Constituyente y la Convención Por salvar la Revolución de 1789, al mismo tiempo que la independencia e integridad de la patria, los Convencionales se hallaron de acuerdo para abolir la monarquía, consumar la ruina de la aristocracia, inaugurar un anticlericalismo tenaz y conducir victoriosamente la guerra tanto en el interior como en las fronteras.

Su obra positiva, durante el tiempo que subsistió, continuó o confirmó igualmente la de la Constituyente. Los Convencionales fortificaron la unidad nacional al discutir un primer proyecto de código civil, al poner las bases del sistema decimal de pesos y medidas, al imponer el uso oficial y la enseñanza de la lengua francesa. Y desde el punto de vista social, en resumidas cuentas, volvemos a encontrar la continuidad. Sin los Montañeses, seguramente la Convención tendría menos importancia en la tradición republicana. Si no tuvieron el privilegio de defender la democracia política, puesto que los Girondinos se declararon partidarios de ella y que Condorcet redactó el primer proyecto de constitución en 1793, admitieron sin embargo que el Estado tiene el derecho de intervenir para corregir la desigualdad de condiciones disminuyendo las grandes fortunas por medio de leyes de sucesión o por el impuesto y protegiendo al pobre por el derecho al trabajo, socorro en abundancia y la regulación del precio de las mercancías; crearon así una tradición de democracia social, aunque no socialista, que es uno de los orígenes del "radicalismo" francés. En su gran mayoría, la Convención, aun en este respecto, permaneció fiel al ideal de la Constituyente: ésta hubiera podido suscribir la Constitución del año III que confirmaba la primacía política y social de la burguesía. Finalmente, aunque la Constituyente había señalado la intención de reorganizar la educación, corresponde a la Convención el honor de haber realizado esta promesa, y en este respecto el período termidoriano fue particularmente fecundo, pues el Directorio casi no hizo más que aplicar sus leyes.

## La Revolución y la vida intelectual

Conviene observar ante todo que aunque el odio al Antiguo Régimen había llevado a la multitud sublevada y a las autoridades responsables a cometer muchas destrucciones deplorables —incendio de archivos, demolición de monumentos y destrucción de estatuas, devastación de Saint-Denis y violación de las sepulturas reales— las asambleas, sin embargo, no dejaron de oponer al vandalismo un verdadero esfuerzo de preservación. Fue la Convención la que, por medio de su Comité de Instrucción pública y su Comisión Provisional de las Artes, fundó instituciones encargadas de la conservación de lo que aún subsiste del pasado: los Archivos nacionales, el museo del Louvre y los monumentos franceses.

Junto con el clero, las escuelas habían sido también cruelmente perjudicadas; la Convención misma suprimió las academias y las universidades y puso a la venta los bienes de los colegios; era por otra parte evidente que las perturbaciones civiles, la guerra y la inflación dificultaban los estudios de la generación que crecía, cuyo nivel cultural iba a resentirse de ello. Sin embargo, no deja de ser cierto que la organización de una educación nacional contó siempre entre las preocupaciones esenciales de las asambleas. Talleyrand en la Constituyente, Condorcet sobre todo, en 1792, en una relación célebre, señalaron sus principios; los Montañeses se empeñaron en fundar la escuela primaria obligatoria, gratuita y laica, se interesaron también en la creación de grandes instituciones científicas; los Termidorianos en fin —y particularmente Lakanal— realizaron la obra de conjunto.

Éstos confirmaron al principio los rasgos fijados por la Montaña a la enseñanza primaria; pero en el momento de separarse, el 25 de octubre de 1795, le asestaron un golpe fatal al suprimirle la obligatoriedad y la gratuidad y al quitar al maestro de escuela la asignación que le había prometido la República. La desconfianza que las clases populares inspiraban desde entonces a la burguesía tuvo algo que ver en ello, indudablemente, pero la miseria de la Hacienda explica que los Convencionales más deseosos de instruirlas hayan dejado la empresa para tiempos más favorables. La enseñanza secundaria, destinada a la burguesía, fue más favorecida, puesto que en principio no era gratuita. Debía impartirse en las *escuelas centrales* —una por departamento— que ofrecían a los alumnos cursos numerosos y variados entre los cuales podían elegir, de modo que estas escuelas tenían a la vez algo de nuestros liceos y de nuestras facultades. Al no admitir cursos en los que se impartieran los rudimentos, las escuelas centrales no aseguraban la continuidad con la escuela primaria y, además, no tenían internado. Ésta es la razón por la cual, a despecho de sus verdaderos méritos, no prosperaron más que imperfectamente bajo el Directorio; por añadidura, del mismo modo que la escuela pública elemental, fueron el blanco de la hostilidad del clero porque toda enseñanza religiosa estaba excluida en ellas. Como los revolucionarios no instituyeron el monopolio de la enseñanza, las escuelas libres, principalmente católicas, siguieron prosperando.

Aparte de tres escuelas de medicina, la Convención no creó tampoco una enseñanza superior propiamente dicha que acogiera, ni en provincia ni en París, a los jóvenes deseosos de prepararse en las carreras liberales y especialmente para la enseñanza, pues la Escuela Normal del año III tuvo una existencia temporal. El espíritu de los Enciclopedistas que los animaba guió sus esfuerzos principalmente hacia la investigación científica y técnica; organizaron el *Museum*, la comisión científica *(Bureau des Longitudes)* encargada de publicar cada año las *Efemérides astronómicas* y el *Anuario*, la enseñanza de la astronomía en el Observatorio, y crearon la *Escuela de Artes y Oficios*, la *Escuela de Obras Públicas*, que se convirtió luego en la Escuela Politécnica, y la *Escuela de Lenguas Orientales*. El *Instituto de Francia* fue considerado como el consejo director de la investigación. Las ciencias del hombre, por otra parte, no fueron tampoco olvidadas: una de las tres clases del Instituto fue reservada a las *Ciencias morales y políticas;* los autores de la reforma eran *ideólogos*, es decir, filósofos que se dedicaban al estudio positivo de la formación de las ideas y del lenguaje al mismo tiempo que de la moral y del derecho. El carácter original de estas instituciones consistió en volver la investigación doblemente fecunda al hacer del docto un maestro.

Indudablemente, la nueva educación intensificó el estudio de las ciencias exactas y experimentales. No sacrificó sin embargo las letras y las artes: el Instituto tuvo su clase de literatura y de bellas artes; en las escuelas centrales el latín y el griego conservaron un lugar, y la enseñanza del francés tuvo allí, por primera vez, el lugar que legítimamente le corresponde. Además, la Revolución sustituyó la educación basada en las lenguas muertas y la escolástica por una enseñanza que con el estudio de las ciencias, del francés y las lenguas vivas, de la histo-

ria y la filosofía, ponía al muchacho en contacto con
la vida moderna y pretendía asegurar el progreso
económico y social, conforme al pensamiento del siglo XVIII, cuyo anhelo supremo Condorcet, ya proscrito, recordaba en su *Esbozo de un cuadro de los
progresos del espíritu humano.*

Durante la tempestad, la brillantez de la producción científica marca, esencialmente, la vida intelectual de Francia. En 1789, Lavoisier había publicado
el tratado que sentaba los fundamentos de la química moderna; en 1796, Laplace dio su *Exposición del
sistema del universo;* en 1799, Monge publicó su *Tratado de geometría descriptiva;* en el Museum, La-
marque inauguraba el transformismo y Cuvier comen-
zaba sus lecciones de anatomía comparada. Por
requerimiento del Comité de Salud Pública, la ciencia aplicada había prestado grandes servicios a la
defensa nacional. La Revolución, por el contrario,
fue poco propicia a la literatura. Habían aparecido
géneros nuevos, como el periodismo político, la elocuencia parlamentaria, pero los demás no habían
aportado novedad alguna, y de las innumerables obras
que las circunstancias habían inspirado a la poesía
y al teatro no ha sobrevivido casi nada. La actitud
artística fue más fecunda. Liberado del control de
la academia, el salón se mostraba más animado. El
arte de David triunfaba decididamente y seguía las
normas de la inspiración romana, tan perceptible en
los discursos y escritos de los revolucionarios. Sin
embargo, la influencia alejandrina no dejó de per-
sistir en el arte decorativo durante todo el período
y se encuentra en Prud'hon, que ya brillaba. Por
otra parte, los acontecimientos de la época habían
restaurado los derechos del realismo imponiéndose
a la imaginación de los artistas. David había pin-
tado a *Marat asesinado* y dibujado el *Juramento del
juego de pelota.* Igualmente la música, al seguir en

todo, en la ópera y la romanza, la tradición del siglo
XVIII, había interpretado, bajo los cuidados de Gossec,
Méhul, Grétry, la exaltación cívica y patriótica en
cantos típicos hasta entonces desconocidos, el más
célebre de los cuales, al lado de *La Marsellesa*, es el
*Canto de la Partida* de Méhul. Artistas y músicos habían estado, como los poetas, asociados a la obra de
las asambleas. Ellos habían organizado especialmente las fiestas del 10 de agosto de 1793 y las del Ser
Supremo. Los revolucionarios se esforzaron por que
la poesía y el arte, reservados desde fines de la Edad
Media a una *élite* social, se volvieran accesibles al
pueblo contribuyendo así al progreso de la cultura en
el seno de la nación entera. Si la tentativa no los
sobrevivió, su esfuerzo sin embargo no ha sido del
todo inútil.

Conviene añadir que el retiro de los Convencionales no señaló su fin, pues bajo un nuevo nombre, los
Termidorianos permanecieron en el poder, y aunque
el temor a la democracia fue cada vez mayor entre
los del Directorio, éstos no abandonaron sino poco a
poco las esperanzas del siglo XVIII.

## La instalación del Directorio

Los Convencionales que siguieron en el poder —formando las dos terceras partes de los consejos— ha·
bían sido elegidos entre los más moderados. Sin
embargo, eligieron directores a cinco *regicidas*,[12] y
cuando Sieyès, a quien el rechazo de sus planes constitucionales había ofendido, rehusó tomar un cargo,
llegaron hasta el punto de reemplazarlo por Carnot.
Aunque los nuevos diputados fuesen en general monárquicos constitucionales, el Directorio no hizo sino
prolongar el dominio de los Termidorianos. Sus me-

[12] Es decir, que habían votado la condena de Luis
XVI. [T.]

jores cabezas fueron Reubell y Carnot, ambos capaces e instruidos, trabajadores y autoritarios. Aunque
Letourneur siguió a Carnot, y La Revellière-Lépeaux
se adhirió a Reubell, la mayoría dependió de Barras.
Su energía de antiguo oficial había salvado dos veces a los Termidorianos, pero ya estaba gastada; este
aristócrata corrompido que traficaba con todo y se
rodeaba de financieros inmorales y de mujeres ga-
lantes, Madame Tallien y Josefina de Beauharnais
entre otras, no fue para el Directorio más que una
fuente de descrédito.

La Constitución pretendía restablecer un régimen
liberal en que el gobierno dependiera de la opinión
pública. ¿Y qué deseaba ésta? Ante todo la paz en
el interior y el exterior, la paz que volviera vanas las
amenazas de la aristocracia, y con el retorno de la
prosperidad, le procurara al fin las ventajas que había esperado obtener de la Revolución. Ahora que los
campesinos estaban libres del feudalismo, se habían
tranquilizado y no pensaban de manera distinta que
la burguesía. Una vez alcanzada la victoria, el complejo revolucionario se disociaba: con el miedo se
desvanecía el ardor combativo y el furor represivo;
una lasitud general sucedía a la fiebre. Por otro
lado, la tormenta había esclarecido las filas de los
revolucionarios activos; la mayor parte de ellos estaba en el ejército y no podía votar. Para terminar
la guerra civil era necesario acabar de una vez con el
conflicto religioso y después de los cuidados materiales, la principal preocupación de la población pacífica
era encontrarse unida de nuevo en la misma Iglesia
Para dominar a los refractarios, no se podía contar
con sus obispos emigrados que vivían de subsidios
del extranjero: había que ponerse de acuerdo con el
papa. La paz exterior, por otra parte, no podía lo-
grarse más que renunciando a las fronteras naturales.
Sobre estos dos puntos, Carnot no tardó en pronun-

ciarse por las concesiones, pero la mayoría de los republicanos no se atrevieron a ello. El anticlericalismo y la pasión de conquista no eran sus únicos motivos. Juzgaban que sus insinuaciones no harían más que envalentonar a la Iglesia romana y a la aristocracia europea, y que al licenciar el ejército privarían a la República de su más firme apoyo. Lo menos que podía ocurrir después era que fueran expulsados del poder, y ¿qué contendría entonces la contrarrevolución? No pudiendo satisfacer a la opinión pública, fueron condenados a violar su propia Constitución y a restablecer la dictadura.

Esta Constitución había creado todo lo contrario de un gobierno de guerra. El Director organizó bien su trabajo, creó una secretaría general y un ministerio de policía, hizo grandes esfuerzos por sanear la Hacienda pública y por reanimar la producción. Realizó una obra administrativa a la que no se hizo justicia porque sus efectos no podían manifestarse sino con el tiempo. Pero no tuvo ninguna influencia sobre los consejos y no disponía de la Tesorería, confiada a comisarios elegidos por el cuerpo legislativo. Su mayor trabajo consistió en organizar las administraciones locales, y en el Oeste ni siquiera lo logró; generalmente hostiles, éstas lo secundaron muy mal. Aunque hubiera sido de otro modo, lo esencial, que era el dinero, le hubiera faltado.

*La moneda y la Hacienda pública*

La historia del Directorio, como la del período termidoriano, fue dominada por la cuestión monetaria y financiera. Ramel, el nuevo ministro de Hacienda, recurrió en vano al empréstito incluso forzoso: la inflación continuó, y en cuatro meses aumentó en 16 000 millones. En febrero de 1796, el asignado de 100 libras valía apenas 5 *sous*, es decir, menos que los gastos de impresión, por lo que el día 19 dejó de fabricarse. Un mes después, se lo sustituyó por el *mandato territorial;* para garantizarlo, se vendió precipitadamente, sobre simple oferta y a vil precio, una gran parte de lo que quedaba de los bienes nacionales. Este derroche fue inútil; desde julio el mandato no costaba más que de 2 a 3 por ciento. Fue abandonado a su suerte, y esta vez se renunció a la moneda fiduciaria: a principios del año V, el 24 de septiembre de 1796, todos los impuestos fueron exigibles en numerario.

Se estaba lejos de pagarlos con exactitud, y por otro lado no hubieran podido sostener la guerra, de modo que la República se halló sin recursos. Desde el 18 de septiembre se anunció que la renta no sería pagada en efectivo más que en una cuarta parte y que las tres restantes estarían representadas por un bono reembolsable en la paz. En febrero de 1797, esa cuarta parte, a su vez, se representó por un bono. Tampoco fue posible asegurar el sueldo de los funcionarios. En febrero de 1796 las agencias encargadas de comprar por cuenta de la República habían sido finalmente suprimidas, y se regresó lisa y llanamente al sistema del Antiguo Régimen que concedía los suministros y transportes militares por contrato. A cambio, se cedieron bienes nacionales en Francia y en Bélgica o mandatos que ninguna caja podía pagar. De hecho, la inflación persistió, pues, bajo la forma de papeles de toda especie, casi sin valor salvo para adquirir bienes nacionales, y sobre los cuales se especuló desvergonzadamente y sin freno. Inevitablemente, proveedores y financieros, para imponer precios leoninos y obtener prioridad de pago, se dedicaron a corromper de arriba abajo al personal gubernamental y administrativo, con tanta mayor esperanza cuanto que éste no era remunerado.

Por lo que toca a los ejércitos, el remedio fue

hacerlos vivir en país conquistado; desde 1796 la indemnización holandesa suministró los gastos de la campaña. La ruina de la Hacienda incitó así a la conquista, y como una parte del botín podía ser enviada al Directorio, el papel de los generales se acrecentó en igual proporción. En el interior la penuria hacía impotente la administración, mientras el enriquecimiento súbito de corruptores y corrompidos que exhibían un lujo insolente y se entregaban a todos los excesos ganaba al Directorio la reputación detestable que ha conservado; claro está que estos males son el precio de todos los gobiernos con Hacienda desfalcada. Puede imaginarse los sufrimientos y el resentimiento de rentistas, funcionarios y de las clases populares. Sobre todo el invierno de 1796 fue terrible por sus precios astronómicos y la escasez. Fue preciso mantener la reglamentación y la requisición para los granos, y en París las distribuciones a precio reducido. La crisis se atenuó solamente a partir de la cosecha de 1796, que fue excelente; en 1797 la libertad fue al fin restablecida. Pero el desorden persistió. Los mendigos y vagabundos pululaban desde 1795 y se sumaban a los chuanes para el pillaje. Los gendarmes, privados de caballos, no podían perseguirlos, y las "columnas móviles" de guardias nacionales que se ponían en su persecución no siempre los alcanzaban. Lejos de pacificar el país, el Directorio no pudo procurarle la seguridad elemental ni de persona ni de bienes.

## Babeuf

El Directorio inició sus actividades en lo más recio de la crisis, durante el invierno de 1795-96. Todavía bajo la impresión del 13 de vendimiario, puso todo su empeño en reprimir las insurrecciones realistas. Charette y Stofflet fueron cogidos y fusilados;

Pichegru, que había resultado sospechoso, tuvo que presentar su dimisión. Por el contrario, los demócratas fueron favorecidos: pudieron reagruparse en el Panthéon, recibieron subsidios para sus periódicos, y sobre todo obtuvieron numerosos puestos. Pero los Montañeses, declarados inelegibles, se mostraron irreconciliables, y por el intermediario de los *sans-culottes*, que no lo eran menos, se unieron con Babeuf, quien, favorable a la democracia del año II, la superaba sin embargo radicalmente, pues mientras que ésta no había nunca repudiado la propiedad individual, él en su *Tribuno del pueblo* predicaba abiertamente el comunismo; a él se debe que esta doctrina, que desde Platón habían adoptado tantos utopistas, arraigara por primera vez en la historia política.

El Directorio, alarmado, mandó a Bonaparte, general del ejército del interior, a cerrar el club. Babeuf fomentó desde entonces la "conspiración de los Iguales", en la que sus principales lugartenientes fueron Darthé, antiguo auxiliar de Lebon, y Buonarroti, un refugiado italiano. La miseria, que llegaba a su punto culminante, favoreció su propaganda. No es que los *sans-culottes*, ni tampoco la mayor parte de los conjurados, fueran realmente comunistas; el fin inmediato que los reunía era derribar el Directorio con el concurso del ejército, para restablecer la dictadura popular del año II, pero esta vez sin la interposición de una asamblea elegida. Traicionados por uno de los suyos, fueron arrestados el 10 de mayo. En la noche del 9 al 10 de septiembre sus amigos intentaron sublevar las tropas del campamento de Grenelle, pero una comisión militar mandó fusilar a varios de ellos. Babeuf y Darthé fueron condenados a muerte el 26 de mayo de 1797 en Vendôme, por la Suprema Corte de Justicia.

Carnot era el que había incitado a la represión sin misericordia. Como la izquierda resistía, el Directorio multiplicó las concesiones a la derecha. Las leyes contra los emigrados y los refractarios caducaron; se revocaron en parte las exclusiones pronunciadas por la Convención; la reglamentación del culto no fue observada, e incluso se consideró la posibilidad de un acuerdo con el papa. Los Jacobinos fueron implacablemente expulsados de las administraciones. Los monárquicos constitucionales se mostraron satisfechos, y Benjamin Constant pudo expresar su esperanza de que se constituiría una mayoría conservadora por la alianza de todos los "notables". Sin embargo, los absolutistas no se apaciguaban y en enero de 1707 iniciaron un complot que fracasó, y el Directorio se puso al corriente del designio secreto de sus nuevos aliados por medio de los papeles de que se apoderó y de las confesiones de los prisioneros.

*La conspiración anglo-realista*

En germinal del año V (marzo-abril de 1797) una tercera parte del cuerpo legislativo iba a ser renovada; los monárquicos constitucionales estaban seguros de poder conquistar a la mayoría y organizaron su propaganda electoral bajo la dirección de Dandré, un ex Constituyente. En octubre de 1796 se había fundado en Burdeos un "Instituto filantrópico" que arraigó en la mitad de los departamentos; el concurso del clero se había ganado por completo, así como el de las administraciones locales que dejaron expulsar a los Jacobinos de las asambleas electorales. El dinero fue proporcionado por Wickham, representante de Inglaterra en Suiza. Los jefes eran los únicos que indudablemente estaban enterados, pero con plena razón el Directorio denunció luego la conspiración "anglo-realista". El éxito de estas intrigas fue completo: sólo once Convencionales fueron reelegidos, y entre los nuevos diputados se contaron contrarrevolucionarios tan decididos como Imbert Colomès, el antiguo alcalde de Lyon. La nueva mayoría, dirigida por el club de Clichy, nombró a Pichegru presidente de los Quinientos y en el Directorio reemplazó a Letourneur por Barthélemy. Las leyes contra los refractarios fueron abrogadas y éstos entraron de nuevo en masa; los Quinientos votaron un proyecto de amnistía en favor de los emigrados, y en el Sureste el Terror blanco comenzó de nuevo. Cuando los republicanos intentaron reagruparse en los "círculos constitucionales", éstos fueron suprimidos.

Para orillar al Directorio a la dimisión, los "clicheanos" se le oponían sistemáticamente. Carnot no creía en el peligro y proponía, con Barthélemy, ganarse a la mayoría entregándoles los ministerios, pero hubiera necesitado el asentimiento de Barras, quien se decidió, por el contrario, a hacer causa común con Reubell y La Revellière. Los impacientes empezaron a pensar en un golpe de fuerza, puesto que toda revisión legal era imposible antes de 1803. Pichegru, a quien Barras amenazaba con denunciar por traidor, no quiso adelantarse, de modo que la iniciativa fue dejada al Directorio.

Para restablecer la dictadura, no podía el Directorio recurrir al pueblo como los Montañeses. Su único recurso era pues el ejército. Entre éste y la nación el abismo se ensanchaba. Aunque convertidos en soldados, los *sans-culottes* no habían dejado que sus convicciones se entibiaran, y puesto que los civiles ponían la Revolución en peligro, se declararon dispuestos a defenderla incluso contra los "abogados" de las asambleas, a quienes el oficio de las armas no inspiraba ningún respeto. Todo dependía, sin embargo, de sus generales. El Directorio no podía esperar nada de Moreau, pues en el ejército del Rin éste toleraba la propaganda realista y guardaba bajo llave documentos abrumadores para Pichegru, que había

encontrado en los bagajes del enemigo. Pero Hoche
y Bonaparte entraron en el juego, sobre todo el segundo, porque de la solución del conflicto dependía
la existencia de la República y la suerte de las conquistas y la carrera de los conquistadores.

## La guerra y la diplomacia

La guerra continental había recomenzado en la
primavera. Carnot contaba con asestar en Alemania
el golpe decisivo. Jourdan y Moreau, a la cabeza de
los dos ejércitos del Sambre-Mosa y del Rin-Mosela,
debían marchar sobre Viena. El papel del ejército
de los Alpes y de Italia, confiados a Kellerman y
Bonaparte, no debía ser sino accesorio. Pero no se
tuvo apremio por pasar el Rin porque se esperaba
el concurso de Prusia y una revolución en Alemania
del Sur. Bonaparte fue el primero en entrar en campaña, a mediados de abril, y sus victorias fulminan-
tes le ganaron en seguida la admiración. En cinco
días los austriacos fueron separados de los piamon-
teses, y estos últimos, vencidos, se retiraron de la
lucha. Mientras negociaban, cediendo Saboya y Niza,
Bonaparte invadía el Milanesado, forzaba en Lodi
el paso del Adda, y rechazando a Beaulieu del otro
lado del Mincio, sitiaba Mantua. Los duques de
Parma y Módena firmaron la paz, y el papa y el rey
de Nápoles firmaron armisticios.

Para desviar al enemigo, los austriacos habían
proseguido las hostilidades en Alemania. En el curso
del verano, Jourdan y Moreau les hicieron retroceder
hasta Baviera. Pero no se reunieron, y Moreau, lento
y circunspecto, dejó al archiduque Carlos batir a
Jourdan, que tuvo que cruzar de nuevo el Rin. Amenazado a su vez, se retiró. Victoriosos en Alemania, los austriacos multiplicaron los ataques contra
Bonaparte. Derrotado en Castiglione, el 5 de agosto,

Wurmser volvió a la carga en septiembre; ¡logró alcanzar Mantua, pero para quedar acorralado allí! En noviembre, Alvinczi estuvo a punto de conseguir la victoria, pero finalmente fue detenido en Arcola. Al tomar de nuevo la ofensiva en enero de 1797, fue derrotado en Rívoli. Mantua capituló, y después de haber impuesto la paz al Papa, que se vio obligado a abandonar la Romaña y las Marcas, Bonaparte expulsó al archiduque Carlos del Véneto; después atravesó los Alpes y llegó al pie del Semmering. Como Hoche y Moreau habían cruzado de nuevo el Rin, Thugut aceptó entrar en negociaciones.

El Directorio se había esforzado por controlar a sus generales, mediante el envío de "comisarios de los ejércitos", pero privados de la autoridad que el tribunal revolucionario confería implícitamente a los representantes en comisión, éstos no habían podido imponerse. Una vez pasada la frontera, los generales, que abastecían a sus tropas por medio de requisiciones forzosas y contribuciones de guerra y toleraban el pillaje sin olvidar sus propios intereses, se habían emancipado poco a poco. Tal había sido sobre todo el caso de Bonaparte, a quien sus victorias volvían invulnerable, y que era el único que vertía en el Tesoro un poco de dinero contante; mucho menos de lo que se ha dicho, sin embargo: unos quince millones solamente. Amenazado por la reacción y esperando poder apoyarse en los generales, el Directorio acababa de suprimir a los comisarios.

El Directorio había considerado siempre las conquistas italianas como un objeto de canje, y Bonaparte, entregado al principio a la pasión juvenil de la gloria y preocupado por deslumbrar a Josefina de Beauharnais, que había consentido en desposarse con él unos días antes de su partida, se había conformado con explotar el país. Pero poco a poco se le había visto hablar a los italianos de libertad e independencia. Por otra parte, no era el único que lo hacía. Del otro lado de los Alpes los Jacobinos soñaban con un estado unitario y los comisarios de los ejércitos les habían ayudado, a fines de 1796, a constituir una República Cispadana. El general veía ya en Italia una plaza de armas desde donde podría lanzarse hacia el Oriente. Estaba decidido a conservarla.

Mas le era preciso apresurarse. Militarmente, su situación era aventurada; políticamente, quería prevenir la intervención de los generales de Alemania y de Clarke, el enviado del Directorio. Así pues, hizo a los austriacos ofertas sorprendentes. O bien éstos cederían Bélgica y el Rin, tomando Dalmacia, Istria y Venecia, o bien abandonarían Bélgica y la Lombardía a cambio del estado veneciano entero, salvo las islas Jónicas reservadas a Francia. Los austriacos aceptaron naturalmente la segunda alternativa el 18 de abril, firmando los preliminares de Leoben. De regreso en Milán, Bonaparte organizó una República cisalpina y le reunió la Cispadana, la Romaña y las Marcas. De buenas a primeras había impuesto a la política de Francia una desviación fatal. Al sacrificar el Rin por Italia, mostraba que los intereses propios de la nación le importaban menos que sus sueños de grandeza personal. Y al entregar Venecia a Austria obligaba a la República a renegar de sus principios. Por otro lado, si la adquisición de las fronteras naturales era peligrosa, no era imposible defenderlas, a condición de no sobrepasarlas, y él acababa precisamente de infringir esta condición. El Directorio no se atrevió sin embargo a rehusar la paz, puesto que Bonaparte aseguraba que en el momento del tratado definitivo exigiría el Rin además de lo convenido. Pero, entre tanto, la maniobra realista abrió a Thugut nuevas perspectivas. Las negociaciones fueron suspendidas.

Por su parte, Inglaterra negociaba. A principios de

1796, la guerra naval le fue favorable; había obtenido de los Estados Unidos una concesión ventajosa; aunque el Directorio respondiera al bloqueo prohibiendo la entrada de mercancías inglesas, mediante lo que Napoleón llamará "el bloqueo continental", los neutrales no dejarían de introducir en Francia todo lo que los británicos juzgaran conveniente venderle. La situación cambió cuando el Directorio obtuvo la alianza de España, pues los ingleses se vieron obligados a evacuar Córcega y abandonar el Mediterráneo. En diciembre de 1796, la expedición de Hoche a Irlanda fracasó, pero en seguida se sublevó la isla; en febrero de 1797 el Banco de Londres suspendió el patrón oro, y de abril a junio la revuelta de los marineros inmovilizó la flota; Pitt juzgó que la paz era indispensable. Pedía solamente conservar el Cabo y Ceilán, arrebatados a los holandeses. El Directorio rehusó la proposición. Tal vez se hubiera salido con la suya si la situación interior de Francia no hubiera envalentonado a los ingleses y si Talleyrand, digno compadre de Barras, que acababa de conseguir se designara a aquél ministro de Negocios Extranjeros, no les hubiera asegurado que si se empeñaban en ello podrían conservar algo. La crisis interior mantenía pues la paz en suspenso, y en los consejos la mayoría lo señaló públicamente por sus ataques contra Bonaparte. En julio, Hoche mandó tropas sobre París; de Italia vino Augereau, que se encargó del golpe de Estado.

### El 18 de fructidor del año V y el Tratado de Campo Formio

La noche del 17 al 18 de fructidor (del 3 al 4 de septiembre de 1797), los "triunviros" ordenaron el arresto de Carnot y Barthélemy, y Augereau cercó las Tullerías. Por la tarde y en los días siguientes, los diputados favorables votaron una serie de leyes, la más importante de las cuales es la del día 19. Cerca de doscientos diputados fueron excluidos y las elecciones locales anuladas en cuarenta y nueve departamentos. Sesenta y cinco individuos, entre los cuales había cincuenta y tres diputados y los dos directores, que fueron reemplazados por Merlin y François de Neufchâteau, fueron condenados, sin juicio previo, al destierro. De hecho, no se embarcó sino a diecisiete personas, pero en provincia algunos disturbios provocaron aproximadamente ciento sesenta ejecuciones. Las leyes contra los emigrados y sus parientes y contra los refractarios fueron restablecidas; además, el Directorio fue autorizado a deportar a los sacerdotes, fueren los que fuesen. Setenta y cinco periódicos habían sido suprimidos. Dueños de la situación, los "fructidorianos" hubieran podido revisar la Constitución, tal como lo deseaban Sieyès y Bonaparte. Mas no aprovecharon la ocasión, y así su golpe de Estado sólo les dio como fruto una autoridad provisional. En el exterior, ello trajo como consecuencia la ruptura de negociaciones con Inglaterra y dejó carta blanca a Bonaparte, quien al juzgar imposible emprender una campaña de invierno se contentó con insertar en el tratado de Campo Formio, firmado el 18 de octubre, la adhesión secreta de Austria a la cesión de la orilla izquierda del Rin (excepto la región de Colonia) que debía ser solicitada en un congreso de príncipes alemanes reunidos en Rastatt. La contrarrevolución estaba vencida una vez más, pero en el mar la guerra continuaba, y era inevitable que muy pronto se reanudara en el continente.

### El segundo Directorio

El segundo Directorio volvió su dictadura contra los emigrados, a los que hizo buscar y ejecutar, y sobre

FRANCIA
Y EUROPA CENTRAL
a fines de 1797

Fronteras de Francia en 1789
Fronteras de Francia en 1797
Anexiones de 1789 a 1797
Repúblicas hermanas
Límites de los estados en 1789

ESCALA
0    100    200    300 km

MAR DEL NORTE
DINAMARCA
POMERANIA SUECA
Hamburgo
Emden
REINO DE PRUSIA
Berlín
R. Elba
HANOVER
Hanover
REP. BATAVA
Münster
Cassel
Praga
Den Helder
Amsterdam
La Haya
Amberes
Bruselas
HESSE
BOHEMIA
PAISES BAJOS AUSTRIACOS
Altenkirchen
Lila
Lieja
Coblenza
Maguncia
R. Main
Würzburg
Londres
INGLATERRA
Dunquerque
Hondschoote
Jemmapes
Fleurus
Wattignies
Treveris
Nuremberg
Ratisbona
CANAL DE LA MANCHA
Granville
Brest
R. Sena
Varennes
Valmy
Verdún
Landau
Wissemburgo
Ulm
R. Danubio
BAVIERA
Estrasburgo
Paris
R. Mosa
R. Mosela
R. Rin
Le Mans
Quiberon
Nantes
Angers
Cholet
Saumur
Fontenay
FRANCIA
R. Loira
Mulhouse
Montbéliard
Neuchâtel
R. Rin
Berna
SUIZA
AUSTRIA
Ginebra
Lyon
SAVOYA
ANTIGUO Campo-Formio
TERRITORIO DE VENECIA
Addo
Milán
Rivoli
PIAMONTE
Lodi
Arcola
Venecia
Burdeos
R. Ródano
Turín
Génova
REPUBLICA CISALPINA
Mantua
DUCADO DE PARMA
R. Garona
Toulouse
CONDADO VENAISSIN
Aviñón
REP. LIGUR
Nizo
Lucca
ESTADOS TOSCANA
Florencia
Tolentino
Bayona
Perpiñán
Marsella
Tolón
MAR MEDITERRANEO
PAPALES
Roma
CORCEGA
OCEANO ATLANTICO
ESPAÑA

todo contra los sacerdotes, no sólo porque eran considerados agentes políticos de la contrarrevolución, lo que no era exacto en parte, sino también porque con sus mentores, que habían llenado el Instituto, los *ideólogos* Destutt de Tracy, Volney, Cabanis y Laromiguière, los republicanos del Directorio pensaban, como los hebertistas, que el cristianismo no era compatible con el nuevo régimen. Los refractarios, varios de los cuales fueron ejecutados, no eran los únicos perseguidos, sino también los que se habían sometido, y los constitucionales cuando se rehusaban a prestar el nuevo juramento de odio a la realeza o no observaban las leyes de la Convención que prohibían las manifestaciones externas del culto, incluyendo el repique de campanas. Se pusieron a la venta las iglesias con obligación de demolerlas y se ordenó la deportación de centenares de sacerdotes. Los de Bélgica, más de ocho mil, fueron inclusive proscritos colectivamente. La mayor parte de ellos escapó; sólo un pequeño número fue trasladado a la Guayana; los demás fueron apiñados en los pontones de Rochefort o en las islas vecinas. Cuando el papa Pío VI fue llevado prisionero a Valence, donde murió, la persecución se mostró en su apogeo.

No obstante, no se pensaba que los franceses pudieran prescindir del culto. A fines de 1796, un librero, Chemin-Dupontès, había organizado una especie de religión laica, la *Teofilantropía*, que tuvo alguna acogida entre la burguesía, pero no entre el pueblo, al que interesó tan poco como la masonería que se estaba rehaciendo. Del mismo modo que el Comité de Salud Pública, el Directorio pensó acertar por medio de esta religión nacional cuya primera forma coherente había sido el culto del Ser Supremo: fue el *culto decenal*. El reposo del domingo fue proscrito y en cambio se impuso el descanso del *décadi* (o décimo día de la década republicana). El fracaso fue completo. Y no era porque la doctrina contrarrevolucionaria, de la que Bonald y Maistre habían publicado las primeras explicaciones en 1796 (uno en su *Teoría del poder político y religioso*, el otro en sus *Consideraciones sobre Francia*) tuviera influencia alguna, pues estas obras, publicadas en el extranjero, no fueron leídas sino mucho más tarde. La mayor parte de la población continuaba simplemente atada a la religión tradicional y las pruebas por las que ésta pasaba los unía más a ella. Ésta es la razón por la cual las escuelas públicas donde esta religión no tenía cabida fueran abandonadas y se prefiriesen las instituciones privadas, de modo que en el año VI el Directorio llegó a autorizar la clausura eventual de éstas y a prohibir a los funcionarios enviar allí a sus hijos. Por otra parte, el calendario republicano contrariaba las costumbres, por lo que nadie cumplía la disposición de no descansar ya más que un día de cada diez.

El Directorio no logró, pues, ni pacificar el país, ni conquistar a la juventud. Ésta, poco preparada, no conocía de la Revolución más que los sufrimientos, permanecía indiferente a la política y no pedía más que disfrutar de la vida. Los que se sentían atraídos por el peligro se alistaban en el ejército.

El Directorio hizo grandes esfuerzos por hacer renacer la prosperidad que la juventud deseaba, especialmente cuando François de Neufchâteau fue nombrado ministro del Interior. Los manufactureros fueron estimulados y se organizaron exposiciones; se intentó reparar los caminos cobrando para ello un derecho de tránsito. La exclusión de las mercancías inglesas favorecía el progreso de la industria algodonera. Los establecimientos de beneficencia y el derecho de los indigentes fueron instituidos, y para sostener los hospitales se restableció el derecho de consumo en las ciudades. Pero estos esfuerzos eran entorpecidos por los efectos ordinarios de la deflación: la escasez del numerario ponía el crédito a un interés prohibitivo y combinada con una serie de buenas cosechas mantenía los precios a un nivel muy bajo. En suma, la Hacienda continuaba en mal estado.

También en este terreno la obra del segundo Directorio fue considerable. El día siguiente del 18 de fructidor, Ramel había reducido el presupuesto ordinario en más de la mitad, principalmente redimiendo dos tercios de la deuda pública mediante bonos que la Bolsa negociaba con gran pérdida. En el año VII, una serie de leyes dieron al fundo, al registro, a las hipotecas su organización definitiva; esbozaron la creación de una administración de contribuciones directas; instituyeron la de puertas y ventanas, restablecieron los impuestos sobre los naipes y el tabaco, así como los derechos de timbre. Pero el problema era siempre el mismo: había que sostener la guerra.

## La política exterior del segundo Directorio

La guerra entre Francia e Inglaterra había proseguido sin que se llegara a un resultado decisivo. Aunque el bloqueo empobrecía a la primera, no podía privarla de víveres. Recíprocamente, los corsarios no llegaban a afligir a la segunda. El Directorio se esforzaba por cerrarle el mercado francés; en 1798, rompió con los neutrales al decretar sus barcos incautados si transportaban el menor artículo británico, lo que estuvo a punto de acarrearle la guerra con los Estados Unidos. En cualquier otra parte los progresos del comercio inglés eran constantes, especialmente en Alemania e Italia. Sin ejército y sin aliado continental, Inglaterra no podía someter a Francia; sin el dominio del mar, ésta, por su parte, amenazaba en vano a su enemiga con un desembarco, pues la tropa

del general Humbert, alcanzada en Irlanda, tuvo que
capitular. En su impotencia, el Directorio acabó por
dar su asentimiento a la expedición de Egipto reco-
mendada por Talleyrand por motivos oscuros y sospechosos, y que había inflamado la imaginación de
Bonaparte ahora desocupado, que se veía ya, nuevo
Alejandro, conquistando el Oriente y marchando sobre la India.

La complicidad de los napolitanos había conducido
a sus aguas la escuadra de Nelson, pero cuando éste
supo que la flota francesa había dejado Tolón el 19
de mayo, la creyó camino de Inglaterra y la buscó
por Gibraltar. Durante este tiempo, Bonaparte ocupaba Malta y desembarcaba en Alejandría, desde donde alcanzó el Cairo después de haber rechazado en la
batalla de las Pirámides a la caballería de los mame-
lucos que ocupaban Egipto por cuenta del Sultán.
Como era de prever, cuando Nelson salió de su error
acudió y el 1º de agosto destruyó la escuadra de
Brueys en el abra de Abukir. Bonaparte se halló prisionero en su conquista. Después de haberla organizado lo mejor posible, penetró en Siria, pero fracasó
frente a San Juan de Acre. Al volver aplastó a un
ejército turco desembarcado en Abukir. Su pérdida
sin embargo era sólo cuestión de tiempo, y los trabajos de los sabios que llevaba consigo y que recogie-
ron los primeros elementos de los conocimientos sobre
el Egipto antiguo, fueron el único resultado útil de
esta loca empresa. Cuando supo la noticia de que la
coalición, rehecha, había obtenido la victoria, abandonó su ejército y se reembarcó. El primer resultado
de la expedición había sido atraernos no solamente
la guerra con Turquía, sino la enemistad activa de Rusia. El zar Pablo I, elegido gran maestre de la orden
de Malta, y que no admitía que se reanimara la cuestión de Oriente sin consultarlo, se había considerado
gravemente ofendido. Se alió a los turcos, que abrie-

ron los estrechos a sus barcos, los que se apoderaron
de las islas Jónicas. El 30 de agosto de 1798, los nuevos amigos se unieron a Inglaterra y la segunda coalición se halló así constituida. Ésta no podía sin embargo amenazar verdaderamente a Francia más que
con la ayuda de los alemanes. Prusia se desentendió.
Todo dependía pues de Austria.

Para conquistarla, hubiera sido necesario por lo
menos que Francia se atuviera a los límites de Campo
Formio. Pero el Directorio tenía ahora una orienta-
ción expansionista. El espíritu de propaganda sobre-
vivía entre los republicanos como La Revellière y se
inclinaba a ayudar a los extranjeros que querían re-
volucionar su país; el afán de dominio animaba a
otros, sobre todo a Sieyès. Para los soldados y generales, una nueva conquista era país de Jauja, y los
proveedores se enriquecían con ella; el Directorio obtenía el sustento de un ejército y cerraba a los ingleses un mercado más. A principios de 1798, intervino
pues en Suiza por instigación del basiliense Ochs y
de Laharpe, originario de Vaux, y transformó la confederación de cantones en una *República Helvética*
unitaria según los principios franceses. Se hizo ceder
parte del antiguo obispado de Basilea y llevó la frontera hasta el lago de Biel. En Berna había sido cogido
un "tesoro" que financió la expedición a Egipto.

Austria estaba inquieta también por lo que ocurría en Alemania. En abril de 1799, el congreso de
Rastatt había finalmente votado la cesión de la orilla
izquierda del Rin y se había iniciado la discusión de
las indemnizaciones a los príncipes desposeídos. En
lugar de dejarlos en disputa, la diplomacia francesa
se erigió en árbitro para ganarse adeptos, y el Emperador se dio cuenta de que lo que le quedaba de autoridad corría el peligro de desvanecerse. Pero le afec-
taron mucho más las usurpaciones del Directorio en
Italia. Como el representante de Francia había sido

asesinado en el curso de una revuelta, los Estados
pontificios fueron invadidos en febrero de 1798 y el
papa conducido a Francia. Los napolitanos, aliados
a Inglaterra y al zar, recuperaron la Ciudad santa,
pero Championnet los expulsó de allí y el 23 de enero
de 1799 se apoderó de Nápoles, donde proclamó la
*República Partenopea.* Al mismo tiempo el Piamonte
había sido ocupado y su rey expulsado. Esto era demasiado: Austria entró en campaña. El 28 de abril,
los plenipotenciarios franceses fueron agredidos a
sablazos, cuando salían de Rastatt, por los húsares
austriacos, lo que permitió al Directorio hacerla responsable de la guerra.

Desde 1793 no se había hecho ninguna leva, en
tanto que la leva en masa continuaba en servicio militar. El 5 de septiembre de 1798, Jourdan, entonces
diputado, había mandado establecer la conscripción:
los jóvenes de 18 a 25 años podían ser llamados, clase
por clase, comenzando por la más joven, con facultad
de hacerse sustituir. A pesar de este recurso, el ejército no estaba en buenas condiciones cuando comenzaron las operaciones. Los austriacos forzaron el paso
del Adigio, y reforzados por los rusos de Suvorov
reconquistaron el Milanesado. Expulsado por los rusos y los ingleses, Macdonald logró llevar de nuevo
a Liguria el ejército de Nápoles, pero el 15 de agosto,
en Novi, Joubert fue derrotado y muerto. Los realistas se aprovecharon, como siempre, de la ocasión
para tomar de nuevo las armas cerca de Tolosa en
agosto y en el Oeste en septiembre.

En este gran peligro, Francia fue favorecida de nuevo por las discusiones de los coligados. Los ingleses
desembarcaron en Holanda, y por no abandonarles
Bélgica, el Emperador dirigió hacia el Norte la mayor parte de las tropas del archiduque Carlos que
habían penetrado en Suiza con los rusos de Korsakov
hasta el lago de Zurich. Suvorov venía de Italia por

el San Gotardo. Pero Masséna tuvo tiempo suficiente para derrotar a sus adversarios en Zurich los días 25 y 26 de septiembre de 1799. Luego se volvió contra Suvorov, que no escapó sino con gran esfuerzo. Pablo I, exasperado, abandonó la lucha.

Los ingleses evacuaron Holanda en octubre. La república estaba salvada, pero en la primavera el asalto recomenzaría.

## El 18 de brumario

A pesar de estar provisto de tan grandes poderes, el segundo Directorio dependía de los azares de las elecciones. Había preparado con cuidado las del año VI; previendo que los contrarrevolucionarios, atemorizados, dejarían el campo libre a los demócratas, hizo verificar los poderes de los nuevos elegidos por los consejos que salían y pudo lograr así excluir a ciento seis sospechosos el 22 de floreal del año VI (11 de mayo de 1798). Sin embargo, una parte de los republicanos se alarmaba al ver su dominio en peligro cada año y la idea de revisar la Constitución ganaba terreno. Pero no estaban de acuerdo: para Sieyès, Madame de Staël y Benjamin Constant, se trataba sobre todo de limitar a los electores a la presentación de candidatos entre los cuales se reclutaría por designación de sus propios miembros el personal gubernamental que aseguraría la perennidad del poder a los notables por la riqueza y, según decían, por el talento, al mismo tiempo que a los republicanos termidorianos. Otros establecían la necesidad de reforzar el poder ejecutivo. Los Jacobinos también lo deseaban, pero haciendo hincapié sobre la democracia.

La crisis exterior puso a todo el mundo de acuerdo contra el Directorio, al que se juzgaba responsable, y los generales, irritados de que hubiera restablecido a los comisarios de los ejércitos y arrestado a Championnet, que había expulsado en Nápoles a uno de éstos, hicieron coro. Después de las elecciones del año VII, la mayoría se mostró claramente hostil. Reubell salía de su cargo; Treilhard se retiró; el 30 de pradial (18 de junio) Merlin y La Revellière, intimados para que presentasen su dimisión, se resignaron. Del segundo Directorio no quedó más que Barras. Se le asoció como auxiliar a Sieyès y a tres comparsas.

La operación pareció al principio beneficiar a los Jacobinos, que abrieron de nuevo un club, y pretextando que la patria estaba en peligro obtuvieron la votación de medidas que recordaban el régimen del año II. Todas las quintas fueron llamadas y la sustitución suprimida, es decir, era la leva en masa. Se estableció un empréstito forzoso. Las requisiciones reaparecieron. Una "ley de rehenes" permitió detener a los sospechosos en caso de disturbio. Bernadotte, ministro de la Guerra, parecía capaz de prestar ayuda a una nueva dictadura de carácter popular. Sieyès tomó providencias para evitarlo: cerró el club y constriñó a Bernadotte a retirarse.

El empuje jacobino volvía más inminente la oportunidad de una revisión conservadora. Legalmente, era imposible antes de seis años. Un nuevo golpe de Estado militar se hacía pues indispensable. Este era más peligroso que en el 18 de fructidor porque iba a afectar no a los realistas, sino a los republicanos: sólo un general popular tenía la posibilidad de arrastrar consigo a los soldados. Sieyès había contado con Joubert. Muerto éste, el azar favoreció a Bonaparte, quien desembarcó el 9 de octubre, después de haber escapado milagrosamente de los cruceros ingleses y pronto llegó a París completamente decidido a tomar el poder. No podía lograr nada sin Sieyès y los republicanos revisionistas, y uno y otros aceptaron su concurso.

El 18 de brumario del año VIII (9 de noviembre de 1799), los Ancianos que estaban en connivencia con ellos y fueron los únicos convocados para la denuncia de un supuesto complot jacobino, pusieron a Bonaparte al mando de la guarnición de París y trasladaron el cuerpo legislativo a Saint-Cloud. El domingo 19 el asunto estuvo a punto de acabar mal. Los conjurados no tenían un plan definido; los Ancianos desconcertaron a Bonaparte por su acogida vacilante; por su parte, los Quinientos desataron una tempestad de protestas que no le permitió pronunciar palabra. Fue su hermano Luciano, presidente de la asamblea, el que salvó la situación. Arengando a los soldados, les aseguró que los abogados habían querido apuñalar a su general. Convencidos de que salvaban la República, los soldados dispersaron a los diputados. Por la noche, algunos de éstos trabajosamente reunidos, nombraron dos comisiones encargadas de reemplazar a las dos asambleas y confiaron el ejecutivo a tres Cónsules provisionales, Bonaparte, Sieyès y Roger Ducos. Era una jornada de cándidos; en realidad, Bonaparte era el amo; la dictadura, impuesta a la Revolución por la guerra, se volvía militar e iba a restaurar el poder absoluto de un hombre. Nadie se dio cuenta de ello en seguida, y la noticia fue acogida sin emoción: se trataba de un golpe de Estado más. Bonaparte, el amigo de Robespierre, el "general vendimiario", inspiraba confianza incluso a los republicanos, y Francia, confiando en su genio, esperaba de él la victoria y la paz.

## V. EL CONSULADO

### (1799-1804)

*Napoleón Bonaparte*

Napoleón Bonaparte tenía treinta años. Había nacido en Ajaccio en 1769, el día siguiente de la anexión de Córcega a Francia. Su padre, muy pronto adicto a los nuevos amos, había ganado con ello, entre otras ventajas, ser reconocido gentilhombre y como tal, que su segundo hijo fuera admitido primero en la Escuela de Brienne, después en la Escuela militar. Napoleón había salido de ella con el grado de subteniente de artillería, pero seguía siendo hostil a los franceses, y en la Revolución no vio más que una ocasión para que su isla natal reconquistara su autonomía bajo la dirección de Paoli. Fue menester que los Bonaparte, expulsados por los Pozzo di Borgo, se vieran obligados a exiliarse para que Napoleón se naturalizara verdaderamente. Entonces, ante el' pobre oficial sin porvenir se allanó el camino. En este sentido es, como tantos otros, hijo de la Revolución. Sin ésta, el mundo hubiera escapado a su genio imperioso.

Pequeño de cuerpo, asaz musculoso, sanguíneo, todavía delgado entonces y además sobrio; los reflejos rápidos y seguros, de una capacidad de trabajo ilimitada, parecía siempre dispuesto para la acción. La atención constantemente alerta, la memoria incomparable, alimentan una imaginación ardiente que forja sin cesar los planes políticos y estratégicos, en la que fulguran, por la noche sobre todo, iluminaciones repentinas semejantes a las del matemático y el poeta. Una tensión continua del espíritu lo aísla de los demás hombres que rehuyen el esfuerzo y no piensan más que en holgar y divertirse. Desde niño, todo su ser se lanzó hacia el poder. Al hacer de él un jefe militar, el destino quiso que su inclinación se volviera un hábito de oficio, en Italia primero, después en Egipto, y lo llevara hasta el gobierno, pues pese a sus protestas fue como general como tomó el poder y no dejó nunca de ejercerlo. Pero en realidad su rasgo profundo era innato: ante todo, Napoleón es un temperamento.

No por ello resulta menos complejo. Algo le quedó siempre de su juventud pobre: cierto placer en humillar a los que lo habían desdeñado, el gusto por la magnificencia ostentosa, el afán de atiborrar a su clan, que había padecido la misma miseria. Más noble fue su pasión por saberlo y comprenderlo todo, como hombre del siglo xviii racionalista y filósofo; lejos de confiarse a la intuición, lo hace en los conocimientos y el razonamiento, y en sus iluminaciones halla la recompensa a su perseverancia. Es completamente clásico en su concepción del Estado. Al mismo tiempo, es un realista: conoció a fondo las pasiones de los hombres y aprendió a servirse de ellas para dominarlos.

Pero en él vive otro hombre aún, el único que permite comprenderlo. Lo que más ambiciona es la gloria. Su atención se dirige hacia los héroes de Plutarco y Corneille: Alejandro, dueño de Oriente, soñando en conquistar la Tierra; César, Augusto, Carlomagno, creadores y restauradores del Imperio romano, cuyo solo nombre implica la idea de lo universal. Artista, poeta de la acción, para quien Francia y la humanidad no fueron sino instrumentos; es inútil investigar la finalidad de su política, pues no existe, y él mismo lo ha dicho, profundamente a pesar de la forma trivial: "¿El lugar de Dios Padre? ¡Ah! Yo no lo desearía: ¡es un callejón sin salida!" Así pues, volvemos a encontrar, bajo otra forma, el impulso del

temperamento. Éste es el Napoleón romántico para
quien el mundo es sólo una ocasión de vivir peligro-
samente.

Pues el realista no se reconoce solamente por el
arreglo de los medios; sino que determina también
su fin tomando en cuenta lo posible. Napoleón no es
realista sino en la ejecución. En el proyecto nada
puso freno a su imaginación: ni la lealtad dinástica
de un Richelieu, ni la virtud cívica del patriota o el
idealismo del revolucionario, ni el freno moral y religioso del creyente. Pero esto se va viendo poco a poco.
Bonaparte se vio obligado a tratar con miramiento a
los Brumarianos porque le faltaban aún muchos conocimientos, pues su omnisciencia es pura leyenda.
Para romper con ellos, le hubiera sido preciso contentar a los franceses procurándoles la paz. Ésta es
la razón por la cual desde el punto de vista nacional
los primeros años del Consulado son los más her-
mosos de su historia. Cuando por este rodeo se atribuyó un poder absoluto, el impulso romántico, des-
deñando el interés propio de Francia, se manifestó
libremente por la aspiración personal al dominio universal.

## La Constitución del año VIII

Encargadas de preparar la Constitución, las comisiones nombradas el 19 de brumario se dirigieron al
oráculo, es decir, a Sieyès. Éste respondió que no
tenía nada preparado y sólo consintió en exponer oral-
mente sus ideas, que en lo esencial se reducían a dos:
suprimir el régimen electivo de manera que se res-
tableciese la autoridad y se garantizase con ello el
monopolio a los notables; dividir minuciosamente los
poderes públicos, de modo que la libertad se hallara
fuera del alcance del Estado debilitado. Bonaparte
no objetó ni el ascendiente de los notables ni la divi-

sión del poder legislativo, pero exigió el ejecutivo para él solo, y los Brumarianos lo apoyaron. No únicamente para ganar sus favores. La Revolución continuaba en guerra contra la aristocracia, y por lo tanto le era indispensable un poder ejecutivo eficaz, y éste sólo podía serlo por la concentración de la autoridad. Se elaboró pues un proyecto conciliador. Bonaparte reunió en su casa a los comisarios para discutirlo, y finalmente, una noche hizo que los que estaban presentes firmasen el acta. Todo se llevó a cabo oficiosamente y sin procedimiento regular. La Constitución fue ratificada por el pueblo, pero antes, por una ilegalidad suplementaria, había sido puesta en vigor el 25 de diciembre de 1799.

En esta Constitución incompleta, confusa y que por primera vez no incluía declaración de derechos, lo que se ve en primer lugar, según un dicho famoso, es a Bonaparte. Éste conserva a dos colegas designados como él por diez años en el acta misma, pero con voto consultivo solamente. Como Primer Cónsul, es omnipotente. Excepto a los jueces de paz, elige a todos los funcionarios, los cuales no pueden ser perseguidos sino con la autorización del Consejo de Estado que nombra él mismo. Es el único que posee la iniciativa de las leyes y los diputados no pueden pronunciarse por sus proyectos más que afirmando o negando. Aún la discusión y el voto están separados: a un Tribunado de seis miembros corresponde la primera; al Cuerpo legislativo, los trescientos "mudos", el segundo. Finalmente, se le confiere el poder reglamentario: encargado de asegurar la ejecución de las leyes por sus decretos, se aprovecha de ello para legislar.

Las asambleas tocaron en suerte a los Brumarianos: los dos cónsules salientes, uno de los cuales era Sièyes, y los dos colegas de Bonaparte designaron a treinta y un miembros del Senado, los cuales añadieron después otros veintinueve; en lo venidero, se completarían por miembros reclutados dentro del Senado y ellos mismos nombrarían a los Tribunos y legisladores. Ulteriormente, todos los funcionarios inclusive debían de ser elegidos entre las listas de notabilidades comunales, departamentales y nacionales, dispuestas por elección en tres categorías, siendo restablecido en la base el sufragio universal. Pero las listas no fueron instituidas sino hasta el año IX, de manera que la nación no desempeñó ningún papel en la formación de las asambleas. Se ha dicho que Sieyès las había llenado de Jacobinos, los "Jacobinos garantizados". ¡Ciertamente! Prefirió a los moderados: en el Senado a los ideólogos; en el Tribunado, donde no se hacía más que hablar, a los hombres de cierta reputación —Daunou, Chénier, Benjamin Constant— y en el Cuerpo legislativo a los más oscuros. Bonaparte, obligado a elegir dentro del mismo personal, no pudo dar un tono distinto al Consejo de Estado.

Los Brumarianos alimentaron un instante la ilusión de que, dueños de las asambleas, podrían contener al Primer Cónsul. Es verdad que éstas mostraron cierta independencia, sin exceptuar al Consejo de Estado. De hecho, al no recibir siquiera su poder de la nación, no tenían ningún recurso contra Bonaparte, quien pudo dominarlas por golpes de Estado sucesivos. En ciertos indicios se podían reconocer ya sus verdaderas tendencias. Como colegas había tomado a Cambacérès, un *regicida* pero que había votado el sobreseimiento del proceso, y a Lebrun, ex-secretario de Maupeou, que era conocido como monárquico. En la Hacienda había colocado a Gaudin y Mollien, que procedían del Control General. Era una fusión de la alta burguesía revolucionaria y de los hombres del Antiguo Régimen adictos al nuevo. Aumentando la proporción de los "supervivientes", Bonaparte pon-

drá su personal en armonía con la evolución hacia la
monarquía.

## La reorganización administrativa

Su primer cuidado fue procurarse los medios para
obrar. Desde 1793 no se había dejado de pensar en
ese problema, y equivocadamente se atribuye sólo a
Bonaparte la solución del año VIII. Primitivamente,
la institución de los prefectos y el nombramiento de
jueces por el Primer Cónsul debían figurar en la
Constitución: la estructura administrativa del Estado
—que subsiste aún— fue concebida por la burguesía
republicana que había planeado el 18 de brumario.
Como esta estructura convenía a los designios de Bonaparte, ya que podía ser un instrumento de la dictadura si no estaba controlada por un Parlamento
independiente, empleó en realizarla su actividad voraz
y lo logró sin dificultad porque, contrariamente al
Comité de Salud Pública, estaba de acuerdo con los
notables y porque a diferencia del Directorio, era dueño absoluto del gobierno.

Instalado en las Tullerías, se atrinchero en su gabinete, donde nadie penetraba aparte de su secretario,
Bourrienne al principio, más tarde Méneval o Fain.
Conservó la secretaría de Estado, creada por el Directorio, y allí instaló a Maret, que recibía sus órdenes
mañana y noche y después distribuía el trabajo a los
ministros. Convertidos en empleados, estos últimos,
con excepción de Talleyrand, encargado de los asuntos exteriores, no se comunicaban ordinariamente con
él más que por escrito; numerosas facultades, los cultos, la instrucción pública, la dirección de puentes y
caminos, les fueron usurpados en beneficio de consejeros de Estado que fueron nuestros primeros directores. Como los ministros no formaban un cuerpo,
Bonaparte era el que "coordinaba todo" desde el fondo

de su gabinete, como Federico II. Aprendió mucho
con el tiempo, pero uno de sus méritos fue comprender que los hombres que habían llevado la administración desde 1789 tenían más experiencia, y haberlos utilizado. Se encontraba con ellos en el Consejo de Estado —Roederer, Berlier, Chaptal, Créter, Regnault, Fourcroy, Portalis, Thibaudeau—, los dejaba hablar asaz libremente y él mismo discurría con una inspiración inagotable. Las grandes leyes y el Código civil fueron elaborados allí. Sin embargo, para la ejecución la iniciativa venía más bien de los *Consejos de administración*, de donde Bonaparte llamaba a ministros y financieros competentes, y aunque menos conocidos que el Consejo de Estado, no le cedieron casi en importancia.

Desde el primer día, Bonaparte tenía la obsesión de la penuria del Tesoro. A fines de noviembre de 1799, Gaudin constituyó la administración de las contribuciones directas, que usurpó a los poderes locales la repartición del impuesto, la confección de las nóminas y la recaudación en las ciudades importantes. Al mismo tiempo fueron restablecidas las libranzas tadores, que habían contado entre los medios de tesorería bajo el Antiguo Régimen. El problema estaba de los recaudadores generales y la fianza de los con en negociar las primeras. Para darles crédito, Gaudin había creado una caja de garantía que, confiada a Mollien, se transformó en caja de amortización destinada a sostener la renta pública. El descuento de las libranzas y los adelantos al Tesoro seguían dependiendo de los financieros. Bajo el Directorio, éstos habían creado, en sociedades, algunos bancos de emisión, y uno de ellos, la Caja de Cuentas Corrientes, donde reinaban Perregaux y Récamier, deseaba privilegios para extender sus operaciones. Así fue como se selló el acuerdo de los banqueros con el régimen. El **24 de pluvioso** del año VIII (13 de febrero de

1800), esta caja fue transformada en el Banco de Francia. No se le concedió el monopolio de la emisión, pues se tenía la sospecha de que reservaría el descuento comercial a sus accionistas para obligar a la gente de negocios a tomarlos como intermediarios, pero se le confiaron las fianzas y el servicio de rentas y pensiones; a cambio, el Banco tomó tres millones de libranzas. Por laudable que sea la obra de Gaudin, durante mucho tiempo no fue más que una fachada. Las nóminas no estuvieron al día sino al cabo de un año, y como el impuesto se pagaba con los bonos y mandatos del Directorio, "los valores muertos", ingresaba poco dinero. Gaudin hubiera querido recurrir a los impuestos indirectos, pero Bonaparte no se juzgó lo suficientemente fuerte para arriesgarse a ello. De las libranzas el Banco no había descontado más que una pequeña parte, pero aunque las hubiera aceptado en su totalidad no hubiesen bastado para las necesidades de los ejércitos. Durante mucho tiempo Bonaparte tuvo que recurrir, como el Directorio, a los expedientes: anticipos concedidos a los financieros, pagos en mandatos incobrables, requisiciones pagadas en bonos; él también se vio a merced de proveedores y banqueros. La nueva característica fue que empleó la amenaza para exigir su concurso.

La reforma de la administración provincial, decretada por la ley de 28 de pluvioso del año VIII (17 de febrero de 1800), dio rápidamente resultados. Entre el departamento, que fue conservado, y las comunas, que recuperaron su autonomía, las circunscripciones administrativas (*arrondissements*) restablecieron los distritos, pero en número menor. Cada circunscripción fue confiada a un solo jefe: el prefecto, asistido por un secretario general, el subprefecto, el alcalde, rodeado de adjuntos, todos nombrados por el gobierno o, en el campo, por el prefecto. Se mantuvieron, es verdad, las asambleas: consejo general de departamento, consejo de distrito, consejo municipal, pero sus miembros fueron designados de la misma manera y sus atribuciones reducidas a poca cosa. La elección de los prefectos fue preparada por los grandes personajes del régimen y por los miembros de las asambleas. Se nombró sobre todo a moderados, exdiputados, generales, diplomáticos, todos ellos experimentados y frecuentemente muy capaces. Este cuerpo prefectoral, que ayudó mucho a dar fama a Bonaparte, era también un legado de la Revolución. Como el personal central, evolucionaría en dirección del Antiguo Régimen. No se halla en él traza de un reclutamiento regional, pero los subalternos y consejeros, designados por los prefectos y políticos locales, fueron tomados del lugar mismo, casi siempre de entre los notables que habían servido a la Revolución sin exceso de celo. Como ésta, el Consulado tuvo trabajo para encontrar en las aldeas concejales competentes y ése fue un argumento para entregar poco a poco la administración comunal a los "supervivientes".

La policía ocupó un gran lugar en las preocupaciones de Bonaparte, pero no la centralizó como hubiera podido creerse, indudablemente porque desconfiaba de Fouché, que había conservado el ministerio de Policía general, cuya reorganización fue llevada a cabo por él de acuerdo con Desmaret, ex-cura rojo y jefe de Seguridad. En París, se le puso un coadjutor, restableciéndose así el antiguo teniente de policía bajo el nombre de prefecto de policía, así como también la ronda, que se llamó guardia municipal; el primer prefecto fue Dubois, criatura de Fouché, pero que llegó a ser su rival. En provincia, el ministro dispuso solamente de algunos comisarios generales o especiales; en la mayor parte de los departamentos la policía estaba confiada a los prefectos, de los cuales Fouché no era el único jefe; la gendarmería, al mando de

Moncey, operaba aparte; del mismo modo la oficina de censura (*cabinet noir*), dirigida por Lavalette; Bonaparte tenía sus propios informantes. Desde el principio, todas estas policías, que tenían a su servicio una bandada de soplones reclutados hasta en las clases más altas de. la sociedad, ejercieron un poder discrecional y mostraron demasiado celo a expensas de ciudadanos privados de todo recurso. Los arrestos arbitrarios, es decir, las *lettres de cachet*, fueron moneda corriente.

El 27 de ventoso del año VIII (18 de marzo de 1800), la reforma administrativa había sido completada por la de los tribunales. La jerarquía sufrió con ella algunas modificaciones. El cantón conservó su juez de paz y en los distritos el tribunal de distrito reapareció como tribunal de primera instancia: la novedad fue la institución de veintinueve tribunales de apelación que recordaban los Parlamentos. En lo criminal, la justicia de paz se transformó en tribunal encargado de juzgar las contravenciones (*simple police*); el tribunal de primera instancia y el de apelación recibieron competencia correccional; el tribunal criminal subsistió. Finalmente, la justicia administrativa, confiada a los Consejos de prefectura y al Consejo de Estado, se volvió por primera vez independiente. De mucha mayor importancia fue la desaparición de la elección, salvo para los jueces de paz. Fuera del Tribunal de Casación, designado por el Senado, Bonaparte se apoderó del nombramiento de los magistrados. Aunque fueron declarados inamovibles, el sueldo y el ascenso dependían del Estado. También se vio esbozar la reconstitución del ministerio público, destinado a reforzar la represión en un país perturbado. El fiscal del tribunal criminal fue en lo sucesivo nombrado por el gobierno y se convirtió en el jefe de la policía judicial. Pero esto no era más que el principio. En cuanto a la elección de

titulares, Bonaparte la abandonó a sus relaciones y
a los notables políticos regionales. Los revolucionarios obtuvieron una generosa parte, y gracias a la in-
amovilidad, el personal judicial evolucionó menos rápidamente que los otros hacia el Antiguo Régimen.

La reforma del año VIII debe pues mucho a la Revolución. No sería concebible sin la abolición de los
privilegios y de las corporaciones intermediarias; su
carácter unitario y centralizador la relaciona con el
régimen del año II. Los franceses no perdieron la afi-
ción por administrarse a sí mismos que habían manifestado con estrépito en 1789, pero por otro lado el
sentimiento nacional no cesó de recordarles que
el bienestar público depende de la centralización.
Sólo muy lentamente, durante el siglo XIX, se realizó
la conciliación entre las dos tendencias, sin que la segunda haya dejado nunca de prevalecer. En fin, en
la elección del personal, la burguesía revolucionaria
ejerció mucha más influencia de la que se admite
de ordinario; bajo la égida de Bonaparte, pudo instituir el gobierno de los notables, que duró hasta la
Tercera República: en este sentido al menos, la reforma del año VIII realizó su anhelo de 1789.

*El problema de la pacificación interior*

Sin embargo, Bonaparte estaba obligado a justifi-
carse. Muchos Brumarianos no estaban conformes
porque no decidían ya nada. La oposición se manifestó en el Tribunado, donde Benjamín Constant,
adiestrado por Madame de Staël, alzó la voz. Inmediatamente el amo se enfadó y todo el mundo se
sintió dominado por el terror; le bastó decir a los
notables: "¿Queréis que os entregue a los Jacobinos?"
Sieyès se retiró, enriquecido por una dotación que le
acarreó descrédito. Los monárquicos habían al principio simulado creer que Bonaparte sería un nuevo

Monk. Al no obtener nada, armaron alboroto en la prensa. Bonaparte aprovechó la ocasión para suprimir casi todos los periódicos y Fouché para restablecer de hecho la censura.

En el Oeste, un armisticio había suspendido la guerra civil, pero los realistas se preparaban a iniciarla de nuevo en la primavera para favorecer a la coalición; emigrados e ingleses debían venir a sostenerlos en Provenza. Aunque Bonaparte tenía interés en la pacificación para volver todas sus fuerzas contra Austria, se rehusaba a negociar de igual a igual, como los Termidorianos. Envió tropas al Oeste y ordenó fusilar inmediatamente a cualquiera que fuera sorprendido con las armas en la mano. Los jefes realistas capitularon rápidamente, inclusive Cadoudal. Arrestado a pesar de llevar un salvoconducto, Frotté fue ejecutado. Pero Bonaparte se abstuvo de generalizar el terror, como lo habían hecho los Jacobinos. Acogió los ofrecimientos de sumisión e hizo proposiciones a los refractarios y los emigrados. Había confirmado la posesión de las iglesias a los católicos y abandonado el culto decenal; pidió solamente a los sacerdotes la promesa de fidelidad a la Constitución del año VIII y parece que creyó que este acto puramente civil no encontraría oposición, pero tuvo que confesarse que se había equivocado y concluyó de ello que para domar al clero le era preciso arreglarse con el Papa. En cuanto a los emigrados, su lista se declaró cerrada y una comisión instituida para revisarla acordó la cancelación de muchos nombres. Esta lista era tan larga que hubiera sido necesario tomar una medida general. Pero para imponer a la burguesía revolucionaria y al ejército un armisticio y un concordato necesitaba Bonaparte el prestigio de nuevas victorias y sobre todo la paz. Ésta es la razón por la cual Marengo cierra un período y abre otro en la historia del Consulado.

*La pacificación continental*

Bonaparte había ofrecido negociar, pues si tenía interés en combatir, no tenía menos en persuadir a los franceses de que él no era responsable de la guerra. Confiando en una próxima victoria, Thugut esperó; Pitt y Grenville, revelando el pensamiento profundo de la coalición, declararon que un tratado con Bonaparte, "último aventurero en la lotería de las revoluciones", no ofrecería ninguna garantía, y aconsejaron a Francia restablecer a los Borbones. La causa de Bonaparte se transformó así en la de la nación.

Bonaparte preparó con pasión la campaña de que dependía el mantenimiento y la extensión de su poder. Los reclutas del año habían sido puestos a su disposición, pero a fin de halagar a la opinión por un contraste sorprendente con la leva en masa del año precedente no exigió más que treinta mil hombres y además trató con indulgencia a los notables al restablecer el relevo. Por otra parte, esos reclutas no prestaron servicio antes del invierno. De la misma manera que los Termidorianos habían hecho la guerra con el ejército del Comité robespierrista que ellos mismos habían proscrito, así Bonaparte hizo la campaña con el ejército del Directorio del cual criticaba todos los actos. Una vez completado el ejército del Rin, tuvo pues mucho trabajo para constituir en el Este un ejército llamado de reserva: poca caballería, aún menos artillería. Tampoco pudo proveer a sus tropas, pues carecía de dinero; el ejército del Rin no recibió en total más que 6 millones; el de reserva vivió sin sueldo, al azar de las requisiciones. Como durante la Revolución, las tropas tuvieron que paliar con sus sufrimientos las lagunas de la improvisación. Todo dependía de la victoria. Bonaparte no habría podido proseguir esta guerra sin pedir al país los sacrificios que habían hecho impopulares a la Convención y al Directorio. Le fue necesaria una imperturbable confianza en sí mismo para lanzarse en estas condiciones a la conquista de Italia. Todo el mundo se daba cuenta de ello; incluso se citaban los candidatos que le sucederían y sus hermanos, José y Luciano, estaban dispuestos a ofrecerse; algunos esperaban inclusive su derrota, y no solamente los realistas. "Yo deseaba que Bonaparte fuera derrotado, ya que era el único medio de detener los progresos de la tiranía", ha confesado Madame de Staël.

Había pensado al principio tomar Suiza como base para obrar en Alemania primero, en Italia en seguida. Como Moreau no comprendía nada de esta estrategia, Bonaparte, que lo trataba con circunspección, se conformó con pedirle veinticinco mil hombres: sin embargo éste fue el punto de partida de su disentimiento. Por otra parte, el austriaco Mélas inició la ofensiva, rechazó a Suchet en el Var y sitió a Masséna en Génova. Bonaparte concentró el ejército de reserva en el Valais y lo hizo franquear el Gran San Bernardo entre el 15 y el 23 de mayo de 1800. Alcanzó Milán, pasó el Po, y dando vuelta hacia el Oeste llegó el 13 de junio frente a Alejandría. Mélas no había concentrado allí más que treinta mil hombres de los setenta mil que le quedaban, pero Bonaparte, no sabiendo a ciencia cierta dónde estaba, envió una división al Norte y otras dos hacia el Sur con Desaix para cortarle la retirada, quedándole sólo veintidós mil hombres. El 14 de junio de 1800, los austriacos lo atacaron y lo hicieron retroceder en desorden. Felizmente para él, Desaix, llamado de nuevo, apareció por la tarde con la división Boudet; atacado bruscamente, el centro austriaco se desbandó y los flancos se batieron en retirada. Desaix había sido muerto en la batalla sin que nadie se diera cuenta de ello. Al día siguiente Mélas firmó un armisticio y se retiró detrás del Mincio. Esta batalla de Marengo daba cima a una campaña admirable. Sin embargo, tal como se había librado se hubiera perdido, y Bonaparte tuvo el cuidado de difundir una versión adulterada de ella que durante mucho tiempo engañó a la historia. Nunca se ha manifestado mejor el papel de lo imprevisible en la vida de un hombre, así fuese un genio.

Durante este tiempo, Moreau había pasado el Rin y se adelantaba lentamente hacia el Inn. Thugut se retiró y Cobenzl, su sucesor, se dirigió a negociar en Lunéville. Pero fue en vano, y una campaña de invierno se hizo necesaria. Bonaparte esperaba volver a Italia y asestar el golpe decisivo. Pero Moreau se le adelantó: el 3 de diciembre éste derrotó al enemigo en Hohenlinden e invadió Austria, que capituló. Bonaparte no se lo perdonó. Sin embargo, la victoria de Moreau no dejó de beneficiarle. El 9 de febrero de 1801 el tratado de Lunéville cedió por fin lisa y llanamente la orilla izquierda del Rin a Francia. La Cisalpina se adelantó hasta el Adigio y Ferrara y Bolonia, arrebatadas al Papa, se le añadieron. Poco después, Piamonte fue organizado en departamentos, lo que anunciaba la anexión; el rey de Nápoles firmó la paz y autorizó la ocupación de Bríndisi y Otranto hasta el armisticio. De concierto con España, Bonaparte destronó al duque de Toscana en beneficio del hijo del duque de Parma, casado con una infanta, que fue exaltado a rey de Etruria; en cambio, la Luisiana fue restituida a Francia. El Papa estaba a merced del conquistador. Marengo, como en otro tiempo Mariñán, iba a permitir negociar un concordato en condiciones ventajosas.

Como en 1797, Bonaparte había cortado el nudo gordiano. La conquista de las fronteras naturales exponía a Francia a nuevas contiendas; puesto que dicha conquista estaba realizada, el interés nacional

aconsejaba ganar tiempo para consolidarla mante-
niéndose estrictamente en los nuevos límites y con-
certando con Austria un acuerdo cuyo precio no podía
ser para ésta más que el dominio de Italia. Pero
como Napoleón dirá más tarde, renunciar a Italia
hubiera sido "defraudar las imaginaciones", es decir,
disminuir su prestigio, y debería haber añadido que
su voluntad de poder no toleraba ni siquiera la idea
de ello. Si persistía por este camino, la paz continental no podía ser más que una tregua, y esto era
suficiente para sus designios personales.

## La pacificación marítima

Poco después de Lunéville, Bonaparte, mientras
preparaba los armamentos navales, formó el campamento de Bolonia con la mira de realizar un desembarco en Inglaterra. Al mismo tiempo, intimó a España para que atacara a Portugal, aliado fiel de la Gran
Bretaña. Pero Godoy, ministro de Carlos IV y favorito de la reina, redujo a un simulacro "la guerra de
las naranjas". El principal apoyo vino de Rusia y los
neutrales. Bonaparte, abandonando la actitud del
Directorio, había concedido a estos últimos que su
pabellón protegiera el cargamento de sus buques,
excepción hecha del contrabando de guerra. De este
modo pudo hacer la paz con los Estados Unidos y
volver más odiosa a los escandinavos la pretensión
inglesa de reglamentar su tráfico. Por otra parte,
Pablo I acogía con agrado los avances de Bonaparte,
y como los ingleses habían tomado Malta en agosto
de 1800, había roto con ellos. Persuadió a Dinamarca,
Suecia y Prusia a unirse con él en una "liga de neutrales" para la protección de la libertad de los mares.
Los daneses ocuparon Hamburgo, y Prusia Hanóver,
de suerte que Inglaterra se vio cerrar el Báltico y
Alemania, sus dos mercados esenciales. Del Báltico

le llegaban la madera y otros suministros navales y también los granos, de modo que la opinión pública, espantada, temió la escasez. Como en 1797, Pitt juzgó la paz indispensable. Una crisis interior provocó su dimisión, y su sucesor, Addington, con su aprobación, decidió negociarla.

La paz no fue fácil porque Inglaterra quería conservar sus conquistas, mientras que Bonaparte pensaba apoderarse de ellas. Pero varios acontecimientos mejoraron pronto la situación de Gran Bretaña. En la noche del 23 al 24 de marzo, Pablo I fue asesinado, y el primer cuidado de su hijo, Alejandro I, fue el de reconciliarse con ella. El 28 del mismo mes, una escuadra británica bombardeó Copenhague, y Dinamarca y Suecia firmaron la paz. La liga de neutrales y la alianza rusa se habían desvanecido, y todo lo que obtuvo Bonaparte fue un tratado que dejó a los rusos las islas Jónicas. A este fracaso resonante se añadió la pérdida de Egipto. Kléber había derrotado a los turcos en Heliópolis, pero fue asesinado el 14 de junio de 1800. Una división inglesa derrotó en Canopo al general Menou, su sucesor, y el 30 de agosto de 1801 Alejandría, última ciudad ocupada por los franceses, capituló. Desde julio, Bonaparte se había decidido a ofrecer a los ingleses Ceilán a costa de los holandeses; a pesar de sus victorias, se contentaron con pedir Trinidad, tomada a España, y además garantías en lo que concernía a la neutralidad de Malta. Los preliminares fueron firmados el 1º de octubre de 1801. Gran Bretaña devolvía pues las colonias francesas, Menorca, la isla de Elba, Malta, Egipto y el Cabo, mientras que Francia conservaba todas sus conquistas. En el transcurso de las negociaciones definitivas de Amiens, Cornwallis no fue menos complaciente. Sin embargo, en lo que concernía a Malta, exigió, además de la garantía de las grandes potencias, que los napolitanos reemplazaran aquí a los británicos mientras la Orden, reorganizada, lograba procurarse las fuerzas necesarias. En principio, Bonaparte había arrebatado la isla a sus adversarios, pero la evacuación de ella estaba subordinada a tantas condiciones como pudieran sobrevenir. La paz fue firmada el 25 de marzo de 1802. Addington respondió a las críticas que una coalición era imposible por el momento, y que por tanto convenía poner a Bonaparte a prueba. Tal vez éste fuera más razonable que sus predecesores.

Las perspectivas no eran sin embargo favorables. En octubre de 1801, Bonaparte había dado un golpe de Estado en Holanda a fin de transformar la constitución; en enero de 1802, rodeado por una *Consulta* reunida en Lyon, había reorganizado la Cisalpina, que se transformó en *República italiana,* de la cual asumió la presidencia; desde abril de 1801, había impuesto a Suiza el Acta de la Malmaison, que acabó por hacer aceptar al año siguiente; el Valais fue también erigido en república independiente. En todas partes había fortificado el ejecutivo y descartado a los demócratas en beneficio de los notables; en la Cisalpina había inclusive suprimido el régimen electoral. No podía dudarse que, al modelar los Estados vasallos a imagen de Francia, quisiera ponerlos en condiciones de procurarse finanzas y un ejército que pudieran servirle. Por lo menos evacuó Suiza y prometió desocupar también Holanda. Durante algunos meses los ingleses persistieron en sus ilusiones. Los franceses también, y Bonaparte se aprovechó de ello para transformarse en cónsul vitalicio.

## La crisis del año IX

En vísperas de Marengo, la nación había sido presa de la angustia; la noticia de la resonante victoria la serenó de nuevo y al mismo tiempo engrandeció a Bonaparte desmesuradamente. Hohenlinden llegó demasiado tarde para atenuar la impresión, y además él tuvo el cuidado de ahogar su eco. Enterado de lo que se había dicho y tramado en su ausencia, regresó con el "corazón envejecido", lleno de rencor y desconfianza contra los que habían esperado su sucesión o deseado su derrota. Esto lo enardeció más para explotar su desorden.

Los realistas se hundieron inmediatamente. De sus preparativos no quedó casi más que la banda de Cadoudal; Pitt licenció el ejército de Condé que había tomado a sus expensas; el zar expulsó a Luis XVIII, que primero se refugió en Varsovia y después en Inglaterra. Las conspiraciones vinieron en seguida en auxilio de Bonaparte. De septiembre a noviembre de 1800, tres conspiraciones jacobinas fueron denunciadas; aunque no se sabía a ciencia cierta su alcance, el gobierno preparaba medidas de proscripción cuando los realistas le facilitaron la tarea: el 24 de diciembre hicieron estallar una máquina infernal al paso del Primer Cónsul cuando se dirigía a la ópera; éste no fue alcanzado, pero se contaron numerosas víctimas. En el ánimo de la opinión pública no hubo más que un grito: "Son los Jacobinos!", y en el primer momento Bonaparte pareció haberlo creído. Se fusiló o guillotinó en enero de 1801 a los Jacobinos anteriormente arrestados. Pero esto era demasiado poco. Bonaparte quería nada menos que la deportación sin juicio de los que se aprisionaban ahora en masa. Como el Consejo se declarara incompetente, hizo que el Senado aprobase la proscripción el 5 de enero de 1802 como "medida conservadora de la Constitución". Ciento treinta individuos fueron señalados, varios de los cuales eran revolucionarios notorios, como Choudieu, Rossignol y Fournier el Americano. Fouché, adelantándose, salvó aproximadamente a la tercera parte; los demás fueron enviados a la Guayana y a las Seychelles, donde murieron más de la mitad. Sin embargo, Fouché había arrestado también gran número de realistas, entre los cuales se halla-ban dos de los autores del atentado, que fueron gui-llotinados el 21 de abril. Otra vez Bonaparte había golpeado a diestro y siniestro, pero la izquierda ha-bía sido esta vez particularmente afectada, lo que equivale a decir que fue aniquilada. Los Brumaria-nos eran también atacados: el Senado había tomado la preeminencia sobre las otras asambleas menos dó-ciles, y se había visto conferir implícitamente, so pre-texto de conservar la Constitución, el derecho de violarla, y con mayor motivo de modificarla cuando no preveía ningún procedimiento de revisión.

Paralelamente, Bonaparte había adoptado medidas de represión que, aunque menos célebres, ejercieron sobre el estado del país una influencia más profunda. En la primavera de 1801, el ejército de Bernadotte acabó con Cadoudal, que huyo a Inglaterra. Pero la guerra civil no era la única causa de la inseguridad. Ya se declarasen por la religión o por el rey, los ban-didos infestaban los campos en muchas regiones y desde el año III la escasez y el desempleo habían au-mentado incesantemente su número. Para librar de ellos al campesino, Bonaparte estaba provisto de la misma popularidad que en otros tiempos Enrique IV o Luis XIV. La dificultad no era tanto arrestarlos como hacerlos condenar, pues jurados y testigos te-mían las represalias. En casos semejantes, la monar-quía recurría a la justicia prebostal: Bonaparte la restableció. El 7 de febrero de 1801 una ley autorizó al gobierno a crear en cada uno de los departamentos que quisiera, un tribunal criminal especial de jueces civiles y militares para decidir, sin apelación ni re-curso de casación, sobre los crímenes habituales de los bandidos. El año siguiente, el jurado fue suspen-dido en una serie de departamentos, lo que hizo del tribunal criminal ordinario un tribunal especial aunque puramente civil. Desde 1801, se instituyó un magistrado de seguridad adjunto a cada tribunal de primera instancia con autorización de oír secretamente a los testigos. No es necesario concluir que el bandidaje desapareciera de súbito, pero al cabo de algunos años pudo percibirse que la situación mejoró notablemente. Los tribunales especiales no fueron desviados hacia fines políticos; sin embargo, no sólo perseguían a los criminales. De la misma manera que la justicia prebostal, pudieron castigar a los agitadores y especialmente a los hambrientos, a los que Bonaparte temía por encima de todo.

Precisamente una serie de malas cosechas provocaba una carestía inusitada que en 1802 superó a la de 1789, y por la que las clases populares sufrían cruelmente. En París, Bonaparte, recurriendo a los financieros, pudo hacer importar del extranjero granos que se revendían con pérdida; fuera de la capital, los disturbios ordinarios en casos semejantes se multiplicaron a ojos vistas. Si no tomaron un cariz amenazador fue porque ningún motivo político o social contribuyó a enconarlos como en 1789, pero la reorganización de la represión contribuyó igualmente a ello. Al mismo tiempo que enriquecía a los terratenientes y campesinos acomodados, la crisis convirtió a Bonaparte en defensor de la sociedad y lo favoreció de modo inapreciable. Además, al mérito de haber restablecido la paz y el orden material se añadía, en opinión de los notables, el mejoramiento de la Hacienda pública: el impuesto era ahora regularmente percibido; la conquista, al alimentar de nuevo al ejército, aliviaba el presupuesto; en 1801, la deuda atrasada fue consolidada, sin consultar a nadie, a una tasa muy baja, nueva bancarrota que causó, por lo demás, mucho menos sensación que el pago en numerario de los sueldos, rentas y pensiones.

Sólo las asambleas permanecían rebeldes. Los tribunales especiales, sucesores de la proscripción sin juicio de los Jacobinos, habían suscitado una oposición muy viva, pues los Brumarianos no habían pensado que al fortificar el ejecutivo volvería la arbitrariedad. Bonaparte se enfureció: "Esos doce a quince metafísicos son buenos para ser arrojados al agua. Es una plaga de piojos que tengo sobre mis ropas. Yo soy soldado, hijo de la Revolución, y no toleraré que se me insulte como a un rey." La crisis del año IX consagró pues su ruptura con la burguesía republicana que lo había llevado al poder. Él quería hacerle aceptar el Concordato y la amnistía de los emigrados. Había que recurrir a un nuevo expediente.

## El Concordato

"Cincuenta obispos emigrados y pagados por Inglaterra —ha dicho Bonaparte a Thibaudeau— conducen hoy día al clero francés. Hay que destruir su influencia. La autoridad del Papa es precisa para esto." Tal fue la razón fundamental del Concordato. "Nunca se volverán sinceramente adictos a la Revolución" —observaba Thibaudeau—. Indudablemente. Pero una vez que hablara Roma, les sería preciso callarse, por lo menos durante tanto tiempo como Bonaparte fuera el amo, y terminado el cisma, no habría más que una misa, con lo cual la mayor parte de los franceses estarían muy contentos. Deseando captarse a los contrarrevolucionarios, Bonaparte estaba por otra parte atento al renacimiento religioso que los ganaba. Se acababa de fundar la Congregación de la Virgen, desde entonces tan célebre, y las órdenes mendicantes se restablecían con aprobación de la administración. Chateaubriand escribía El genio del cristianismo, que apareció en 1802. Además, los políticos querían desde siempre una religión para el pueblo: "La sociedad no puede existir sin desigualdad de fortunas —decía Bonaparte— y la desigualdad de fortunas no puede existir sin la religión." Hacer destituir obispos franceses por el Papa era, ciertamente, asestar un golpe mortal al galicanismo; pero esta tradición de Francia era absolutamente extraña a su nuevo jefe.

No fue sin embargo fácil ganar al pontífice. Pío VII no era un hombre de combate; empero, le resultaba difícil abandonar a los obispos que decían haberse sacrificado por la Santa Sede, ofender a Luis XVIII y a los príncipes católicos pactando con la Revolución. ¿Cómo rehusar sin embargo una oferta tan ventajosa para la Iglesia y que tenía que acrecentar el poder del papado? En noviembre de 1800, el cardenal Spina fue enviado a París, donde se le encaró con Bernier, el antiguo director de conciencia de los vandeanos, que acababa de cambiar de frente y confiaba en llegar a ser obispo y cardenal.

La discusión fue larga. Roma pidió, especialmente, que el catolicismo fuera declarado religión dominante. Bonaparte no vio en ello malicia; en su opinión, esto significaba una dotación y precedencias. Talleyrand le abrió los ojos: se trataba de sustituir la libertad de conciencia por una tolerancia facultativa y de suprimir el laicismo del Estado. Desde entonces, Bonaparte se atuvo a reconocer que el catolicismo era la religión de la mayoría de los franceses y no quiso ya desistir de ello. En contra, el Papa resistió hasta el último momento a la pretensión que expresaba el Primer Cónsul de reglamentar el ejercicio del culto. Se envió un proyecto a Roma en febrero de 1801, y Cacault fue también para proseguir el negocio. En mayo, como no ocurriera nada, Bonaparte exigió una simple aceptación en el momento en que el papa preparaba nuevas objeciones. Cacault asumió la tarea de reducir al cardenal Consalvi para resolver las últimas dificultades. Roma estaba entonces ocupada por los franceses. El Concordato fue firmado el 16 de julio de 1801.

El Papa se comprometió a pedir su dimisión a los obispos refractarios, y en caso de que se negaran él mismo los destituiría; como Bonaparte debía hacer otro tanto con respecto a los constitucionales, el cisma sería suprimido. Los nuevos prelados serían nombrados por el Estado e investidos por el Papa. Creyendo que así dependerían de él, Bonaparte no vio inconveniente en dejarles la elección del clero parroquial. No se trató de las órdenes monásticas, que permanecieron obedientes únicamente al Papa, porque Bonaparte pensaba no tolerarlas más que si sacaba provecho de ello. Se pagaría un sueldo a los obispos y a un cura por justicia de paz; las pensiones prometidas al clero por la Revolución serían pagadas. Por su lado, el Papa aseguró que la venta de los bienes de la Iglesia no sería ya objetada y autorizó la modificación de las circunscripciones eclesiásticas.

Los constitucionales se sometieron, pero treinta y siete de los antiguos obispos, sobre ochenta y cuatro, tuvieron que ser destituidos, y en varias regiones conservaron mucho tiempo fieles que constituyeron "la pequeña Iglesia". Cuando se trató de designar a los nuevos obispos, se necesitó toda la autoridad de Bonaparte para imponer al Papa doce constitucionales. En el último momento, todo pareció comprometido porque el legado Caprara pretendió exigir a éstos una retractación. Bernier arregló el asunto asegurando que le habían hecho una declaración oral satisfactoria. Pero ellos protestaron ulteriormente y el hombre, que se pasó de listo, no obtuvo en definitiva más que el obispado de Orleáns.

Faltaba hacer ratificar el Concordato por las asambleas. El fracaso era seguro y el ejército no se hallaba mejor dispuesto. Talleyrand aconsejó hacer un gran sacrificio para salvar la situación. Se redactaron, sin consultar al Papa, los *Artículos orgánicos del culto católico* que dieron al galicanismo fuerza legal y reglamentaron el culto, las circunscripciones y los sueldos. Además, para marcar que el catolicismo no se había convertido en religión de Estado, se redactaron también los *Artículos orgánicos de los cultos protestantes*. Unos y otros fueron añadidos al Concordato en una sola y única ley. No es sin embargo seguro que el expediente hubiera bastado. Pero Bonaparte, que tenía otros proyectos aún, estaba decidido a terminar con la oposición parlamentaria.

## La depuración del Tribunado y el Consulado vitalicio

El Tribunado y el Cuerpo legislativo se renovaban cada cinco años y el primer plazo de vencimiento caía en 1802. Como la Constitución no había reglamentado la designación de los que salían, se persuadió al Senado de que los escogiera él mismo y excluyera a los principales Brumarianos, como Daunou y Chénier. El Tribunado fue en seguida dividido en tres secciones que deliberaron a puerta cerrada. "Es preciso que no haya oposición", había dicho Bonaparte. Desde luego, el único peligro que subsistía era la sedición militar. "No hay un solo general que no se crea con los mismos derechos que yo", decía también. De ahí, eso que se ha llamado su antimilitarismo y su famosa declaración al Consejo de Estado, el 4 de mayo de 1802: "La preeminencia pertenece indudablemente a lo civil." De hecho, no era más que desconfianza con respecto a sus antiguos compañeros de armas. Los más a la vista eran Moreau y Bernadotte. El primero era más indeciso aún en política que en el ejército y el segundo, demasiado interesado para no medir el riesgo, exigió que el Senado tomara la iniciativa. Los conciliábulos se multiplicaron en París y en mayo el jefe de estado mayor de Bernadotte expidió proclamas al ejército que fueron confiscadas. Bonaparte guardó bajo llave el "complot de los libelos" para que no pudiese argumentarse que tenía al ejército en contra suya. Los oficiales comprometidos fueron reemplazados, destituidos o enviados á las colonias o a las embajadas. Madame de Staël tuvo que exiliarse a Coppet.

Bonaparte no debió sentirse muy inquieto, pues la marcha de los acontecimientos no fue de ningún modo aplazada. La paz de Amiens había sido firmada el 25 de marzo de 1802; en menos de dos meses, del 8 de abril al 19 de mayo, la metamorfosis del régimen se llevó a cabo. El 18 de germinal del año X (8 de abril), la ley sobre los cultos fue adoptada. El 26, un senadoconsulto concedió la amnistía a los emigrados, con excepción de un millar de ellos; el 1º de mayo fueron creados los liceos, donde la distribución de becas debía asegurar el reclutamiento de los funcionarios y profesiones liberales en un sentido favorable al gobierno; el 19 de mayo fue instituida la Legión de Honor, cuyos miembros, civiles y militares agrupados en cohortes y convenientemente dotados, jurarían fidelidad a la República, a la Libertad e Igualdad y "combatir toda iniciativa que tienda a restablecer el régimen feudal", verdadera milicia del régimen y no condecoración nacional, sin que ninguna insignia distintiva hubiera sido prevista para sus miembros. En fin, del 8 al 14 de mayo, se transformó el poder de Bonaparte en Consulado vitalicio. Aunque la resistencia se hiciera sin esperanza, la Legión de Honor fue acremente criticada, y cuando el Senado fue invitado a conceder al Primer Cónsul, con motivo de la paz, un testimonio de "reconocimiento nacional", se conformó con reelegirlo de antemano por diez años. El amo retomó el hilo respondiendo que aceptaría si "la voluntad del pueblo" lo exigía, es decir, que sustituía la decisión de las asambleas por un plebiscito. Al consulado vitalicio añadió además el derecho de nombrar a su sucesor. Después, cuando el Consejo de Estado ratificó esta adición, a pesar de su incompetencia, Bonaparte la suprimió. El Tribunado y el Cuerpo legislativo, sin ninguna autoridad, dieron su aprobación. Al Senado, descartado, se dejó solamente el cuidado de contrastar de nuevo el voto, que fue público: el 2 de agosto de 1802 proclamó a Bonaparte cónsul vitalicio. Acto seguido, éste dictó una nueva Constitución que el Consejo de Estado y el Senado adoptaron incontinenti el 4 de agosto: en ella se confería a sí mismo el derecho que había rehusado pedir al pueblo de nombrar a su sucesor. Se ha sostenido que los revolucionarios no hubieran podido hacer otra cosa que conferirle estas nuevas prerrogativas, ya que tenían necesidad de él para defender las fronteras naturales y conservar sus prebendas. De hecho, como lo hizo notar Thibaudeau, la garantía era superflua mientras Bonaparte saliera victorioso, y si los coligados llegaban a París o si él moría, "¿qué significarían los senadoconsultos?" Únicamente Bonaparte ha deseado ser rey sin ilusionarse siquiera sobre la eterna incertidumbre de su grandeza improvisada.

Sin embargo, los republicanos, al ceder a su voluntad, no dejaron de recordarle el pacto de Brumario, y expresaron la esperanza de que el control de las asambleas y la libertad de los ciudadanos llegasen a ser de nuevo realidades. Bonaparte no lo perdonó: Fouché y Roeder perdieron por esto sus cargos y la Constitución del año X redujo la parte de sus asociados. Ella confirió al Primer Cónsul la conclusión de los tratados, el derecho de gracia, la facultad de hacer revisar la Constitución por senadoconsulto. Y al acrecentar de este modo el papel del Senado, Bonaparte lo sojuzgó, pues aun cuando siguiera reclutándose por elección de sus propios miembros sólo lo hacía entre los candidatos de Bonaparte, quien además podía añadirle cuarenta miembros suplementarios; el 4 de enero de 1803, creará las "senadurías", magníficas heredades destinadas a los más dóciles. Por el contrario, las otras asambleas fueron rebajadas y el Consejo de Estado mismo perdió la preeminencia en provecho del Senado y se le contrapuso un consejo privado.

Otra modificación fue la supresión de las listas de notabilidades. Se las sustituyó por la asamblea cantonal de ciudadanos y colegios electorales de distrito y de departamento encargados de presentar candidatos a las asambleas y a los consejos locales. Sólo las notabilidades comunales formaron hasta el año XII las asambleas cantonales, y como los miembros de los colegios eran nombrados vitaliciamente, el monopolio de los notables fue consagrado definitivamente.

## La política social de Bonaparte

Las principales leyes del año X dejan entrever qué concepción de la sociedad se había formado en la mente de Bonaparte. En el Consejo de Estado criticaba el individualismo: los individuos no son más que "granos de arena"; es necesario "echar sobre el suelo de Francia algunas masas de granito" para "dar una dirección al espíritu público". Dicho de otro modo, se trataba de resucitar los cuerpos intermediarios o las agrupaciones corporativas que, adictas al régimen por el provecho y los honores, le asegurarían la obediencia de las clases populares gracias a la influencia que ejercían sobre los asalariados, sin poder, por otra parte, reconstituir una oposición como bajo el Antiguo Régimen, puesto que serían exclusivamente creadas por el Estado, al grado que el Código penal prohibirá fundar sin autorización una sociedad de más de veinte personas. Las Asambleas, los colegios electorales, la Legión de honor, los funcionarios que se multiplicaban, los curiales —abogados, notarios, escribanos—, las cámaras de comercio y las de manufacturas, las compañías de agentes de cambio, formaban esos cuerpos. Tal como Bonaparte la concebía entonces, la jerarquía social estaba fundada sobre la riqueza, lo que era natural puesto que había tomado el poder de acuerdo con la burguesía. Decía: paso al talento; pero desconfiaba de los hombres de mérito, cuando eran pobres, pues la pobreza es un fermento revolucionario.

Una vez desaparecido, se dieron cuenta de que el régimen social del año X había puesto los fundamentos de la Monarquía de Julio.

El Código civil fue su Biblia. Preparado por una comisión, nombrada desde el 12 de agosto de 1800 y donde figuraban Tronchet y Portalis, el conflicto de Bonaparte y las asambleas retrasó su discusión hasta 1803. Fue promulgado el 21 de marzo de 1804 y tomó más tarde el nombre de Código Napoleón. Como toda la obra de Bonaparte, presenta un doble carácter. Confirma los principios sociales de 1789: la libertad personal, la igualdad ante la ley, la abolición del feudalismo, la laicidad del Estado y la libertad de conciencia y de trabajo. A este título ha aparecido en todas partes como el símbolo de la Revolución y ha sido odioso a la aristocracia. Si no se restituye toda su lozanía a este aspecto, hoy día ya banal, no se puede comprender el alcance de la conquista imperial. Pero el Código consagra también la reacción contra la obra democrática de la República, concebido en función de los intereses de la burguesía, se ocupa ante todo de la propiedad, refuerza la autoridad marital y paterna y no habla, por decirlo así, de los que no poseen nada, a los cuales se prohibe por medio de actas especiales el derecho de huelga.

La instrucción pública fue puesta en armonía con esta estructura social. Las becas estaban destinadas de hecho a los hijos de los funcionarios y de la pequeña burguesía para hacerlos depender del Estado y de los dirigentes de la economía. Al lado de los liceos, se autorizaron las "escuelas secundarias" poniéndolas bajo el control del gobierno. Si bien la enseñanza libre subsistió, fue acaparada por el clero, así como la educación de las niñas, que también se dejó en sus manos. A Bonaparte no le interesaba en forma alguna la instrucción del pueblo, por lo que las municipalidades quedaron en libertad para abrir o no escuelas primarias. Sin embargo, en el momento mismo en que consagraba el predominio de la burguesía, ya le testimoniaba desconfianza y hablaba duramente de la riqueza: "Un rico es con frecuencia un haragán sin mérito. Un negociante rico sólo lo es, a menudo, por el arte de vender caro o de robar." Evidentemente es a la riqueza mobiliaria, creada por la burguesía, a la que se refiere. Al escalar los peldaños del trono, pensaba naturalmente en las sociedades monárquicas en las que el príncipe se apoyaba sobre una aristocracia terrateniente a la que garantizaba, en cambio, la servidumbre del campesino; este ideal no era realizable y por esta fecha no pensaba tampoco en restablecer una nobleza. Pero se sentía inclinado a reconciliarse con la contrarrevolución, y en los meses siguientes el rasgo que más sorprendió fue justamente la influencia creciente del Antiguo Régimen.

En el clero, los refractarios adquirían preponderancia aunque sólo fuera por su número. Fouché había caído en desgracia; Portalis, el director de cultos, ardiente católico, dejó atacar más de una vez los artículos orgánicos, aprobó los esfuerzos de los obispos para atribuirse un derecho de vigilancia sobre los funcionarios e hizo destituir a los prefectos recalci-

trantes. Se comenzó a ejercer presión sobre los consejos locales para que asegurasen albergue y sueldo
a los capellanes, a quienes sus feligreses acogían sin
disgusto pero a los que no querían pagar. El regreso
de los emigrados causó una sensación más profunda
aún. Aunque sometidos a la vigilancia de la policía,
no dejaban por ello de erigirse en árbitros en los
pueblos y se esforzaban por imponer la restitución
de sus bienes. Algunos se adherían al régimen. Ségur
entró al Consejo de Estado, Séguier al tribunal de
apelación de París y el duque de Luynes al Senado.
La fusión era sobre todo perceptible en la corte,
donde Josefina recibió un rango oficial con cuatro
damas de honor elegidas entre la antigua nobleza.
La etiqueta se hizo minuciosa y el lujo deslumbrante.
El 15 de agosto de 1802 había sido instituido el día
onomástico de Napoleón. Los salones se pusieron a
tono. Esta aristocracia nueva descartaba a financieros y nuevos ricos. Bonaparte había alejado a Madame
Tallien y obligado de nuevo a las mujeres a la decen-
cia. Esta severidad no era sino aparente: él mismo
se permitía todas las fantasías, no ateniéndose más
que a la corrección exterior. También en este sentido esta sociedad era enteramente burguesa: repu-
diaba la desenvoltura de la aristocracia del siglo XVIII
por consideración a las formas.

La evolución estaba lejos de haber alcanzado su
fin: ya Bonaparte había diferido la organización de
la Legión de honor por parecerle, tal como la había
creado, demasiado ligada a la Revolución. Sin embargo, nadie dudaba de sus verdaderos proyectos.
Desde el punto de vista nacional, la paz de Amiens
marca su apogeo. Satisfecho y orgulloso de su jefe,
que había procurado la paz y consagrado la obra de
la Revolución, el pueblo francés no deseaba de ninguna manera que se hiciera rey, que restableciera una

nobleza y que recomenzara la guerra. Pero no estaba
en su poder impedirlo.

## La política económica de Bonaparte y la ruptura de la paz de Amiens

La paz había impuesto tantos sacrificios a Inglaterra y lesionaba tantos intereses, que para que fuera
duradera era necesario abrir de nuevo Francia y los
países vasallos al comercio británico. Eso dependía
de la política económica de Bonaparte. Como todos
los déspotas ilustrados, concedió gran atención a la
producción porque la Hacienda, el aumento de la población, el mantenimiento del orden, dependían de
ella. Su preferencia se encaminaba hacia la agricultura, que prepara buenos soldados y permite al país
en guerra vivir, si es preciso, de sí mismo. Pero el
problema del numerario le recomendaba también
la industria y el transporte. Mientras que Inglaterra,
por medio de una inflación moderada, sostenía los
precios y estimulaba la actividad, Francia, aparte la
módica emisión de los bancos, estaba reducida a
la moneda metálica, que seguía siendo escasa. En
consecuencia, el crédito era caro y la Tesorería estaba
siempre con el agua al cuello. Como Colbert, Bonaparte fue ganado por el mercantilismo: era necesario
que Francia defendiera su metal comprando poco y
lo aumentara gracias a la exportación o a la conquista.

También se dedicó a desarrollar la producción, sobre todo la de lujo. El mercado nacional vio la inte-
gración de su unidad gracias al perfeccionamiento
del sistema decimal y la estabilización monetaria sobre la base de una relación de 1 a 15 ½ entre la plata
y el oro. Las bolsas fueron reorganizadas, las cámaras de comercio y de manufacturas fueron creadas;
se reconstituyó la Sociedad de agricultura; la Socie-

dad para el fomento de la industria fue fundada por
Chaptal; se organizaron exposiciones. Bonaparte hubiera llegado de buena gana hasta restablecer las
corporaciones y la reglamentación, a lo cual la alta
burguesía se opuso formalmente. El estado de la Hacienda, por otra parte, no le permitió impulsar mucho las obras públicas, y la industria no recibió
pedidos y subvenciones más que en tiempo de crisis.
Del colbertismo, la protección aduanera fue pues la
que se puso en primer plano. Industriales poderosos
la recomendaban, sobre todo los algodoneros, que habían hecho enormes progresos desde 1789 —la importación del algodón se había duplicado—, pero que no
podían resistir la competencia inglesa, sobre todo para
los hilos finos.

Bonaparte no había levantado la prohibición de las
mercancías inglesas, pero tampoco había rechazado
la idea de un nuevo tratado de comercio. Entre la
prohibición y el libre cambio, Chaptal, con los negociantes y banqueros, mostraba que había lugar para
una protección moderada que los ingleses, por su parte, declaraban admisible. A pesar de todo, Bonaparte
se atuvo finalmente a la prohibición. Y es que habiendo obtenido de la paz todo el provecho que quería,
no deseaba que ésta durara. "Un Primer Cónsul
—había dicho a Thibaudeau— no es como esos reyes
por la gracia de Dios que consideran sus Estados
como una herencia... él tiene necesidad de actos brillantes y en consecuencia de la guerra." Pero se abs-
tendría de declararla: "Tengo demasiado interés en
dejar la iniciativa a los extranjeros; ellos serán los
primeros en tomar de nuevo las armas." Le convenía, pues, incitarlos a ella y no se habló ya de tratado
de comercio. Los ingleses comprendieron que la guerra económica continuaría y se aburrieron de una
política que no les reportaba nada.

Como las mercancías coloniales eran uno de los

objetos esenciales del tráfico, era natural que Francia recuperara las Antillas que la paz le había dejado. Incluso antes de que ésta fuera firmada, Leclerc había sido enviado para ocupar de nuevo Santo Domingo, de la que Toussaint-Louverture, el jefe de los negros, se había adueñado, y el que fue embarcado para Francia, donde murió en el fuerte de Joux. Más inquietante para los ingleses era la perspectiva de ver a los franceses establecerse de nuevo en la Luisiana, desde donde podrían dominar el comercio de contrabando con la América española. Pero los Estados Unidos se encargaron del asunto: amenazaron con unirse a Gran Bretaña en la próxima guerra y Bonaparte les cedió la Luisiana por 80 millones el 3 de mayo de 1803. En ese momento la insurrección era ya general en Santo Domingo porque Bonaparte había restablecido la esclavitud en nuestras colonias; así, la isla se perdió definitivamente.

Tal vez los ingleses no habrían tomado las armas para impedir que Francia se reconstituyese en imperio colonial. Aunque había que abstenerse de amenazar el suyo. Sin embargo, fue lo que hizo Bonaparte. Después de haber firmado la paz con Turquía, concluyó acuerdos con Argel, Túnez, Trípoli; intrigó en Albania y envió a Sebastiani a Egipto y Siria, mientras que Decaen partía para la India. De donde los ingleses concluyeron que Egipto y la India seguían amenazados y que no era prudente devolver Malta. La política continental de Bonaparte les dio un pretexto.

Éste había anexado la isla de Elba y el Piamonte, ocupando después Parma. En Suiza, una sublevación contrarrevolucionaria determinó al gobierno derrocado a apelar a Francia, por lo que el país fue invadido y su organización definitivamente reglamentada por el *Acta de Mediación;* después de lo cual, la Confederación helvética firmó un tratado de alianza y autorizó la leva de dieciséis mil mercena-

rios. En Alemania, la influencia francesa dio pasos
de gigante al amparo del reglamento de las indemnizaciones prometidas a los príncipes en otro tiempo en
posesión de la orilla izquierda del Rin; el reglamento
se discutió en París, y la Dieta no tuvo más remedio
que ratificarlo por el *receso* de 1803. Los principados
eclesiásticos y cuarenta y cinco ciudades libres, sobre
cincuenta y una, desaparecieron, principalmente en
beneficio de Prusia y de los Estados de Alemania del
Sur. Como la mayoría de los electores se habían convertido al protestantismo, Austria se vio expuesta a
perder la dignidad imperial. Londres comprendió que
iba a encontrar otra vez aliados. Francia tenía interés en retardar la guerra, pues su marina no podía
aún hacer frente a su rival. Sin embargo, Talleyrand
respondió a las observaciones inglesas con la amenaza: "El primer cañonazo puede determinar a Bonaparte... a resucitar el Imperio de Occidente." Si
Inglaterra da a entender al mundo que "el Primer
Cónsul no ha hecho tal cosa porque no se ha atre-
vido, inmediatamente la hará". Pero la resignación
de los ingleses era enteramente provisional. Desde
octubre de 1802 sondeaban a Rusia, que inquieta también por Egipto, acabó por expresar el deseo de que
Malta no fuera evacuada. Nada obligaba a los ingleses a salir de allí aún, ya que las garantías previstas
por el tratado no habían sido llevadas a la práctica.
Pero finalmente enterados de la política de Bonaparte, estaban decididos a conservarla, y desde luego
obtendrían beneficio en precipitar los acontecimientos. El 26 de abril de 1803 Bonaparte recibió un ultimátum. La responsabilidad de la ruptura ha sido
apasionadamente discutida. Aunque las provocacio-
nes de Bonaparte son innegables, no es menos cierto
que Inglaterra había roto la paz. Entre ésta y Bonaparte, no había en realidad más que el conflicto entre
dos imperialismos.

## El Imperio

Francia fue duramente probada por la pérdida de sus buques mercantes. Bonaparte tomó represalias aprisionando a los ingleses que se hallaban en Francia, medida que pareció inaudita. La crisis económica fue sin embargo menos grave de lo que hubiera podido temerse, porque el 14 de abril había aumentado el capital del Banco y se le había concedido el monopolio de la emisión en París; en consecuencia, pudo auxiliar por medio del crédito a negociantes y fabricantes. El prestigio de Bonaparte no fue afectado: la nación atacada se apiñó en torno de su jefe, de suerte que el primer resultado de la guerra fue permitir a éste conferirse la dignidad imperial y el poder hereditario.

Con la ayuda de Inglaterra, los emigrados iniciaron de nuevo sus intrigas. Cadoudal se dirigió a París para secuestrar a Bonaparte y abatirlo si se resistía, lo que no hubiera dejado de ocurrir. El Oeste se agitó de nuevo. Pichegru fue a entrevistarse con Moreau, que rehusó su ayuda pero no lo denunció. En fin, Bonaparte fue informado de que los ingleses esperaban ver entrar en Alsacia al duque de Enghien, entonces en Ettenheim de Baden. En febrero de 1804 resolvió entrar en acción. Moreau, Pichegru, Cadoudal, fueron arrestados uno tras otro, y el 10 de marzo se dio la orden de secuestrar al duque. Conducido a París, el 20 de marzo a las 5 de la tarde, fue condenado por una comisión militar y fusilado a las 2 de la madrugada. Cadoudal y otros siete fueron guillotinados. Se encontró a Pichegru estrangulado en su celda. En cuanto a Moreau, se le condenó a dos años de prisión que fueron conmutados por el destierro. En el transcurso de estos procesos la agitación en los salones fue extrema: el Terror había vuelto. Pero el país permaneció indiferente o aprobó a Bonaparte.

Sus relaciones y Fouché mismo, esta vez para recuperar el favor, lo animaron a aprovechar las circunstancias. Se argumentó que el poder hereditario
desalentaría a los asesinos. Argumento pueril, pues
muerto Bonaparte evidentemente se pondría fin al
régimen. Las asambleas aparentaron sin embargo
creer en el pretexto para que se las tomara en cuenta. Un senadoconsulto del 28 de floreal del año XII
(18 de mayo de 1804), confirmado por un plebiscito,
confió "el gobierno de la República a un Emperador
hereditario". La única dificultad fue reglamentar la
sucesión. Lo más sencillo hubiera sido dejar a Napoleón la elección de su heredero. Ahíto de dinero
y honores, su clan no le proporcionaba más que dis-
gustos. Luis, casado con Hortensia, hija de Josefina,
estaba reñido con ésta; Luciano, Paulina e inclusive
el joven Jerónimo se habían casado sin consultar a
su hermano; su madre los apoyaba. Sin embargo,
Bonaparte no pensó en despojar a sus hermanos: José
fue declarado heredero y Luis después de él; como
Luciano rehusara divorciarse, fue descartado y partió
para Italia.

Como en el año X, los Brumarianos intentaron obtener garantías constitucionales. Solamente les fue
concedido el nombramiento por el Senado de dos comisiones encargadas de examinar las peticiones relativas a la libertad individual y la de prensa, pero
desprovistas de toda autoridad con respecto a la policía, cuya dirección recobró Fouché. Al crear seis
grandes dignatarios del Imperio, los altos oficiales
(de los cuales dieciséis eran mariscales) y los cham-
belanes, la Constitución del año XII dio un paso más
hacia la creación de una nueva aristocracia y poco
después la Legión de honor fue transformada en condecoración. Tampoco la ratificación popular pareció
bastar para fundar la nueva legitimidad. Como Pipi-
no el Breve, Napoleón pidió al papa que viniera a

consagrarlo para restaurar el derecho divino y Pío VII acabó por consentir con la esperanza de obtener una revisión de los artículos orgánicos y tal vez Ferrara y Bolonia. ¡Esto armó un lindo alboroto entre los realistas! El único provecho que obtuvo el papa fue, por otra parte, su reconciliación con los obispos constitucionales recalcitrantes. En Notre-Dame, el 2 de diciembre de 1804, Napoleón mismo tomó la corona y se la colocó sobre la cabeza. Josefina fue también coronada, pero había jugado al amo la mala pasada de advertir al papa que su matrimonio había sido puramente civil, de manera que Napoleón tuvo que consentir en una consagración religiosa que debía hacer el divorcio más difícil. El carácter teatral de la consagración, que el cuadro de David inmortalizó, llenó de satisfacción a Napoleón: "¡José! ¡Si nuestro padre nos viera!" Pero no añadió nada a su autoridad y nadie creyó que ésta se hallase definitivamente consolidada. Nacida de la victoria, no podría sobrevivirlo.

# VI. LA CONQUISTA IMPERIAL

## (1804-1812)

### La política exterior de Napoleón

Se han propuesto muchas interpretaciones a la política exterior de Napoleón, cada una de las cuales presenta un aspecto de la realidad, sin que ninguna logre agotarla. Unos no quieren ver en Napoleón sino al defensor de las fronteras naturales legadas por la Revolución; pero el mejor medio de conservarlas ¿era acaso sobrepasarlas y amenazar a todo el mundo? Para otros, su designio fue arrebatar a Inglaterra el dominio del mundo. Es verdad que su historia aparece como el último acto de la "segunda guerra de Cien Años" que había comenzado bajo el reinado de Luis XIV; pero si Napoleón no hubiera tenido otro propósito ¿no habría atribuido, como Vergennes, algún valor a la paz continental? Tal historiador le atribuye un proyecto constructivo: la restauración del Imperio romano; aunque es verdad que pretendió federar el mundo occidental, no lo hizo por el afán de resucitar el pasado. Se ha sostenido también que el espejismo oriental era la clave de todas sus acciones: seguramente nada habría gustado tanto al nuevo Alejandro como una cabalgata hacia Constantinopla y la India, pero en vano se busca un nexo entre esta quimera y la mayor parte de sus empresas. No cabe duda, finalmente, de que los reyes execraran en él al soldado de la Revolución; sin embargo, él no se conformó con defenderse.

No hay una explicación racional que reduzca a una unidad la política exterior de Napoleón: persiguió fines contradictorios, y únicamente da cuenta de ella su "ambición" si, en lugar de rebajarla al nivel del

común de los hombres, consentimos en ver en ella
el gusto por el peligro, la inclinación al ensueño y el
impulso del temperamento.

## Trafalgar

Durante dos años la guerra se arrastró. Los ingleses no la impulsaban mucho: como sus escuadras dominaban el mar, les bastaba agrupar los navíos mercantes en convoyes escoltados para protegerlos de los
corsarios y traficar así cómodamente. Napoleón, más
activo, carecía de dinero. En 1804 había restablecido
las contribuciones indirectas que no eran más que un
derecho moderado sobre las bebidas; Barbé-Marbois,
ministro del Tesoro, recurría a los anticipos y a las
obligaciones que el Banco descontaba al amparo de
una inflación oculta. Holanda, España, Portugal, re-
conciliados con Francia, fueron puestos a contribución.
Los puertos napolitanos y Hanóver fueron ocupados. Para hacer capitular al adversario esto no era
suficiente.

Napoleón volvió pues al proyecto de desembarco y
concentró el ejército en el campamento de Boloña.
Se ha sostenido, e incluso él mismo lo dijo en 1805,
que era para disfrazar sus proyectos continentales. En
realidad, no cabe duda de que se propuso seriamen-
te, reiteradas veces, franquear el estrecho. Inglaterra
no tenía más que una milicia sin valor militar y habría sido seguramente fácil ocupar Londres: no era
necesario más para tentar al Emperador. Sus enemigos lo advirtieron y un movimiento nacional se
inició más vivamente aún que en 1789. Pitt, que había
recuperado el poder, reforzó el ejército y sobre todo
la flota.

Acostumbrado al Mediterráneo, Napoleón tardó en
darse cuenta de las dificultades que presenta la navegación en el Paso de Calais. A falta de navíos

mercantes, había imaginado embarcar a sus soldados en barcazas análogas a las que circulan en los canales. Se construyeron a todo lo largo de las costas, y en 1804 se reunieron más de mil setecientas en Boloña y los puertos vecinos. No podían aventurarse en el mar más que con buen tiempo y no podían salir de puerto más de cien por marea; por tanto, el enemigo tendría tiempo de acudir. Para alejarlo, era preciso volver a la guerra de escuadras; como su superioridad era aplastante, no sólo en cuanto al número, sino también en la artillería, los equipos y el comando, no se podía confiar más que en la sorpresa, y a fin de cuentas gracias a ella fue como Bonaparte había llegado a Egipto y había vuelto de allí.

Un primer proyecto fue abandonado en 1804, pues Bruix y Latouche-Tréville habían muerto y Austria se mostraba amenazadora. Este último peligro pareció disiparse en seguida y, por otra parte, España declaró la guerra a Inglaterra. Napoleón volvió pues de nuevo a la empresa: las escuadras debían dirigirse a las Antillas, reunirse allí, y engañando de este modo al enemigo, volver a la Mancha. Sin embargo, prohibió a Ganteaume forzar el bloqueo de Brest, de manera que Villeneuve llegó solo a las islas con la escuadra de Tolón. Nelson se lanzó en su persecución. Al regreso, Villeneuve debía alcanzar la escuadra de Rochefort e ir a librar del bloqueo a Ganteaume. Habiéndose encontrado con Calder a la altura del cabo Finisterre, se refugió en el Ferrol, después en Cádiz, y allí juntamente con los españoles se dejó encerrar por Nelson. Podía permanecer allí sin inconveniente, pues en ese momento el Gran Ejército partía para Alemania. Pero Napoleón dio la orden de salir a toda costa para ir a atacar Nápoles. El 21 de octubre de 1805, mar adentro de Trafalgar, la escuadra franco-española fue aniquilada. Nelson había sido mortalmente herido; Villeneuve, hecho prisione-

ro, y abrumado a insultos por el Emperador, se sui-
cidó al entrar en Francia.

Inglaterra respiró. La coalición hacía por el momento imposible un desembarco, y en todo caso, Trafalgar aplazaba la prosecución de la guerra por tiempo indefinido. La guerra marítima, además, había
terminado. Una consecuencia posterior fue que el
ejército inglés pudiera llevar la guerra en suelo de
España. Pero por el momento Inglaterra no pensaba
en combatir en el continente, de suerte que en opinión
de Napoleón, Trafalgar no fue más que un episodio
penoso.

La ruptura de la paz de Amiens hacía posible ahora una coalición que Inglaterra tuvo el mayor interés
en financiar. Sin embargo, no era fatal; por lo menos
podía retardarse por medio de arreglos. Napoleón,
por el contrario, hizo todo lo posible por precipitarla.
El zar se sentía profundamente disgustado de que
Addington hubiera evitado su mediación. Pero cuando formuló sus proposiciones, con la esperanza de
apoderarse de Malta, vio cómo Francia las rechazaba, y el secuestro del duque de Enghien consumó la
ruptura. Menos ambicioso que vanidoso, Alejandro
se consideraba un nuevo Mesías y soñaba con una
Europa donde la paz reinaría bajo su protección, de
suerte que desde el primer momento Bonaparte se le
presentó como un rival. Reñido con él, se volvió
hacia Inglaterra. El acuerdo fue difícil: al gran proyecto de Alejandro, Pitt oponía exclusivamente una
coalición con el fin de quitar a Francia Bélgica y el
Rin. Hasta el 11 de abril de 1805 no se realizó la alianza; Suecia se había unido de antemano y Nápoles la
imitó.

No podía sin embargo hacerse nada sin los alemanes. Los príncipes del Sur, temerosos de Austria, se
hicieron partidarios de Napoleón. Prusia, a la que inquietaba la ocupación de Hanóver, rechazó los ofre-

cimientos de este último y acabó por concluir con
Rusia un pacto defensivo, sin ir más lejos. En Austria, la guerra tenía partidarios, pero Francisco y
Cobenzl resistieron durante mucho tiempo. La proclamación del Imperio en Francia comenzó a alarmar-
los. Hasta entonces no había habido más que un
Emperador, heredero de Roma y jefe teórico de la
Cristiandad. Cuando Napoleón tuvo a bien intitu-
larse emperador de los franceses, todo el mundo
juzgó que anunciaba su fin al Sacro Imperio Romano
Germánico. También Francisco II se proclamó emperador de Austria el 11 de agosto de 1804, con el fin
de conservar un título igual por lo menos al de Napoleón. Al año siguiente, cuando cambiaba una vez
más la constitución de Holanda, Napoleón hizo de la
república italiana un *Reino de Italia,* se hizo coronar
en Milán el 18 de mayo, y designó virrey a su hijastro
Eugenio de Beauharnais. A partir de Carlomagno,
los Emperadores habían sido siempre reyes de los
lombardos o de Italia: no podía ya dudarse que Napoleón se consideraba su heredero. Poco después, se
anexó Génova. Austria se vio expulsada de Alemania
e Italia y no vaciló ya. Dio su adhesión a la coalición el 9 de agosto de 1805 y el 11 de septiembre invadió Baviera.

Después de la ruptura de la paz de Amiens, la formación de la coalición acabó de marcar el destino de
Napoleón: no le quedó ya otra salida que la conquista del mundo.

## El ejército de Napoleón

Napoleón había conservado la conscripción y el relevo: podían ser llamados los hombres de 20 a 25
años. La institución tomó su forma definitiva en
1805; Napoleón se aprovechó de la guerra para fijar
el contingente por senadoconsulto y desposeyendo a

los consejos locales, cuyos abusos eran notorios, encargó a prefectos y subprefectos la redacción de las listas, la elección de los conscriptos por sorteo y la asistencia al examen médico.

La clase no era nunca llamada en su totalidad; a pesar de lo cual el contingente iba creciendo, y desde 1805 se pidió un suplemento a las clases anteriores. En total, Napoleón no reclutó de 1800 a 1812 más que un millón cien mil hombres, incluso si se toman en cuenta los enormes llamamientos de 1812 y 1813 (más de un millón aún), la proporción en relación a los inscritos no supera al 36 por ciento. La carga inusitada se volvió poco a poco odiosa porque el rico la esquivaba y sobre todo porque no había paz, de suerte que el enganchado quedaba en servicio indefinidamente. Si bien fue preciso perseguir de continuo a los insumisos y a los desertores, la nación se sometió a la obligación mucho mejor de lo que se ha pretendido. Sólo hacia el final se volvió reacia, cuando, con la derrota, reapareció la leva en masa.

"Los conscriptos no tienen obligación de pasar más que ocho días en el depósito", escribe el Emperador en 1806. El ejército se recluta pues por una amalgama continua, cuyo principio se remonta a la Revolución. Al principio de cada campaña los reclutas, vestidos y armados de cualquier manera, parten para el frente, aprendiendo lo esencial sobre la marcha o una vez mezclados con los antiguos. Este combatiente improvisado, como el de la Revolución, conserva el mismo espíritu de independencia; sólo obedece de buen grado en el combate y se amotina con frecuencia. Napoleón lanzaba amenazas, pero en el fondo le importaba poco con tal que se combatiera bien. El ardor de sus soldados era también un legado de la Revolución, que había estimulado las energías individuales al proclamar la igualdad, cuyo símbolo era, en el ejército, el ascenso. La antigüedad y la

instrucción casi no contaban; la audacia y la bravura
eclipsaban todo. En una sociedad en la que Napoleón
tendía a cuajar las jerarquías, el ejército ofrecía la
mejor oportunidad a la juventud ambiciosa y él no
cesó de estimular la atracción que ejercía multipli-
cando las condecoraciones y los cuerpos de *élite* con
uniformes de gala seductores. Como resultado de
este sistema, los oficiales no siempre estaban más enterados que sus hombres. Napoleón no se preocupó
tampoco por formar oficiales de estado mayor, y Berthier, su general en jefe, no fue sino un ejecutor de
órdenes. Todo dependía del genio, del jefe supremo.
Cuando le faltaba un suplente, designaba a Davout,
Lannes, Murat o Masséna; no era necesario que los
lugartenientes capaces de altos mandos fueran numerosos.

En la organización de las armas las innovaciones
fueron poco importantes y el material no sufrió ningún cambio. La caballería, gracias a los esfuerzos de
la Convención y del Directorio, no tenía rival bajo la
dirección de Murat y de una pléyade de caballeros
intrépidos. La guardia fue organizada definitivamente
en un cuerpo de ejército independiente; lo mismo que
el cuerpo de ingenieros. Napoleón atribuía una gran
importancia a la artillería, pero ésta no era suficiente: sólo contaba con doce piezas por división,
hasta 1806, pues se carecía de fábricas, de atelaje y
de medios de transporte para los pertrechos.

Los resortes de este ejército se distendieron poco
a poco por la extensión de la conquista y la evolución
del régimen hacia la aristocracia. Su carácter nacional se debilitó con la entrada de los anexados, vasallos y aliados, al grado que en 1812 los franceses de la
antigua Francia figuraban en él en minoría. Los cuadros superiores se encumbraron, y una vez colmados
de honores y dinero los mariscales desearon la paz.
Si no hubiera dependido más que de Napoleón, el mal

hubiera hecho progresos más rápidos todavía, pues intentó crear una *élite* militar de nobles y ricos en escuelas especiales. Sólo los hijos de oficiales acudieron a ellas; la nobleza y la alta burguesía no lo aceptaron. Por otra parte, a medida que los teatros de operaciones se multiplicaban, hubo que lamentar la imprevisión de Napoleón al no formar grandes jefes; Ney, Oudinot, Soult, se mostraron mediocres en el mando de los ejércitos. Finalmente, el ejército no tenía detrás de sí ninguna reserva organizada para ocupar sus conquistas y el efectivo combatiente iba disminuyendo. La guardia nacional fue utilizada en parte, sin ser verdaderamente incorporada al sistema.

En el Gran Ejército de 1805, no se mostraba aún ningún síntoma inquietante, mas la insuficiencia de la preparación material apareció en seguida. Napoleón tenía cuatrocientos mil hombres en pie de guerra y no podía asegurarles la paga. Carente de dinero, se veía obligado, como el Directorio, a pedir a los proveedores adelantos de todo lo que necesitaba el ejército, sin poder impedir las malversaciones, a pesar de que se ejercía un control minucioso. Le era, pues, imposible, en vista de la entrada en campaña, almacenar otra cosa que armas y pertrechos. Además, como la guerra debía sostener a la guerra se hacían requisiciones sobre la marcha. En vísperas de la partida, Napoleón desplegaba una actividad devoradora para hacer cocer el pan, puesto que los soldados debían de llevarlo consigo para alimentarse algunos días. Muchos pasaron el Rin en 1805 con un solo par de zapatos, y en 1806 partieron para Jena sin capotes. El sistema de guerra estaba en relación con esta penuria, pues se fundaba en parte sobre la rapidez del avance que los suministros no hubieran podido seguir. Napoleón confía en una victoria fulminante, poco importa pues que el ejército parta desprovisto.

Así la victoria se vuelve cuestión de vida o muerte.
Este método contribuyó mucho a hacer impopular la
ocupación francesa, estimuló el hábito del pillaje y
la indisciplina, y sobre todo aumentó desmesuradamente las bajas, pues aparte algunos grandes jefes, el
personal de sanidad era mediocre y el material irri-
sorio. De 1801 a 1815, la antigua Francia perdió un
millón de hombres, más de la mitad de los cuales
fueron desaparecidos y entre éstos no todos murieron. Los muertos en campaña no constituyen más
que una pequeña parte; el resto sucumbió en los hospitales o pereció de miseria y de frío.

Para la dirección de la guerra, Napoleón se basó
en los principios de los teóricos del siglo XVIII y en la
experiencia revolucionaria. Bajo el Directorio se había llegado a agrupar las divisiones en cuerpos de
ejército; él los constituyó definitivamente y creó
reservas de caballería y de artillería. Donde se manifiesta su genio es en el arte de desplazarlos. Se trata
de disponerlos y de hacerlos avanzar de manera que
el campo de operaciones quede completamente abar-
cado y el enemigo no pueda escabullirse, y que al
mismo tiempo queden bastante próximos unos de
otros para concentrarse en el momento de la batalla.
El dispositivo afecta en conjunto el aspecto de un
tresbolillo deformable, protegido por una cobertura
que asegura el secreto y favorece la exploración. Las
plazas fuertes sirven de punto de apoyo, pero no son
nunca la meta de la acción, que se propone únicamente la destrucción del adversario. Ya en el campo
de batalla, Napoleón, empeñando el combate en toda
la línea, obliga al enemigo a agotar sus reservas y lo
pone en desorden tanto por el fuego como por las
amenazas dirigidas sobre sus flancos, todo ello con-
servando una masa de choque que, llegado el momento, asesta el golpe decisivo; después de lo cual, la
persecución es implacable. La táctica de la infantería

siguió siendo la misma que usó la Revolución: en la vanguardia, bandadas de tiradores; después, diezmado el enemigo, la carga de una segunda línea en columnas profundas. Sin embargo, se nota la tendencia de reducir ·el fuego para atacar en masa, por menosprecio del enemigo y porque los conscriptos eran cada vez más numerosos en las filas. De ello resultaron desengaños terribles, sobre todo cuando la infantería inglesa intervino.

Este método de guerra, por su rapidez imperiosa y el éxito de la victoria final, valió a Napoleón un prodigioso prestigio. Pero había sido concebido en función de la llanura del Po, teatro de sus primeras campañas, rodeada de un círculo de montañas, de extensión mediana, fértil y poblada, donde el enemigo no podía escapar y que el ejército podía recorrer sin agotarse. Cuando fue preciso abordar las llanuras ilimitadas del Norte, el enemigo se escapó, las marchas se volvieron agotadoras, el reavituallamiento se hizo imposible: faltaron al Emperador los medios materiales para adaptar su estrategia a las nuevas condiciones geográficas.

## La campaña de 1805

Informado tardíamente sobre las intenciones de Austria, Napoleón había puesto en marcha el Gran Ejército, de Bolonia hacia el Rin, el 24 de agosto. Al regresar a París para improvisar la campaña, encontró su tesorería en quiebra y al Banco con el agua al cuello. Las operaciones de Ouvrard, el más grande especulador de la época, y sus cómplices eran en parte responsables de ello. Al no pagar España el subsidio prometido porque el dinero de México ya no le llegaba, había ofrecido al Emperador su intervención. En Madrid, Ouvrard había abierto crédito al gobierno, colocado un empréstito y proporcionado trigo.

Así, bien recibido, había obtenido no solamente la misión de hacer venir el dinero, sino también el monopolio del comercio de la América española con licencias en blanco. Un banquero de Amsterdam, Labouchère, se encargó de la ejecución: era yerno de Baring, rey de la plaza de Londres y amigo de Pitt, quien aceptó hacer transportar en sus fragatas un primer lote de monedas, de las cuales tenía necesidad el Banco de Inglaterra. Ingeniosa combinación, pero que exigía tiempo. Entretanto, Ouvrard se procuró fondos haciendo descontar por el Banco de Francia obligaciones del Tesoro español. Mientras Napoleón creía realizar un buen negocio ¡era él quien lo financiaba en beneficio de Pitt y los banqueros extranjeros! Al mismo tiempo, los proveedores, a los que Barbé-Marbois no pagaba, salían del mal paso mediante documentos suscritos en contrapartida de una deuda ficticia (*effets de complaisance*) que llevaban también al Banco con la connivencia de uno de los suyos, el regente Desprez, y del secretario de Barbé-Marbois, que por ello recibió un millón. En 1805, como las monedas tardaran, el valor de cambio español bajó de tal manera que Ouvrard se halló impotente para obtener algo de sus créditos, y como la guerra se anunciaba, el público, presa de pánico, corrió a cambiar sus billetes por metálico. Fue preciso limitar los reembolsos; algunos bancos quebraron, entre ellos el de Récamier; Vanlerberghe, el principal proveedor, suspendió el suministro. Así se explica, por una parte, la miseria del ejército y se entrevé el peligro que Austerlitz conjuró.

Felizmente para Napoleón, el ejército austriaco no estaba dispuesto y como la inflación hacía estragos allá también, partió más desprovisto aún que el francés. Por otra parte, Napoleón mandó ochenta mil hombres a Italia y al Tirol, mientras que en Alemania sólo dieron sesenta mil a Mack, so pretexto de que los rusos irían a reunírsele. No por ello dejó éste de aventurarse hasta la Selva Negra. El Gran Ejército, después de franquear el Rin en el Palatinado, pasó el Danubio detrás de Mack. Sorprendido antes de haber podido concentrarse, derrotado en varios encuentros y sitiado en Ulm, este último capituló el 15 de octubre con cuarenta y nueve mil hombres.

Kutusov, que llegaba al Inn, cruzó de nuevo precipitadamente el Danubio, y los franceses avanzaron en Moravia porque Murat había tomado los puentes de Viena. La situación de éstos se hizo peligrosa. Kutusov, reforzado por un segundo ejército ruso y tropas austriacas, disponía de ochenta y siete mil hombres contra setenta y tres mil. Como la neutralidad del principado de Anspach no había sido respetada, el rey de Prusia, ofendido, ocupó Hanóver, evacuado por Nápoles, y dio a los rusos la autorización para que pudieran atravesar Silesia; poco después prometió a Alejandro imponer su mediación e intervenir en caso de repulsa. Sólo una batalla decisiva podía salvar a Napoleón. Deseando que se le atacara, fingió temor y retrocedió. Los austro-rusos mordieron el anzuelo. El 2 de diciembre, en Austerlitz, al descender de la meseta de Pratzen se esforzaron por romper la derecha de los franceses comandada por Davout. Repentinamente, Napoleón, mandando a Soult al ataque de la meseta, partió en dos el ejército austro-ruso y atacó su izquierda por la retaguardia, derrotándolo completamente. Alejandro, furioso, se retiró y Austria negoció la paz.

Napoleón comenzó por aislarla imponiendo a Prusia un tratado de alianza; ésta recibió Hanóver a cambio de Neufchâtel y Anspach, cedida poco después a Baviera mediante el ducado de Berg que Napoleón regaló a Murat, esposo de su hermana Carolina. Después, el 26 de diciembre, firmó con Francisco II el tratado de Presburgo. Austria, expul-

sada a la vez de Alemania y de Italia, perdía el
dominio veneciano y todas sus posesiones de Alemania del Sur, así como el Tirol.

## El Gran Imperio

A su regreso, Napoleón puso en prisión a Ouvrard
y encargó a Mollien que lo sustituyera y reorganiza
ra la Tesorería. Pero éstas no eran sino fruslerías.
En Alemania del Sur los trastornos se sucedían. Los
territorios austriacos fueron distribuidos entre Baden,
Wurtemberg y Baviera, que recibió especialmente el
Tirol. Estos dos últimos Estados se transformaron
en reinos soberanos. El 12 de julio de 1806, dieciséis
príncipes declararon su separación del Sacro Imperio y formaron la Confederación del Rin bajo la
protección de Napoleón. Luego se hizo una nueva
distribución de territorio. Dalberg, por ejemplo, pro-
movido a primado de Germania, tomó posesión de
Francfort. Baden, Berg y Hesse-Darmstadt se transformaron en Grandes Ducados. Aproximadamente
trescientos cincuenta señores —la *Ritterschaft*— que
hasta entonces no habían dependido más que del Emperador, fueron *mediatizados*, es decir, que se volvieron súbditos de los Estados soberanos en que estaban enclavados sus dominios. No faltaba ya más
que suprimir la dignidad imperial. Napoleón había
dejado el Gran Ejército a las puertas de Austria, en
manos de sus aliados alemanes, a expensas de éstos,
por supuesto: Francisco, intimado para que abdicase,
se decidió a ello el 6 de agosto de 1806, quedando
únicamente como emperador de Austria.

En comparación, había sido un juego meter en
cintura a Holanda: Luis se había convertido en su
rey el 5 de junio. Los ingleses y los rusos habían
desembarcado en Nápoles en vísperas de Austerlitz.
La respuesta fue el célebre decreto del 27 de diciem-

bre de 1805: "La dinastía de Nápoles ha cesado de
reinar." Los rusos entraron en Corfú y los ingleses
en Sicilia. La familia real los siguió y José fue en-
tronizado en su lugar. Sin embargo, Napoleón se
había preparado con ello una especie de primera
guerra de España. La reina María Carolina fomentó
una insurrección, sin desdeñar los servicios de bandidos profesionales como Fra Diávolo. Los ingleses
les dieron la señal al desembarcar en Calabria un
ejército que derrotó a los franceses en Maida. La
insurrección se señaló por horrores espantosos; a pesar de haber sido despiadadamente reprimida, inmovilizó a cuarenta mil hombres. El cuerpo de ejército
de Marmont fue derrotado en Dalmacia. Cuando
Liorna y la Toscana fueron ocupadas, el papa quedó
como único soberano independiente en Italia. Intimado a que cerrase sus Estados a los ingleses, se
negó a hacerlo y Napoleón rompió definitivamente
con él.

Así, la guerra de 1805 dio como resultado la aparición del Gran Imperio, cuyo núcleo, el Imperio
francés, estaba rodeado por "Estados federativos".
En primer lugar estaban los soberanos: José, Luis,
Murat; después los vasallos sin ejército ni moneda:
Elisa en Piombino, Berthier en Neufchâtel, Talleyrand
en Benevento, Bernadotte en Pontecorvo; finalmente, los ducados, reducidos a simples rentas, seis en
Nápoles y doce en Venecia, destinados a franceses.
Los reyes quedaban como dignatarios del Imperio y
miembros de la familia imperial cuyo estatuto, promulgado el 31 de marzo de 1806, confería a Napoleón
la autoridad paternal sobre todos sus miembros, inclusive mayores de edad. Este "pacto de familia" se
extendió a los aliados: Eugenio y Berthier desposa-
ron a princesas bávaras; el heredero del gran duque
de Baden a una Beauharnais; Jerónimo a Catalina de
Wurtemberg. Aunque hijo de las circunstancias, el

Gran Imperio era una encarnación de la idea romana que implicaba la dignidad imperial asumida por Napoleón. Éste llamaba a Carlomagno "su ilustre predecesor" y en su última carta al papa decía admirablemente: "Vos sois el Papa de Roma, pero yo soy su Emperador." El Gran Imperio parecía ya el embrión de una dominación universal.

### Las campañas de 1806-1807 y los tratados de Tilsit

No todos los ingleses estaban convencidos de la imposibilidad de llegar a un arreglo. Pitt había muerto el 23 de enero de 1806, y Fox decidió negociar; Napoleón aceptó restituir Hanóver, que acababa de ceder a Prusia. Pero como Alejandro le ofreciera también un arreglo, Napoleón se apresuró a tratar con éste, ya que le era mucho más ventajoso aislar a Inglaterra que a Rusia. El viento cambió en seguida y es probable que Alejandro no se haya anticipado más que para arrastrar a Prusia a la coalición haciéndola temer encontrarse aislada. Como Dumouriez, Danton y Sieyès, Napoleón sólo deseaba el bien para ésta última, cuya alianza había buscado siempre a condición de que entrara en su sistema. Así, le mostró sus intenciones agravando el tratado firmado el día siguiente de Austerlitz y que Federico Guillermo III había cometido la imprudencia de no aceptar más que a revisión. La creación de la Confederación del Rin aumentó el descontento del rey. Cuando supo que Hanóver había sido prometido a los ingleses, movilizó las tropas y pidió ayuda al zar, que acto seguido se rehusó a ratificar el tratado concluido con Napoleón. Sabiendo finalmente a qué atenerse, éste partió para Alemania. Recibió un ultimátum prusiano el 7 de octubre en Bamberg; el 14, el ejército prusiano no existía ya.

Brunsvick, el vencido de Valmy, había empujado

el ejército a Turingia en lugar de esperar a los rusos
detrás del Elba. Fue atacado allí antes de ser concentrado. Franqueando el Frankenwald, ciento treinta mil franceses desembocaron en el valle del Saale
y se apoderaron de los pasos principales: Davout en
Kösen, el Emperador con el grueso del ejército,
en Jena. Brunsvick con setenta mil hombres, marchaba hacia Davout, quien lo detuvo el 14 de octubre en Auerstaedt, en el mismo momento en que
Napoleón, que no tenía frente a sí más que a Hohen-
lohe con cincuenta mil hombres, lo derrotaba en Jena.
Los prusianos perdieron veintisiete mil hombres y
casi todos sus cañones y les hicieron dieciocho mil
prisioneros. Perseguidos por la caballería, los que habían escapado capitularon y los franceses se adelantaron sin dificultad hasta el Óder. Alemania Central
y Sajonia, erigida en reino, entraron en la Confederación del Rin; Hesse-Cassel y el ducado de Brunsvick
fueron confiscados y Prusia firmó la paz. Pero al
saber que los rusos llegaban, Napoleón se retractó y
decidió conservarla como rehén. La cautividad amenazaba ser larga, pues el 21 de noviembre el decreto
de Berlín había instituido el bloqueo continental, lo
que no anunciaba que la paz general estuviera próxima.

Entre tanto el ejército alcanzó el Vístula y aprovechando su paso los polacos se sublevaron. Napoleón los autorizó a formar legiones, pero rehusó ga-
rantizarles la independencia; temía provocar la
intervención de Austria y hacer imposible un acuerdo con Rusia, y por tanto se conformó con crear en
Varsovia una administración provisional. A fines de
diciembre, los franceses se encontraron con los rusos en el Narev y los obligaron a retirarse, pero sin
resultado decisivo. Desprovistos de todo, tuvieron
que regresar a sus cuarteles de invierno. En febrero,
Bennigsen intentó mover su izquierda en Prusia

oriental, y amenazado por el Emperador le hizo frente en Eylau el 8 de febrero de 1807. Napoleón ganó con dificultad esta batalla sangrienta y no pudo proseguir. Condenado a una campaña de verano, tuvo que hacer un prodigioso esfuerzo para prepararla.

Lo más fácil fue procurarse refuerzos: ciento diez mil hombres de las clases 1807 y 1808, setenta y dos mil aliados, sin contar las tropas de Italia y de la guardia de costas. Lo más difícil fue la total impotencia de que dieron muestra los proveedores en Polonia, cuando el ejército no encontró nada en el lugar. Napoleón creó talleres en Alemania para fabricar vestimenta y zapatos, formó los primeros batallones de equipos militares, requisó coches y barcos, pero con resultados insatisfactorios, pues por falta de vehículos gran cantidad de provisiones quedó inmovilizada y el ejército, apiñado al este del Vístula, recibió lo más indispensable para no morir de hambre y de frío. La preparación diplomática fue más satisfactoria. Napoleón logró impedir que Austria se pronunciase; presenció cómo Turquía rechazaba las tentativas de los ingleses contra Egipto y Constantinopla, y concertó una alianza con Persia. Por el contrario, los ingleses no hicieron nada para ayudar a los rusos. Danzig y las plazas de Silesia capitularon, y cuando Bennigsen tomó de nuevo la ofensiva, Napoleón lo aplastó en el paso del Alle, el 14 de junio de 1807, en Friedland. El zar pidió un armisticio; Napoleón le ofreció la paz y su alianza.

Tenía necesidad de tomar aliento después de tal esfuerzo. Alejandro, por su parte, estaba descontento de los aliados, sobre todo de los ingleses, y la proposición lo halagó. Los dos soberanos se encontraron en Tilsit, sobre una balsa, en medio del Niemen y tuvieron varias entrevistas más. La paz y la alianza, concluidas el 7 de julio, se concertaron sin dificultades. Alejandro abandonaba Cattaro y las islas Jónicas, impondría su mediación a Inglaterra, y en caso de fracasar se uniría al sistema continental. De esta manera los alemanes serían reducidos a la impotencia y toda Europa se hallaría unida contra los dueños del mar. Por su parte, Napoleón propondría su mediación entre el zar y el sultán, que estaban en guerra desde hacía unos meses, y en caso de negarse este último contribuiría al desmembramiento del Imperio otomano.

En cuanto a Prusia, Alejandro la abandonó, y su suerte fue determinada el 9 de julio. Perdió sus territorios al oeste del Elba, con la mayor parte de los cuales se formó junto con Hesse-Cassel y el ducado de Brunsvick, el reino de Westfalia que Napoleón dio a Jerónimo, el más joven de sus hermanos. Cedió también sus provincias polacas, salvo un corredor de treinta kilómetros entre Prusia oriental y Brandeburgo. Finalmente, prometió una indemnización de guerra, y entretanto permaneció en manos de los franceses. La cuestión capital para el porvenir de la alianza rusa era el destino de los polacos. Danzig se transformó en ciudad libre, con una guarnición francesa. Con el resto, Napoleón constituyó para el rey de Sajonia un gran ducado de Varsovia que ocupó militarmente y al que dio personalmente su constitución.

Desde el primer instante, la alianza llevó pues en su seno el germen de la disolución. A pesar de todo, Tilsit fue para Napoleón un brillante éxito. Sin duda, la adhesión de Alejandro sería breve, pues Napoleón no tenía en absoluto la intención de darle Constantinopla y, por su parte, el zar no pensaba convertirse en su vasallo. Pero entretanto, mientras se esperaba la rebelión de éste, Tilsit procuraba a Napoleón el tiempo de completar la sumisión de Europa y de reunir, para conquistar a Rusia, las fuerzas que por el momento le faltaban.

## La insurrección española

La alianza franco-rusa pareció al principio responder a sus promesas. Inglaterra, dirigida ahora por Castlereagh y Canning, se había apoderado de Copenhague y de la flota danesa para mantener el Báltico abierto y Alejandro le declaró la guerra. Prusia y Austria tuvieran que imitarlo. Suecia recalcitrante presenció la invasión de Pomerania y Finlandia. El reino de Etruria y Parma fueron anexados al Imperio, las Marcas al reino de Italia y Roma fue ocupada militarmente. Antes incluso de llevarse a término, la federación continental entró ya en disolución. Los primeros desengaños vinieron del Oriente: Turquía y Persia, que se habían adherido a Francia sólo por jugar una mala pasada a Rusia, se reconciliaron con Inglaterra cuando supieron lo ocurrido en Tilsit. Pero no fue esto lo peor. Napoleón se había metido entre ceja y ceja anexar la Península ibérica, cuya resistencia hizo fracasar todas sus previsiones.

Ya en Tilsit había decidido someter a Portugal, y encargó a Junot de la operación. Godoy, ministro del rey de España Carlos IV y favorito de la reina, entró con tanto mayor agrado en el juego cuanto que no había ocultado al Emperador su deseo de hacerse un principado en el reino vecino, y como había asumido en vísperas de Jena una actitud equívoca, le era preciso hacer méritos. El norte de Portugal fue destinado al desposeído rey de Etruria, y el sur a Godoy, mientras se decidía la suerte de Lisboa. El 30 de noviembre de 1807, Junot entró en esta ciudad que la familia real acababa de dejar para dirigirse al Brasil. So pretexto de asegurar las comunicaciones, las tropas francesas ocuparon el norte de España, incluyendo Cataluña, y Murat se instaló en Madrid.

Según la opinión de Napoleón, España, mal gobernada, no le rendía todos los servicios de que era capaz. Muchos franceses juzgaban también que el país de la Inquisición debía ser modernizado, y entre los amigos del Emperador no faltaban candidatos para llevar a cabo esta tarea, ya que España era considerada un Eldorado. Puesto que ésta había entrado en el sistema, no urgía confiscarla; pero el triunfo de Tilsit, que había exacerbado una vez más la voluntad de poder en Napoleón, aceleró la empresa. Las disensiones de la familia real le facilitaron las cosas. Fernando, príncipe de Asturias, sospechando que Godoy pensaba usurpar la corona, había demandado la protección del Emperador y había podido convertirse en su instrumento. Pero alarmado por el avance de los franceses y atribuyendo al odiado ministro la intención de llevar la familia real a América, el pueblo de Aranjuez se sublevó y constriñó a Carlos IV a abdicar el 19 de marzo de 1808; el 2 de mayo, Murat tuvo que someter a Madrid, sublevado a su vez. Napoleón, al ver el trono prácticamente vacante, había llegado a Bayona. Llamó allí a Carlos IV y a Fernando. El rey exigió que su hijo le devolviera la corona; después la entregó a Napoleón, quien la confió por su cuenta a José, a quien Murat sustituyó en Nápoles. Una junta registró en Bayona que se daba la constitución a España, y el 20 de julio José hizo su entrada en Madrid.

Permaneció allí once días. Por incitación de la nobleza y el clero, la sublevación había comenzado desde el mes de junio en Asturias y en Sevilla. Las bandas indisciplinadas y feroces que dirigieron la famosa *guerrilla* contra los franceses les infligieron pérdidas crueles, aunque sin poder nunca vencerlos definitivamente. Sin embargo, la insurrección tomó un sesgo temible desde el principio, en primer lugar porque España tenía un ejército de cierta importancia, y sobre todo porque Canning, para no caer en el error que Pitt había cometido con respecto a la Vandea, proporcionó en seguida a los insurgentes su ayuda material y envió una expedición a Portugal, donde Junot se hallaba aislado. En España, Napoleón tenía menos de ciento cincuenta mil hombres, en su mayoría extranjeros; el comando era de segundo orden y la preparación material inexistente cuando el país ofrecía pocos recursos. Sin embargo, en batalla ordenada, el ejército no tenía nada que temer. Pero el Emperador lo condenó al desastre al dispersarlo para ocupar todas las provincias a la vez. Dupont, enviado a Andalucía, tuvo que detenerse en el Guadalquivir, y como fuera sitiado firmó el 22 de julio, en Bailén, un convenio de desocupación. Un mes después, Junot, derrotado en Vimeiro, concluyó igualmente el convenio de Cintra. Pero mientras era llevado a Francia con su ejército, la Junta de Sevilla se negó a ejecutar el acuerdo aceptado por Dupont, cuyos desdichados soldados fueron internados en el islote de Cabrera, donde se les dejó morir de hambre sistemáticamente. Napoleón no hizo ningún reproche a Junot, pero abrumó a Dupont, que permaneció prisionero hasta 1814.

Bailén fue para Napoleón un golpe terrible. Europa vio allí la prueba de que los franceses no eran invencibles, y a pesar de que la victoria de Bailén fue alcanzada por las tropas regulares españolas, se atribuyó el mérito a la insurrección popular. Los liberales la aclamaron como inspirada por los principios de la Revolución que, violados por los franceses, se volvían contra ellos; los aristócratas, más clarividentes, la acogieron con transporte como una nueva Vandea. Para restablecer su prestigio, Napoleón resolvió dirigirse a España con el Gran Ejército que había dejado en Alemania. ¿Pero quién contendría, durante este tiempo, a Prusia y Austria? En el sistema de Tilsit, eso correspondía al zar.

## *La entrevista de Erfurt y la campaña de España*

La aristocracia rusa era violentamente hostil a ese sistema, por odio al país de la Revolución y porque Inglaterra le compraba sus granos y maderas; por todas partes los embajadores del zar se habían unido con los enemigos de Francia: así en París, el conde Tolstoi con Metternich, el representante de Austria. Alejandro no parecía afectado por ello y ponía buena cara a Caulaincourt, un noble resellado que Napoleón le envió. Las decepciones no tardaron en llegar, sin embargo. En vano el zar intercedió en favor de Prusia; en vano también pidió conservar los principados del Danubio. El 2 de febrero de 1808, Napoleón, en una carta célebre, resucitó por un momento el "hechizo" de Tilsit al dejar entrever en ella un reparto del Imperio otomano y una expedición a las Indias, pero no dijo nada sobre la suerte de Constantinopla. En Finlandia, por otra parte, los suecos resistían sin que los franceses prestasen el menor apoyo a sus aliados.

El desastre de Bailén cambió enteramente la situación. Alejandro aceptó encontrarse con Napoleón en Erfurt el 27 de septiembre de 1808, pero no llegó ya en plan de súplica. De un día para otro, Napoleón, que tenía necesidad de él, había concedido la evacuación de Prusia y los principados danubianos. El zar no se sintió ya comprometido, pues como ya había demandado anteriormente esas concesiones con motivo de su ruptura con Inglaterra, éstas no justificaban en su opinión nuevos compromisos. Además, a Prusia no se la trató bien, pues tuvo que comprometerse a pagar 150 millones, a dejar tres fortalezas del Óder en manos de Napoleón y a limitar su ejército a sólo cuarenta y dos mil hombres.

Rodeado de sus vasallos —un "vergel" de reyes— Napoleón recibió a Alejandro con magnificencia, pero

no logró imponerle su voluntad. Talleyrand se jactó
de haber asegurado su fracaso por la traición. En
agosto de 1807, el Emperador lo había destituido de
Negocios Extranjeros, irritado sin duda al verle des-
aprobar sus expansiones excesivas y sobre todo el
hundimiento de Austria, pero tal vez disgustado también por su venalidad. Sin embargo, no había cesado
de consultarlo, para desdicha suya, y lo había llevado consigo. Talleyrand lo recompensó exhortando
a Alejandro a que no lo sostuviera contra Austria y a
que no le prometiera a su hermana en matrimonio.
Sin duda Talleyrand ha exagerado la importancia de
sus "servicios", que por otra parte tuvo buen cuidado
de hacerse pagar, pues Alejandro había ya manifestado a Caulaincourt que pensaba limitarse a dar consejos apaciguadores a Viena. Ni más ni menos que en
Tilsit, Napoleón no se dejó engañar, pero creyó que
el acuerdo aparente entre los dos bastaría para contener a Austria hasta el verano, y eso le bastaba.
Lo que no podía prever fue que Talleyrand informa-
ría en seguida a Metternich de la defección del zar
y precipitaría así la guerra, con lo cual su traición
fue verdaderamente eficaz.

En España, Napoleón encontró a José y al ejército
al otro lado del Ebro sin que el enemigo, carente de
un jefe, hubiera sabido aprovecharse de esta circuns-
tancia favorable. En menos de un mes, los españoles vieron su centro deshecho, sus flancos batidos y
rechazados, el uno hacia Asturias, el otro más allá
del Tajo. Entretanto, el ejército inglés, sacado de
Portugal por Moore, se adelantaba hacia Burgos. A
través de las tempestades de nieve, Napoleón atravesó la sierra de Guadarrama para sorprenderlo por
la retaguardia. Una retirada precipitada lo salvó y
pudo ganar la Coruña, donde se reembarcó para Portugal bajo el mando de Wellesley. En Aragón, Za-
ragoza se defendió heroicamente, pero sucumbió el

20 de febrero de 1809. Desfavorecido por la distancia
y el invierno, el Emperador no había aniquilado ni
a los españoles ni a los ingleses. Si hubiera podido
prolongar su estancia, habría llegado sin duda alguna a Lisboa y Cádiz. Pero el 17 de enero de 1809
partió para París; un ataque austriaco era manifies-
tamente inminente.

## La guerra de 1809

España quedaba pues por conquistar, y a partir de
ese momento Napoleón tenía necesidad de dos ejércitos. Por otra parte, la aventura había reanimado
las esperanzas de Austria, y el ejemplo de los españoles había provocado en los alemanes una exaltación romántica que precipitó el despertar de su
conciencia nacional. En Prusia, Stein, que había abolido la servidumbre, modernizado la administración
municipal y preparado una reforma de la burocracia,
se esforzaba desde 1808, junto con Scharnhorst y
Gneisenau, que reorganizaban a su vez el ejército,
en conseguir que el rey se pusiera a la cabeza de
una sublevación nacional para hacer, a la española, una guerra de independencia. Esta perspectiva
alarmó a la nobleza, y Federico Guillermo, que no
quería intentar nada sin el asentimiento de Alejandro, destituyó al audaz ministro. Los patriotas alemanes se volvieron pues de nuevo hacia Austria.
Las noticias de España habían levantado a los espíritus de su sopor y despertado la lealtad de los
húngaros. En torno del canciller, Philippe de Stadium, que no cesaba de soñar en un desquite, se formó rápidamente un partido pro guerra. El archiduque Carlos había además mejorado mucho el estado
del ejército e instituido una *Landwehr* o reserva.
Stadium estaba tan confiado que, como Mack en 1805
y Brunsvick en 1806, no esperó a sus aliados, los

ingleses; Castlereagh los había convencido para que enviasen una expedición a los Países Bajos. El archiduque Carlos tomó la ofensiva desde el mes de abril de 1809.

Al volver a París, Napoleón pudo comprobar que los ánimos del país no le eran favorables. En 1808 se había descubierto una conspiración republicana; los realistas continuaban sus intrigas y cobraban ánimos de la alarma renaciente de los católicos desde la ruptura del Emperador con el papa. Síntoma aún más grave, la perpetuidad de la guerra y la extensión desmesurada del Imperio propagaban poco a poco la inquietud en el seno de la nación; ésta tenía ahora conciencia de que la relación entre la política de Napoleón y sus propios intereses era cada vez más lejana y de que marchaba a la catástrofe. Los grandes personajes del régimen no pensaban de manera distinta, y ésta es la razón por la que Talleyrand lo traicionó, con el fin de asegurar su porvenir. En el curso del invierno, éste se concertó con Fouché para dar a Napoleón un sucesor eventual que era, parece, Murat. El Emperador se enteró por lo menos de una parte del secreto: hizo a Talleyrand una escena atroz, pero se limitó a retirarle su cargo de chambelán. Esta inexplicable caída en desgracia alarmó a sus servidores sin intimidarlos. ¿Cómo podía, mientras hacía todo lo posible por entrar en una familia real, mandar fusilar otra vez a un auténtico "ex noble"? Cogido entre la amenaza alemana y la amenaza anglo-hispánica y con la confianza quebrantada en el interior, la partida a jugar le resultaba la más temible de su vida.

Tanto más que no estaba preparado militarmente. Del Gran Ejército sólo quedaban en Alemania noventa mil hombres; la guardia había sido retirada de España y la clase 1809 estaba ya en los depósitos. Se procuró además ciento cuarenta mil conscriptos llamando a la clase 1810 y aumentando el contingente de sesenta mil a ochenta mil hombres, con efecto retroactivo a partir de 1806. Los aliados le proporcionaron otros cien mil. En marzo, Napoleón metió pues cien mil hombres en Alemania y más de cien mil en Italia y Dalmacia. Este ejército comprendía una gran proporción de reclutas y de extranjeros, por lo que no valía tanto como el de 1805 y lo peor era que no estaba concentrado. El archiduque atacó el 10 de abril y el Emperador no llegó a Baviera sino el 17; Davout se hallaba al norte del Danubio, los aliados alemanes sobre el Lech, Masséna más atrás, la guardia en camino, Bernadotte en Sajonia y Jerónimo en Westfalia. Con sus doscientos mil hombres, el archiduque hubiera podido aplastar a Davout. Pero no atreviéndose a dejar abierto el camino de Viena, cruzó el Danubio con una parte de su ejército, de suerte que Davout, imitándolo, pudo reunirse con Napoleón. El 20 de abril, éste atacó la izquierda austriaca sin conseguir cortarle la retirada hacia el Inn; el archiduque se aprovechó de la tregua para apoderarse de Ratisbona y atraerse el resto de sus tropas. Atacado el 22 en Eckmuhe por Davout y Napoleón, volvió a cruzar el río. No había tenido la suerte de Mack y descendió hasta Viena. Los franceses hicieron lo mismo y, después de haber ocupado la ciudad, se dispusieron a franquear el Danubio, río abajo, la noche del 20 al 21 de mayo, a pesar de una crecida amenazadora. La batalla de Essling hizo estragos los días 21 y 22. Solamente habían pasado sesenta mil hombres cuando el río se llevó los puentes de barcas; con grandes dificultades pudieron evacuar la orilla izquierda.

Esta vez, disminuyó el prestigio personal de Napoleón y la situación se volvió de nuevo peligrosa. El Tirol se sublevaba, y el archiduque Juan, que ya había conquistado Venecia, acudía desde Italia en ayuda de Carlos. Sin embargo, no supo concentrar las fuerzas de la monarquía diseminadas en el sur, y tuvo que retroceder hasta Hungría, de donde llegó demasiado tarde para tomar parte en la batalla decisiva; en cambio Napoleón logró concentrar todas sus fuerzas. Como en 1805, el peligro más grave podía venir de Prusia. Varios oficiales tomaron allí la iniciativa de atacar a los franceses, y como los austriacos habían ocupado Sajonia, hubo tentativas de sublevación en Westfalia. Pero después de recapacitar, Federico Guillermo no se movió. El 5 de julio, el Gran Ejército franqueó sin dificultad el Danubio más abajo de la isla Lobau, y el 6, en Wagram, después de una lucha encarnizada, el archiduque, teniendo la izquierda de su ejército dispersada y el centro rechazado, ordenó la retirada. La victoria no podía ser comparada a Austerlitz ni a Jena. Napoleón tuvo que aceptar un armisticio. El fin de la crisis se hizo esperar mucho tiempo. El Tirol no fue tampoco sometido sino después de la paz. Los ingleses habían desembarcado en Walcheren y allí permanecieron hasta septiembre. Pero Alejandro fue el que causó más inquietud. Había dejado invadir el' gran ducado de Varsovia, y cuando los polacos tomaron la ofensiva, mandó que sus tropas entraran en Galitzia sólo para cerrarles el paso. Todavía pidió a Napoleón la garantía de que Polonia no sería nunca restablecida. Como los austriacos contaban con él, las negociaciones se eternizaron. Finalmente, Alejandro aplazó la ruptura, y la paz de Viena fue firmada el 14 de octubre. Además de Salzburgo, Austria perdió Fiume y Trieste, que con una parte de Carniola y Carintia fueron unidos a Dalmacia para constituir las *Provincias Ilirias*, remoto anexo del Imperio francés. Austria fue así privada de todo acceso al mar. Tuvo que ceder además Lublin y Cracovia con un millón quinientas mil almas al gran ducado de Varsovia, y a Rusia Tarnopol con cuatrocientas mil solamente, con gran descontento de Alejandro.

## El matrimonio austriaco

Poco después, el segundo matrimonio de Napoleón acabó de arruinar la alianza de Tilsit. Al regresar de Austria, estaba decidido al divorcio, que fue pronunciado el 16 de diciembre por senadoconsulto, y el 12 de enero de 1810 por el consejo eclesiástico de París. Josefina se retiró a la Malmaison. Simultáneamente, Napoleón había pedido al zar la mano de la gran duquesa Ana, su hermana, y le había ofrecido un tratado garantizando que Polonia no sería nunca restablecida. Alejandro firmó el tratado y aplazó su respuesta en cuanto al matrimonio. Napoleón olió el ardid, pero tenía preparado su desquite. Metternich, convertido en canciller, había juzgado que una alianza francesa, sellada por un matrimonio, acabaría de enemistar a Napoleón y Alejandro a la vez que pondría a Austria a cubierto de todo peligro, sin impedirle volver a la lucha si se presentaba la ocasión. Así, había mandado dar los primeros pasos en París. Decepcionado por el zar, Napoleón hizo pedir súbitamente, el 6 de febrero por la noche, la mano de la archiduquesa María Luisa al embajador Schwarzenberg, con la condición de firmar inmediatamente. El matrimonio se celebró el 2 de abril, y el 20 de marzo de 1811 nació un hijo que de antemano había recibido el título de *Rey de Roma*.

Este matrimonio aceleró la evolución que alejaba a Napoleón de la Revolución. Fouché cayó en desgracia y corrió el rumor de que los que votaron la condena de Luis XVI serían exiliados. La anexión de los Estados federativos, que los disentimientos de Napoleón con su familia permitían augurar desde hacía mucho tiempo, pareció estimulada, y por lo pron-

to el reino de Italia fue reservado al segundo hijo
que naciera, en perjuicio de Eugenio. Una consecuencia más considerable fue que el Emperador, entregado por completo a su nueva esposa, dejó pasar
el año 1810 sin ir a terminar la guerra de España,
como se esperaba. Después del cual, fue ya dema
siado tarde, pues el conflicto con Rusia se agravó.
El matrimonio había ofendido tanto más al zar
cuanto que el tratado relativo a Polonia no había
sido ratificado. En Suecia, el rey Carlos XIII había muerto, y Bernadotte había logrado hacerse elegir regente; Napoleón, después de vacilar, lo dejó
partir, con gran cólera por parte de Alejandro. El
31 de diciembre de 1810, una doble violación del
convenio de Erfurt deshizo la alianza: Alejandro gravó con derechos excesivos las mercancías importadas
por tierra, es decir, del Imperio, en tanto que favorecía el tráfico con los navíos neutrales, por tanto
al comercio británico; Napoleón anexó el ducado de
Oldenburgo que pertenecía al cuñado del zar. Así,
la conquista de Rusia llegó a ser una exigencia.

## Los éxitos británicos

Mientras Napoleón sojuzgaba el continente, Inglaterra había acabado las últimas tentativas de las
escuadras francesas al aniquilar la marina mercan-
te así como los buques pesqueros de sus adversarios,
y sometido sus últimas colonias: en 1810, La Isla de
Francia sucumbió. El imperio napoleónico era como
un islote en medio del planeta dominado por la marina británica. Pero era también una fortaleza inex-
pugnable en tanto que el ejército francés no fuera
destruido. Una de las consecuencias esenciales de la
insurrección española fue que a partir de 1808 Inglaterra contribuyó por lo menos a debilitarlo. Sin
embargo, hasta 1812, Wellesley sólo dispuso de me-

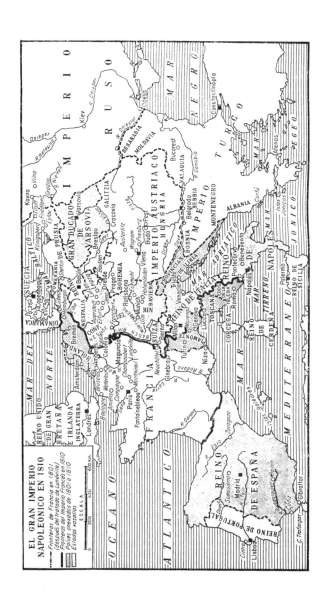

EL GRAN IMPERIO
NAPOLEONICO EN 1810

Fronteras de Francia en 1801
(después del tratado de Luneville)
Fronteras del Imperio Francés en 1810
Países anexados de 1801 a 1810
Estados vasallos

ESCALA
0   200   400   600 Km.

dios insuficientes, y hasta tal punto la opinión seguía
hostil a las expediciones continentales. Por eso sólo
libró batallas defensivas. Supo adaptar su táctica a
esta exigencia. Sin desdeñar a los tiradores, conservó
el orden lineal y las descargas de salva en los que el
infante inglés, soldado de oficio, estaba minuciosamente adiestrado; la única novedad consistió en que
resguardó sus líneas en el declive opuesto del terreno o detrás de los setos y de trincheras hechas con
árboles derribados. El efecto de las descargas contra
los franceses, que cargaban en columnas, resultó fulminante, y Napoleón, que no había vuelto a España,
no se dio cuenta de ello sino en Waterloo.

Soult había invadido Portugal después de la partida del Emperador, y Wellesley comenzó por echar-
lo de allí; después marchó sobre Madrid y rechazó
los asaltos de los franceses en Talavera el 28 de
julio de 1809, lo que le valió el título de Lord Wellington. Presumiendo que después de Wagram Napoleón intentaría contra él un gran esfuerzo, se volvió a Portugal y se atrincheró allí. Los franceses se
aprovecharon de ello para dispersar a los españoles,
y en 1810 Soult ocupó Andalucía. Pero cuando Masséna, enviado a Portugal, llegó, en octubre de 1811,
frente a las líneas de Torres Vedras, no pudo ni
siquiera hacer el intento de forzarlas, ya que carecía
de equipo de sitio, y la escasez, que era espantosa,
lo obligó a retirarse. En 1812 Wellington se juzgó lo
suficientemente fuerte para tomar la ofensiva, y el 22
de julio derrotó a Marmont en los Arapiles. Amenazado por Soult, que había evacuado Andalucía,
entró de nuevo en Portugal. Los triunfos de Suchet,
que había llegado a Valencia, no compensaron estos
fracasos.

Por su prudencia y habilidad, Wellington había sostenido una guerra que retenía en España un ejército
considerable. Es necesario observar, sin embargo,

que su acción no impidió ni la derrota de Austria
ni la invasión de Rusia. Solamente en 1813 llegó a
ser decisiva, cuando el ejército de España, trasladado a Alemania, hubiera asegurado la victoria a
Napoleón. Pero fue necesario que antes el invierno
ruso destruyera al Gran Ejército.

## El bloqueo continental

Inglaterra era incapaz de arrebatar el continente
a los franceses, a la vez que Napoleón lo era, al
menos durante mucho tiempo, de ir a atacarla en
su propia isla. Ésta es la razón por la que la guerra
económica había ocupado, desde Tilsit, el primer
plano.

Como el bloqueo británico no podía vencer por el
hambre al Imperio, era puramente mercantil. Para
los ingleses era el medio de adjudicarse el monopolio del tráfico marítimo y de enriquecerse, de manera
que concedían licencias para exportar al país enemigo, siempre que no se tratara de armas, pertrechos
o suministros navales. Durante mucho tiempo Napoleón había seguido su ejemplo. Prohibiendo en
principio las mercancías inglesas, en la práctica había dejado que los neutrales las introdujeran siempre que fueran necesarias a la industria, como el
algodón, o apreciadas por el consumidor, como el azúcar y el café; les permitía igualmente transportar
los productos que los ingleses deseaban, especialmente los granos si los había en abundancia. El bloqueo
continental era también mercantil: no excluía las
mercancías enemigas más que si hacían competencia
a los productos nacionales, y permitía se vendiesen
al adversario para sacarle su dinero. En el primer
momento, el decreto de Berlín no cambió nada. Los
ejércitos incautaban las mercancías inglesas en camino, pero era un expediente fiscal, pues se devol-

vían mediante dinero. Los neutrales no podían ya ser recibidos si venían "directamente" de un puerto inglés, pero no les era difícil probar lo contrario por medio de documentos falsos, y por otra parte no estaban amenazados de confiscación en caso de infracción, ni de incautación en alta mar. Sólo después de Tilsit la evolución se afirmó. En virtud de los decretos de Fontainebleau y Milán (13 de octubre y 23 de noviembre de 1807), los artículos coloniales y numerosas mercancías fueron reputados ingleses, salvo prueba en contrario, y todo barco neutral que hubiera tocado un puerto británico se volvió susceptible de confiscación. Los ingleses, casi al mismo tiempo, exigieron que el cargamento del barco neutral con destino al enemigo fuera registrado en uno de los puertos designados para este efecto, para pagar derechos de aduana y recibir una licencia. El segundo decreto de Milán (17 de diciembre de 1807) replicó que todo barco que hubiera obedecido la exigencia británica sería considerado como inglés y en consecuencia botín, incluso en alta mar. Napoleón se halló así reducido a seguir la política adoptada por el Directorio en 1789 y que había abandonado desde el principio del Consulado. Como los neutrales no podían esquivar el control inglés, el continente les estaba vedado; la prohibición de las mercancías británicas resultaba efectiva, y en lo sucesivo era imposible exportar con destino a Inglaterra. Al volverse hermético, el bloqueo continental cesaba de ser un expediente puramente mercantil y se convertía de nuevo en bélico. Además Napoleón acababa de decir: "Quiero conquistar el mar por medio del poder terrestre." Por supuesto, no pensaba hambrear al adversario ni privarlo de materias primas. Pero como se daba cuenta de que la estructura capitalista de Inglaterra se sustentaba en el crédito y la exportación, esperaba que restringiendo esta última provocaría la bancarrota, el desempleo, tal vez la revolución y en todo caso la capitulación. Desde este punto de vista, era esencial prohibir toda relación internacional entre los bancos, mas Napoleón nada hizo a este respecto. Tal cual era ¿la amenaza resultaba eficaz? Y en segundo lugar ¿fue puesta rigurosamente en práctica?

En 1807 y 1808, la exportación inglesa en Europa disminuyó sensiblemente; al mismo tiempo, el 22 de diciembre de 1807, los Estados Unidos cerraron sus puertas a los beligerantes, es decir, a los ingleses. Pero en seguida la opresión se aflojó: España y Portugal se libraron de Napoleón; el contrabando se organizó; los Estados Unidos se abrieron de nuevo en 1809. Inglaterra conquistó en otras partes nuevos mercados: el Levante, Brasil, y sobre todo la América española. Sin embargo, no las tenía todas consigo. De los Países Bálticos, extraía normalmente una gran parte de su madera y una sexta parte de sus granos. Éstos no enviaban ya casi nada. ¿Qué ocurriría si los Estados Unidos se cerraban de nuevo o si menguaba la cosecha? Las perspectivas del bloqueo eran pues inciertas y dependían, en parte, de países que no estaban sometidos al Emperador. Lo esencial para él era extender su dominación, y entretanto, mantener el bloqueo en su carácter rigurosamente bélico. Sin embargo, lo atenuó.

Al reducir al continente a vivir de sí mismo, el bloqueo napoleónico lo ponía en dura prueba. Se reemplazó el café por achicoria, el azúcar por miel, jarabe de uva y azúcar de remolacha, el índigo y la cochinilla por el glasto y la granza. Pero aunque se aclimató el algodón en Nápoles y se llevó de Levante por tierra, no fue suficiente para abastecer las fábricas. La clausura del mar arruinaba sin remedio a los armadores y fabricantes de los puertos, reducía la exportación y trastornaba las condiciones del tráfico.

Una inmensa coalición de intereses favorecía el contrabando, que tomó un impulso inusitado. Sólo la coacción de un despotismo de hierro podía intimidarlo, y como vasallos y aliados eran más o menos cómplices, el bloqueo ordenó sencillamente anexarlos al Imperio francés: éste fue el caso de Holanda en 1810; después, en 1811, de la región alemana que bordea el mar del Norte, de Lübeck en el Báltico y del Valais. Estas consecuencias, ciertamente, no iban a irritar a Napoleón. Pero había otras que lo alarmaron. Con la falta de materias primas, el desempleo se extendió. En 1809, después de una serie de buenas cosechas, se hundió el precio del trigo. Y sobre todo, al disminuir las importaciones, el ingreso de las aduanas disminuyó de unos sesenta millones en 1807 a once y medio en 1809, cuando el Emperador tenía mayor necesidad de dinero para la campaña contra Austria.

En marzo de 1809, imitando a los ingleses, se puso pues a distribuir bajo cuerda licencias de exportación a condición de reimportar ciertas mercancías o a cambio de numerario, e hizo la vista gorda a la salida de los granos que Gran Bretaña compró por seis millones de libras y que pagó en efectivo. En julio de 1810, las licencias fueron oficialmente instituidas y la importación de artículos coloniales y materias primas autorizadas, a condición de equilibrar su valor por la exportación de ciertos productos. El 1º de agosto, el decreto de Trianón gravó además en proporciones formidables los derechos aduaneros sobre los artículos coloniales, y esto ocasionó registros domiciliarios que permitieron confiscar inmensas cantidades de mercancías de contrabando. Tribunales aduaneros, recientemente establecidos, castigaron cruelmente a los contrabandistas.

El efecto moral no fue favorable, pues se tuvo el sentimiento de que al adoptar el sistema de trueque,

Napoleón renunciaba de hecho al bloqueo. El efecto político fue peor, porque se reservaban las licencias a los franceses: Murat se encargó también de distribuirlas y Alejandro recobró su libertad. La repercusión económica fue desastrosa. Como los ingleses no se prestaron de buen grado al trueque, las licencias no dieron todos los resultados esperados y la aplicación del decreto de Trianón, al arruinar a los que especulaban en el alza de los artículos coloniales, que pululaban en Holanda y en las ciudades hanseáticas con ayuda de capitales parisienses, provocó en 1811 una crisis violenta que hizo quebrar a numerosos bancos y, de rechazo, afectó a los manufactureros. El desempleo se complicó con un alza continua del precio del pan, debida a la reaparición de cosechas insuficientes. Napoleón hizo extender el descuento por el Banco, multiplicó los pedidos, adelantó una docena de millones a los fabricantes y finalmente, en 1812, antes de partir para Rusia, decretó, como la Convención, un máximum de granos. Pero la consecuencia más curiosa de su nueva política fue que tal vez fuera ella la causa de que no llegara a alcanzar los fines que se proponía. También en Inglaterra una crisis económica había estallado en 1811, y Napoleón, por el decreto de Trianón y la represión del contrabando, había logrado agravarla al reducir la exportación británica hacia el continente hasta alcanzar el nivel más bajo del período. La repercusión social fue violenta: estallaron insurrecciones. Nadie puede decir el giro que habrían tomado los acontecimientos si la escasez los hubiera envenenado. ¡Pero Napoleón en persona había ayudado a Gran Bretaña a surtir sus graneros!

Sin embargo, Napoleón había logrado alcanzar lo que por el momento más necesitaba: procurarse dinero en 1809 para hacer la guerra a Austria, y en 1811 para preparar la expedición a Rusia. Se calcula que el decreto de Trianón le proporcionó 150 millones, sin tomar en cuenta las confiscaciones. Pero las licencias no eran en su opinión sino un expediente provisional, y si hubiera regresado victorioso de Moscú, es indudable que el bloqueo hubiera recuperado toda su dureza; se habría apoderado de la Península ibérica y cerrado el Levante a los ingleses. Cuando en 1812 los Estados Unidos les declararon la guerra, el comercio británico estaba lejos de haberse repuesto de sus pérdidas, y en agosto los motivos resurgieron con más fuerza. Nada permite comprobar que las "leyes naturales" de la economía hubieran bastado para salvar a Inglaterra si el invierno moscovita no hubiera abreviado prematuramente la prueba a que se hallaba sometida.

## En camino hacia Moscú

Por un instante, Napoleón pudo temer que esta expedición a Rusia, "que debía acabar lo comenzado" —como lo ha dicho con sencillez— fuera evitada por Alejandro. A principios de 1811, este último había instado a Czartoryski, su antiguo ministro, a que le procurara el concurso de sus compatriotas polacos, lo que permitiría a los rusos alcanzar el Óder sin disparar un tiro y atraería a los prusianos; en abril, sus tropas se introdujeron furtivamente por el Oeste. Pero la alarma fue breve: los polacos hicieron oídos sordos. Prusia fue obligada a aliarse con Francia contra Rusia, procuró veinte mil hombres y permitió que el Gran Ejército se instalase en su país. Metternich concedió también su contingente, pero se apresuró a firmar con Alejandro un convenio de reaseguro en el que se comprometía a hacer la guerra sólo por fórmula. Por consejo de Talleyrand, el zar había, por otra parte, firmado la paz con los turcos, conformándose con la Besarabia, y aceptado el ofrecimiento de Bernadotte de prestarle su concurso a cambio de su ayuda para quitar Noruega a Dinamarca. Napoleón perdía pues el apoyo de las dos potencias que consideraba como sus aliadas naturales.

Desde el verano de 1811, el Gran Ejército había ocupado poco a poco toda Alemania; a fines de febrero, el ejército de Italia se puso en marcha para atravesar los Alpes; todos los cuerpos de ejército tomaron la ruta del Niemen. El Emperador dejó París el 9 de mayo de 1812, y después de haber reunido su consejo en Dresde, se reunió a sus soldados a principios de junio. La gran aventura había comenzado.

# VII. EL IMPERIO FRANCÉS EN 1812

El Imperio cubría entonces 750 000 kilómetros cua-
drados, poblados aproximadamente por cuarenta y
cuatro millones de habitantes y dividido en ciento
treinta departamentos, sin incluir a Iliria. A los
ciento dos departamentos comprendidos en las fronteras naturales legadas por la República, Napoleón
había añadido al norte nueve departamentos holandeses y cuatro alemanes, al sur uno suizo y catorce
italianos. Como las anexiones recientes no habían
sido del todo asimiladas, excepto en el caso de Piamonte y Liguria, anexadas temprano, el sistema napoleónico de gobierno sólo funcionó normalmente
dentro del marco de las fronteras naturales.

## El gobierno autoritario

La edad y el éxito habían transformado poco a poco
la persona y las costumbres del Emperador. Después
de Tilsit, apenas puede reconocerse al hombre de
Brumario, anguloso e "iracundo", en los rasgos de la
máscara romana que la serenidad ha distendido. Hacia 1810, su rostro se vuelve tosco, el cutis plomizo,
el cuerpo bajo y grueso. Sobre la fisonomía moral
se advierte la influencia de la omnipotencia: la confianza en sí mismo linda con la infatuación, el culto
de la fuerza y del éxito se convierte en cinismo. Al
mismo tiempo, se siente cada vez más solitario, y
cada día siente menor ilusión por la perpetuidad
de su obra: "No reino más que por el temor que ins-
piro"; ¿y qué sentimiento causará su muerte? "Se
dirá: ¡Uf!"... El ardor y la lucidez de su espíritu
no han decaído, mas su actividad se ha vuelto ordenada. A las 8 cuando más tarde está en su gabinete y

no interrumpe su trabajo sino para desayunar, solo, en unos minutos, y una o dos veces por semana para pasear o ir de cacería; a las 6, come con los suyos; después de un momento de conversación vuelve a sus tareas, para acostarse entre nueve y diez.

El carácter personal de su gobierno se acentúa sin cesar. La intervención de las asambleas disminuye poco a poco; en 1807 el Tribunado fue incluso suprimido. La influencia de los ministros mengua parejamente; Chaptal, Talleyrand, Fouché, fueron sucesivamente descartados en beneficio de personajes de segundo rango como Cretet, Champagny, Maret, Savary. En provincia la centralización progresa a medida que los grandes prefectos del Consulado desaparecen y que el orden se restaura, sin alcanzar empero la perfección a causa de la lentitud de las comunicaciones.

En la historia administrativa del Emperador, la reorganización judicial es la que tiene más importancia. En 1808, el personal fue depurado por primera vez. El Código de procedimiento civil fue terminado en 1806, el Código de comercio en 1807, en 1808 el de instrucción criminal, el Código penal en 1810. Estos códigos indican mejor la reacción que el Código civil; la marca y la argolla de los delincuentes reaparecieron en ellos. Finalmente, en 1810, el aparato judicial, modificado una vez más, tomó la forma que conserva todavía, y el personal sufrió una nueva depuración. La preocupación esencial había sido reforzar la represión: "los fiscales" (*magistrature debout*) o "ministerio público" (*parquet*), que no es inamovible, recibió su organización definitiva; el código de instrucción criminal había suprimido el jurado de acusación (*jury d'accusation*) y hecho el sumario completamente secreto.

Sin embargo, Napoleón dejó libre curso a la represión administrativa que ejercían los prefectos y sobre todo la policía, por vía de detención arbitraria y de residencia forzosa. Finalmente, en 1810, las prisiones políticas fueron restablecidas; las órdenes de aprehensión arbitrarias *(lettres de cachet)* debían ser expedidas por el Consejo privado del Emperador, pero rara vez se le consultó. En suma, Francia vivió bajo el régimen de la ley de sospechosos. Napoleón, sin embargo, moderó su aplicación, al comprender que el terror sería tolerado si no afectaba más que a un pequeño número de personas y que por lo mismo sería más eficaz. En 1814, se calculaba en dos mil quinientos el número de prisioneros políticos. Los que podían ser leídos o escuchados eran especialmente vigilados. En el Instituto, el curso de ciencias morales y políticas fue suprimido desde 1803. En cada salón de clase la policía tenía sus espías. Los abogados, a los que el Emperador odiaba, fueron obligados a solicitar su inscripción en la lista de los miembros de su profesión y no recibieron un director y una comisión de disciplina sino en 1810. Napoleón odiaba apenas menos "la cosa impresa, porque es un llamado a la opinión". A partir de 1805, los periódicos tuvieron que someter sus cuentas a la policía y ceder la tercera parte de sus beneficios para pagar a los delegados encargados de vigilarlos. En 1810, se decidió no dejar más que un periódico por departamento y cuatro en París; uno fue el *Moniteur officiel;* los otros tres, quitados a sus propietarios, fueron puestos en acciones, de las cuales tomó la policía la tercera parte. Además, la censura fue oficialmente restablecida. En París fue confiada a un director de imprenta y a censores imperiales; en provincia, a los prefectos. Impresores y libreros habían sido obligados a solicitar un permiso revocable. Los teatros no eran menos vigilados. Su organización fue reglamentada por el Estado; en 1812, en Moscú, Napoleón decretó la del Teatro Francés.

En definitiva, no quedó nada de las libertades públicas, como no fuera la libertad de conciencia, siempre y cuando no se atacara a los cultos reconocidos, no se hiciera profesión de ateísmo o no se fuera adicto a la "Pequeña Iglesia." Este despotismo no asombró casi a los franceses, apenas salidos del Antiguo Régimen y de la tormenta revolucionaria. Pero inspiró amargas reflexiones a la burguesía.

## La Hacienda y la economía nacional

El dinero es el nervio de la guerra, y el ejemplo de Luis XVI enseñaba que una crisis de la Hacienda pública puede ser mortal para el gobierno. Por ello Napoleón la administró con extrema atención. Disminuyó el impuesto directo y preparó una repartición racional de la contribución sobre las tierras al emprender la organización del catastro. En cambio, aumentó los derechos sobre las bebidas, restableció el impuesto de la sal y el monopolio del tabaco, multiplicó los derechos de consumo. Finalmente, cargó en la cuenta de los presupuestos locales una parte de los gastos del Estado —gastos del culto, catastro, canales, hospicio, así como la mitad de la asignación de los prefectos—, aunque en definitiva el impuesto indirecto aumentó a causa de los suplementos proporcionales (centimes additionels). Las cargas de los franceses aumentaron, pues, en beneficio de la guerra, que absorbió del 50 al 60 por ciento de los ingresos. Sin embargo, a pesar de las reformas de 1806, la Tesorería no estuvo jamás desahogada y retrasaba constantemente una parte de los pagos. De vez en cuando, se liquidaba el atraso distribuyendo títulos de renta. Los proveedores conservaron pues mucha influencia porque no podía prescindirse de sus adelantos. Es que el empréstito no era posible y tal fue, más todavía que antes de 1789, la diferen-

cia esencial entre las finanzas de Francia y las de
Inglaterra. Se desconfiaba del ahorro porque no se
creía en la duración del régimen y porque las finanzas del Emperador eran un misterio. Esto era cierto,
pues éste tenía tesoros particulares de los que sólo
él disponía: la dotación anual que como jefe del Estado le correspondía (lista civil), la dotación de la
corona, el patrimonio real, y sobre todo, el *Tesoro
del Ejército*, creado en 1806, para ingresar en caja
las indemnizaciones de guerra (743 millones hasta
1810). Este año, el *Patrimonio extraordinario* reunió
el Tesoro del Ejército y el producto de las tierras
y beneficios que Napoleón se había reservado en los
países vasallos. Empleó estos recursos en sostener
la renta, en auxiliar la industria, en desahogar la
Tesorería, y sobre todo en recompensar a sus adictos.
La guerra, además de alimentar a sus soldados, le
reportó pues mucho dinero. En vísperas de la expedición a Rusia, parece que dijo: "Esto será también
en interés de mi Hacienda. ¿Acaso no la he restablecido por medio de la guerra?" Sin embargo, no dejó
de preocuparse por aumentar el poder contributivo
del país estimulando la producción según los principios del mercantilismo. Los progresos de la reglamentación fueron menores de lo que se ha dicho. La
marca, restablecida para varios artículos, quedó como
facultativa. Consideraciones de orden público o fiscal explican la reglamentación de la panadería y el
matadero, la disposición de practicar ciertos cultivos como la remolacha, la ley sobre las minas que,
en 1810, quedaron propiedad del Estado, el cual las
concedió en explotación, salvo en el Sarre. Pero
sobre todo se intervino contra los obreros: la prohibición de la huelga y de las cofradías fue confirmada,
la libreta restablecida; en los tribunales de trabajo
(*conseils de prud'hommes*), creados en 1806, los
obreros no estuvieron representados. Aparte algunas

excepciones, el capitalismo naciente dictó su ley:
hizo mantener la reglamentación de la mano de obra
e impidió restablecer las corporaciones, que lo hubieran entorpecido. Fue pues la protección la que se
mantuvo en primer plano, pero la guerra y el bloqueo hicieron mucho más a este respecto que las
medidas específicas. La agricultura no fue favorecida, ya que Napoleón no quería que el pan se enca-
reciera. La industria, por el contrario, fue protegida
por medio de exposiciones, pedidos y anticipos, y
estímulo a los inventores. Se trabajó en los canales;
se abrieron las carreteras del Cenis y el Simplón y
las que bordeaban el Rin o desembocaban en él. Es
preciso observar, sin embargo, que las obras públicas
fueron acometidas ante todo por razones militares
que impusieron la apertura de carreteras nuevas, las
construcciones de Cherburgo y Amberes, o por afán
de prestigio y deseo de proporcionar trabajo al pueblo, lo cual explica el embellecimiento de París: mue-
lles, puentes, abertura de calles, el Mercado (Halles),
la Alhóndiga y la Bolsa, la columna de Vendôme y el
Arco de Triunfo.

El progreso agrícola fue muy lento; los de la industria más sensibles, sobre todo para el algodón y
los productos químicos. Los instrumentos de trabajo
mejoraron en algunas regiones, aunque modestamen-
te; incluso para el algodón el torno de hilar no había
desaparecido; la metalurgia permanecía en la etapa
de fundición con leña; las máquinas de vapor eran
escasas. La concentración de las empresas no se
manifiesta más que en la hilandería bajo la forma
de manufacturas. Por el contrario, la concentración
comercial se hacía perceptible; los grandes negociantes se multiplicaban: a Oberkampf, Bauwens y Ri-
chard-Lenoir, que habían comenzado, el primero antes
de 1789, los otros dos bajo el Directorio, vinieron a
añadirse Ternaux, Dollfus-Mieg, Japy, Peugeot, Co-

ckerill, a la vez negociantes y fabricantes, creadores de manufacturas y capataces de trabajo a destajo. La conquista y el bloqueo entregaron a Francia el mercado continental y sobre todo le entregaron Italia; se estima en 750 millones el aumento de sus reservas en metálico. Estrasburgo y Lyon prosperaron como cabeceras de tráfico por tierra. La derrota trágica fue la ruina total de los puertos. Por lo que Marsella y Burdeos se convirtieron en fortalezas del realismo.

Sin introducir muchas novedades, logró Napoleón mantener una actividad suficiente para sostener la guerra —tal era su fin esencial— y también contentar al pueblo y a la burguesía.

## El gobierno de los espíritus

No era bastante prohibir toda crítica y satisfacer los intereses, sino que Napoleón quería también captarse los espíritus. Contaba en primer lugar con el clero católico y no le escatimó beneficios: tomó a sus expensas a treinta mil capellanes, a los canónigos y los grandes seminarios; obligó a las comunas a hospedar al clero parroquial, a pagar a los vicarios y a sostener las iglesias; organizó las fábricas de parroquia y les confirió el monopolio de las pompas fúnebres. La Iglesia fue sensible también a los honores oficiales y a la exención del servicio militar. La enseñanza religiosa fue restablecida en las escuelas públicas y el obispo autorizado para controlarla. Portalis, el director de cultos, hubiera de buena gana hecho todavía más, pero Napoleón limitó su celo y se negó, por ejemplo, a hacer obligatoria la observancia del domingo. Fue también él quien contuvo los progresos de las congregaciones y las sometió a permiso en 1804. Sólo se aprovecharon los Lazaristas, los Padres del Espíritu Santo y las Misiones extranjeras a causa de su influencia exterior, y los Hermanos de la Doctrina Cristiana y de San Sulpicio, como cuerpos dedicados a la enseñanza. Las religiosas fueron mucho mejor tratadas porque Napoleón juzgaba provechoso dejar en sus manos los hospitales y hospicios así como la educación de las niñas. Nombró a su madre protectora de las hospitalarias.

El éxito de esta política fue comprometido por la ruptura con Pío VII, que secuestrado en 1809, fue llevado prisionero a Savona, luego a Fontainebleau. La aplicación del Concordato se paralizó. En 1811, los obispos, reunidos en concilio nacional e instigados por el Emperador en persona, admitieron que en ausencia del Papa la investidura fuera conferida por el metropolitano, pero reservaron la aprobación a Pío VII y el convenio no se llevó a cabo. Una nueva tentativa en 1813 no tuvo mejor éxito. El papa fue enviado de nuevo a Roma en 1814, y en el ínterin el clero volvió poco a poco a la oposición declarada; las congregaciones fueron disueltas, los pequeños seminarios cerrados y los seminaristas enviados al regimiento. El realismo pudo así renovar su alianza con los católicos. Pero la población apenas se conmovió, pues el culto no fue interrumpido.

La fidelidad de los protestantes e israelitas jamás fue puesta en duda. Estos últimos procuraron sin embargo inquietudes a Napoleón porque se dudaba que la ley mosaica fuera compatible con el derecho público y porque, en el Este, se quejaban abiertamente de "la usura judía". En cuanto una asamblea admitió el matrimonio civil y el servicio militar, el culto israelita fue oficialmente organizado en 1808, pero a expensas de sus fieles, a la vez que otro decreto, válido por diez años, anulaba o acortaba las deudas activas. En 1810, los judíos fueron además obligados a elegirse un nombre de familia. Pese a sus reservas, esta legislación fue considerada como favorable a los interesados, y valió a Napoleón la simpatía de las comunidades judías de toda Europa y las maldiciones de sus enemigos.

Intervino igualmente en la masonería, de la cual su hermano José se convirtió en gran maestre. En 1814 había un millar de logias; una gran parte del personal civil y militar figuraba en ellas y sucedía lo mismo en los Estados vasallos, de suerte que la masonería era considerada en todas partes como uno de los pilares del orden napoleónico.

La formación de la juventud procuró más quebraderos de cabeza porque su solución dependía de los recursos financieros. Los liceos no prosperaron porque su disciplina militar disgustaba y el clero los veía con malos ojos. Dos soluciones se ofrecían: cerrar los liceos, lo que hubiera satisfecho a Portalis y al cardenal Fesch, arzobispo de Lyon y tío del Emperador, o suprimir las escuelas particulares que les hacían competencia, lo que hubiera convenido a Fourcroy, director de educación, y al partido filosófico. Napoleón hubiera preferido el monopolio, pero como no tenía dinero ni el personal necesario, adoptó un término medio: en 1806, decidió crear una corporación, llamada *Universidad*, que gozaría del monopolio, pero autorizaría la apertura de escuelas particulares a cambio del pago de una renta fija. La organización de esta institución no fue determinada sino en 1808, y como en el ínterin la influencia de la Iglesia se había acrecentado, fue Fontanes el que obtuvo el puesto de gran maestre, al cual quedaron subordinados los rectores. La enseñanza fue dividida en tres grados: primaria, secundaria y superior; el primero quedó en manos de las municipalidades, pero el maestro tenía que solicitar un diploma al rector; los liceos y colegios formaron el segundo y se crearon las primeras facultades de letras, ciencias

y teología. El monopolio existía teóricamente, pues
en las escuelas particulares los grados universitarios
no debían ser otorgados antes de 1815; la inspección
fue ilusoria; la renta misma no fue pagada con exactitud y los seminarios estaban exentos de ella. Sin
embargo, Napoleón había organizado definitivamente
la educación pública, y la Iglesia no se lo perdonó
porque le impidió con ello imponer la suya. Por otro
lado, en 1811, reñido con la Iglesia, Napoleón exigió
que en las ciudades donde existía un liceo o un colegio los educandos de las escuelas particulares si-
guiesen allí los cursos, y no dejó subsistir más que
un pequeño seminario por departamento. En los liceos, el latín y el griego recobraron su importancia
en detrimento de la filosofía, la historia, las lenguas
vivas y las ciencias experimentales. No obstante, la
literatura nacional y las matemáticas conservaron
el lugar que la Revolución les había asignado, y sus
grandes instituciones de investigación científica sub-
sistieron fuera de la Universidad.

## La vida intelectual

Por estos medios, Napoleón alcanzaba en parte el
fin que se proponía: un catecismo imperial enseñó a
los fieles la sumisión al Príncipe y la Universidad
formó funcionarios competentes. Pero el Emperador
quería también dirigir la literatura y el pensamiento,
así como las artes, estimulándolos por medio de pre-
mios decenales, que fueron distribuidos por primera
vez en 1810. En esto, el fracaso fue completo porque
no poseía nada original que enseñar a los franceses.
Los que lo siguieron hasta el fin defendían en su persona la nación y la Revolución; los demás no podían
tomar en serio su legitimidad. El despotismo no podía sino adormecer la vida intelectual, pero en la
medida en que ésta ha continuado, la tradición y las

ideas del siglo XVIII han quedado como sus polos opuestos.

El positivismo racionalista de los ideólogos que representaban dichas ideas fue eclipsado por el renacimiento católico, por el incremento del misticismo heterodoxo, del que Lyon y Alsacia eran los centros principales, y por la filosofía espiritualista, a la que Maine de Biran daba de nuevo importancia. Era un síntoma importante de la moda intelectual que la contrarrevolución tuviera ahora grandes escritores: Chateaubriand, Maistre y Bonald. Sin embargo, las ciencias continuaban progresando. En las matemáticas, la física y la química, Francia, con Laplace y Monge, Gay Lussac y Thénard, entre otros muchos, conservaba un lugar de primera categoría; sus naturalistas, Lamarck, Cuvier, Geoffroy Saint-Hilaire, gozaban de una brillante supremacía.

La literatura que tenía la preferencia de Napoleón permanecía fiel a las reglas clásicas y contaba algunos autores elegantes como el poeta Delille. Pero por una parte los grandes escritores, Chateaubriand, Maistre, Madame de Staël, formaron filas en la oposición, y por otro lado no había que hacerse ilusiones: la dispersión de la aristocracia, el decaimiento de los estudios, el advenimiento de nuevos ricos poco cultivados sólo podían acentuar la declinación del clasicismo. El romanticismo triunfaba en Alemania e Inglaterra, y por varios indicios se podía presentir que iba a penetrar en Francia. Los poemas del seudo-Ossián gozaban de una popularidad inusitada; los acontecimientos de la época, exaltando la imaginación, creaban un "clima" romántico, y los que no podían aprovecharlos para la acción mostraban, como el *René* de Chateaubriand, el hastío del inadaptado, el disgusto mezclado de cólera y orgullo. Aunque la libertad hubiera sido proclamada por la Revolución, las costumbres estaban lejos de haberse adaptado a ella sobre todo en lo que concierne a la mujer. Después de la *Atala* de Chateaubriand, víctima de la pasión en conflicto con el deber, la *Delfina* y la *Corina* de Madame de Staël habían acabado no menos tristemente porque los prejuicios sociales —decía el autor—, les habían negado el derecho a la felicidad. Los relatos de los emigrados y de los soldados propagaban el gusto por el exotismo, y Chateaubriand contribuyó a ello con su *Itinerario de París a Jerusalén* y con sus *Mártires*. En fin, el contacto con las literaturas extranjeras se volvía más íntimo, y a este respecto el papel de Mauame de Staël fue inigualable, ya que su libro, *Sobre Alemania*, reveló a los franceses el romanticismo alemán. La tradición se defendía mejor en el terreno de las artes plásticas. Napoleón era muy aficionado a ellas, y construyendo o comprando mucho las favoreció en gran manera. Encontró su teórico en Quatremère de Quincy. Percier y Fontaine en el Louvre, Gondouin, que erigió la columna Vendôme, Chalgrin, que comenzó el Arco de Triunfo, permanecieron fieles a la tradición. David no abandonó su primer estilo y pintó las *Sabinas*. En el arte decorativo, el estilo Imperio, rico y pesado, de inspiración egipcia y etrusca, también siguió en vigor al finalizar el siglo XVIII. Sin embargo, el arte estaba lejos de ser uniforme. El alejandrinismo, puesto de moda en el siglo precedente, reaccionó contra la línea firme y tendida de la pintura davidiana con Girodet y Prud'hon, así como en las obras del escultor italiano Canova, por quien Napoleón sentía una marcada predilección. En el arte decorativo, el alejandrinismo siguió reinando al lado del estilo Imperio. El realismo se imponía también en el retrato, en el que Gérard, y sobre todo David, fueron incomparables. En fin, los temas que Girodet tomaba de Ossián o de Chateaubriand, los que se sacaban de la historia contemporánea —la consagración de David, las batallas de Gros, los soldados de Géricault— inspiraban obras que eran ya románticas por la variedad, el movimiento y el colorido.

Por lo que se refiere a la música, una vez abandonada la renovación revolucionaria, la ópera y la melodía reinaron de nuevo sin disputa. Los principales compositores eran ya franceses, como Méhul, ya italianos, como Spontini: *José* y *La Vestal* son de 1807. Boïeldieu rehabilitaba la ópera cómica; Cherubini, el maestro de Berlioz, era ya romántico, pero gustaba poco. Pero la fama de todos ellos palidecía frente a la de Beethoven.

## La evolución social y la opinión pública

Cuando Napoleón se dio cuenta de que la sujeción de los espíritus era incompleta, acentuó sin cesar el carácter jerárquico y corporativo de su política social. Nuevas corporaciones —la Universidad, el colegio de abogados— vinieron a añadirse a las que ya había organizado; hubiera restablecido de buena gana los gremios de artesanos y los terrazgos perpetuos para reforzar la autoridad de los notables sobre los obreros y campesinos. La multiplicación de los funcionarios y de los oficiales tejía vínculos de subordinación. Finalmente, en 1808, creó una nobleza imperial volviendo cada título hereditario a condición de que se le asociara un mayorazgo inalienable. Entre los notables, mantuvo el espíritu de sumisión mediante la distribución de cargos cortesanos, cada vez más numerosos, mediante gratificaciones, pensiones y dotaciones, becas, y también condecoraciones, de suerte que a la Legión de Honor se añadieron la Corona de Hierro de Italia, los tres Toisones de oro y la orden de la Reunión.

Para la nueva legitimidad el beneficio de esta política fue ilusorio. La nobleza imperial no fue más que una camarilla de cortesanos que no prestó ningún apoyo a su creador. Su reconciliación con la rancia aristocracia fue sólo aparente. Napoleón mismo no se sentía a sus anchas con los resellados y los despreciaba: "Les he abierto mis antecámaras y se han atropellado para entrar", decía. Pero era muy distinto lo que ocurría en el país. Los ex nobles aguardaban calladamente la hora del desquite y lo preparaban insinuándose en las funciones públicas y restableciendo como mejor podían su influencia social; el Tercer estado los vigilaba con desconfianza. La acción de Napoleón sobre la sociedad no fue verdaderamente eficaz más que en la proporción en que fortificó el ascendiente de la burguesía. Pero a medida que se volvió más poderosa, más se apartó de él porque la privaba de toda libertad y no la consultaba. Así, la monarquía constitucional inspiraba sentimientos nostálgicos y el parlamentarismo inglés se puso de moda. La oposición de Chateaubriand y de Madame de Stael; la más discreta de Roger Collard y de Guizot en la Sorbona; las murmuraciones de salón, las de la casa de Madame de Récamier, no ponían en peligro al régimen. Pero después de la derrota la traición de Talleyrand hallará connivencias y complicidades. Este descontento no halló ningún eco en el pueblo. Hasta fines de 1812, el servicio militar lo conmovió menos de lo que se ha dicho; el bloqueo apenas le afectaba desde el momento que tenía trabajo y que el pan no era caro; las contribuciones indirectas reunidas en una sola administración (*droits réunis*) suscitaron oposiciones, pero eran mucho menos onerosas que antes de 1789. Campesinos y obreros llevaban la misma vida que en otros tiempos, un poco menos ruda tal vez, pues el número de pequeños propietarios había aumentado y los salarios se mantuvieron o se elevaron. En todo caso, la población creció en un millón cuatrocientas mil almas a despecho de la guerra, y la nación nunca dio prueba de mayor vitalidad. La crisis de 1811, y en 1812 la carestía del pan, interrumpieron la sucesión de los años felices. Napoleón reprimió implacablemente los disturbios, pero hizo compras considerables de granos y restableció el máximum. No parece que la desgracia le haya restado consideración: el pueblo no suponía siquiera que se le pudiera reemplazar por los Borbones, de los que ignoraba hasta la existencia.

En los países anexados antes de 1804, Bélgica, Renania, Ginebra, Piamonte, Liguria, la aristocracia y la burguesía alimentaban los mismos agravios que en Francia. Se quejaban además de que no se les dieran bastantes cargos en las funciones públicas. Sin embargo, la población aumentaba; apreciaba el orden y la actividad de la administración; la economía progresaba, favorecida por el bloqueo. La burguesía, como en Francia, era la que sacaba el mayor beneficio del régimen y la que le era más adicta. Entre los nuevos departamentos y los antiguos, la diferencia esencial fue que, en los primeros, los bienes nacionales habían sido vendidos tardíamente y el campesino pobre sacó con ello menos ventajas que en los segundos, y que, por otra parte, las cargas señoriales de la tierra fueron declaradas redimibles y no suprimidas sin indemnización; es igualmente notorio que la ruptura con el papa hizo en los nuevos departamentos más impresión que en los antiguos. A pesar de todas las reservas, hay que reconocer que los países anexados no hicieron nada por sustraerse a la dominación del Emperador.

## La influencia francesa

Por vasto que fuera el Imperio francés, era sin embargo sólo el núcleo del Gran Imperio. En los países vasallos Napoleón trabajó obstinadamente por implantar su sistema de gobierno a fin de que una burocracia eficaz le procurara dinero y hombres y que la burguesía y el pueblo quedasen bajo su dominio por medio de la introducción del Código civil, es decir, de los principios de 1789. En los reinos de Italia y Westfalia la asimilación fue más completa. En Nápoles, Roma, Iliria, había progresado mucho en 1812. Los Estados alemanes permanecían a la zaga. Baviera, Wurtemberg, Baden, habían adoptado el aparato gubernamental y administrativo; en los grandes ducados de Berg y Francfort la transformación no se había realizado aún; en el de Wurzburgo y en Sajonia no había cambiado nada. Y sobre todo, la reforma social era imperfecta; incluso en Baden, donde se había adoptado el Código civil, la nobleza conservaba privilegios y los derechos señoriales subsistían. En el gran ducado de Varsovia, organizado a la francesa, se había abolido la servidumbre, pero el campesino seguía siendo terrazguero del noble. Para la reforma napoleónica y para la influencia de Francia el escollo fue que, como tuviera necesidad de la aristocracia para constituir una administración y una corte en los países vasallos, y obligado también a tratar con miramientos a los soberanos, el Emperador no pudo modificar la estructura social agraria de la manera radical que en Francia había ligado el Tercer estado a la Revolución. Sin embargo, hay que reconocer que Napoleón difundió por todas partes las nociones de igualdad civil e incluso de constitución, que creó las condiciones de una economía moderna cuyos inicios, por otra parte, el bloqueo protegió y marcó así con profunda huella todos los países vasallos, sin contar con que su ejemplo, dígase lo que se diga, no dejó de influir en la renovación de Prusia. La guerra no basta para explicar esta política, pues para arrastrar el continente a ella no era necesario imponerle el Código civil. Se trataba, lisa y llanamente, de agregar a la unidad política la unidad administrativa y social como marco de una civilización europea de inspiración clásica y francesa. Al lado de los idiomas nacionales, que Napoleón no pensó desarraigar, el francés debía llegar a ser la lengua universal, y no hay duda que quiso hacer de París la capital intelectual, artística y mundana del Imperio de la misma manera que era ya su capital política; se esforzaba por convertirla en el museo del mundo llevando allí las obras maestras de que despojaba a los países conquistados.

Y sin embargo, el Emperador contribuyó más que nadie a romper la unidad europea en perjuicio de la influencia francesa al avivar por todas partes los sentimientos nacionales. En Santa Elena, se imaginará a sí mismo como protector de las nacionalidades oprimidas después de él por la Santa Alianza. Es cierto que, aunque no realizó la unidad territorial de Italia y Alemania, simplificó prodigiosamente su mapa; por primera vez desde el siglo XIV, agrupó una parte de los yugoeslavos en el seno de Iliria; es cierto también que por sus reformas creó en los países vasallos la condición indispensable al florecimiento de la unidad política. Empero, aunque varios pueblos puedan contarlo, a este respecto, entre sus padrinos, Napoleón desconfiaba en el fondo de las nacionalidades, pues con su natural aspiración a la independencia, tendían a arruinar la unidad imperial. Mas la conquista francesa no podía dejar de llamarlos a la vida, puesto que la dominación extranjera ha sido siempre el mejor reactivo. Comparadas con sus beneficios, las cargas del régimen —indemnizaciones de guerra, requisiciones y pillajes de las tropas, impuestos desmedidos, intereses lesionados, tradiciones rotas, prejuicios contrariados— parecieron exorbitantes. No es un azar que el ardor patriótico se manifestara tan fuertemente en la Alemania de 1813, puesto que desde 1811 estaba hundida por el Gran Ejército.

La reacción política de las nacionalidades no fue lo peor para la influencia francesa. En cada una de ellas se vio aumentar el número de los que, desafiando a los amos del momento, rechazaban esta cultura francesa que desde Luis XIV ejercía una atracción universal, para adherirse celosamente a la lengua, la cultura, el pasado que les eran propios. El cosmopolitismo europeo, de marca francesa, recibió un golpe fatal, y en Alemania el romanticismo, erigido en filosofía política, al considerar a la nación como un ser viviente, engendrado como los otros por la acción inconsciente de una fuerza vital, fue la negación de las ideas francesas y revolucionarias que, al fundar la nación sobre el consentimiento voluntario de sus miembros, concilian los derechos de la comunidad con los del individuo.

# VIII. LA CAÍDA DE NAPOLEÓN

## (1812-1815)

### La campaña de Rusia

Contra Rusia, Napoleón iba al mando de más de setecientos mil hombres, de los cuales sólo una tercera parte eran de la antigua Francia; seiscientos once mil franquearon sucesivamente la frontera en el curso de la campaña. A causa de la extensión del frente, esta masa fue dividida en varios ejércitos. El Emperador estaba en el Niemen con doscientos veintisiete mil hombres, Eugenio en la retaguardia, Jerónimo y los austriacos a la derecha, Macdonald y los prusianos a la izquierda. Hasta el 20 de junio, se esperó a que los rusos atacaran en Polonia; como no daban señales de vida, fue preciso ir en su busca; los soldados llevaron consigo pan para cuatro días. Esta vez —la primera— Napoleón, sabiendo que penetraba en un país miserable, los hizo seguir por convoyes con provisión de harina para veinte días; Alejandro, en tres semanas, debía ser obligado a capitular.

Alrededor del zar no todos aprobaban la resistencia, pero ganó su soberbia. Tampoco se estaba de acuerdo sobre la táctica a seguir. Frente a Napoleón, Barclay de Tolly no tenía más que ciento veinte mil hombres; en el Boug, Bagration menos de cuarenta mil. A izquierda y derecha, Tormasov y Wittgenstein se aproximaban y Tchitchagov conducía el ejército del Danubio; para ganar tiempo, algunos aconsejaban la retirada. Finalmente se decidió hacer frente al enemigo. Pero Barclay y Bagration, temiendo una catástrofe, retrocedieron espontáneamente, e hicieron así del espacio y del invierno dos aliados inestimables de su país.

El ejército de Napoleón franqueó el Niemen los días 24 y 25 de junio y se encontró en el vacío, pues Barclay se había retirado detrás del Duna. En Vilna, Davout fue encargado de cortar la retirada a Bagration; Jerónimo no se apresuró a seguirlo, y aquél escapó también detrás del Dnieper. La maniobra había fallado. En el Duna el fracaso fue semejante, pues Barclay se lanzó sobre Smolensk, donde Bagration lo alcanzó. Aquí, una tercera tentativa fracasó de nuevo: el 17 de agosto una batalla sangrienta no entregó más que la ciudad; los rusos huían hacia Moscú. ¿Convenía detenerse? Las marchas y las privaciones —pues los convoyes no habían podido seguir— habían ya multiplicado, en proporción aterradora, los desertores y los rezagados, sobre todo entre los extranjeros, y hecho perecer en masa a los caballos. Las amenazas se mostraban en los flancos del ejército. Pero permanecer inmóvil era comprometer el prestigio, ¿y qué no podría suceder en la retaguardia antes de la primavera? Napoleón emprendió la marcha de nuevo. A orillas del Moscova, Kutusov, que habiendo sucedido a Barclay no cesaba de recomendar la resistencia, ofreció finalmente la batalla el 7 de septiembre. Fue una batalla terrible —treinta mil franceses y cuarenta mil rusos cayeron— pero de ningún modo decisiva. Kutusov se retiró en orden al sur de Moscú, mientras que Napoleón entraba en la ciudad el 14. El día siguiente, ésta estaba en llamas, como parece lo quiso Rostoptchine, su gobernador.

Alejandro permaneció sordo a todas las sugestiones de Napoleón. Éste no contaba con medios para ir más lejos, y al no poseer sino el suelo que ocupaba, no podía dejarse bloquear en Moscú por el invierno. El 14 de octubre comenzó la retirada. Inmediatamente la nieve empezó a caer. El país, devastado a la ida, no ofrecía recursos ni abrigo. Los

caballos perecieron; coches y cañones fueron abandonados; la cola de rezagados se alargó, sin cesar
diezmada por el frío y los cosacos. Al salir de Smolensk, el 15 de noviembre, en Krasnoia, se halló el
camino cortado por los rusos, que habían tomado la
delantera; pudo pasarse combatiendo, pero el 18, Ney
no logró escapar sino cruzando el Dnieper sobre el
hielo. El ejército reagrupado, reducido a unos treinta
mil hombres, ganó el Beresina, donde lo esperaban
Tchitchagov y Tormasov, mientras que por el norte
Wittgenstein se acercaba. Gracias a dos puentes im-
provisados los franceses se abrieron camino, armas
en mano, los días 27 y 28 de noviembre. En seguida
el frío, hasta entonces relativamente moderado, puesto que el Beresina no se había helado, aumentó cruelmente y arruinó lo que quedaba del Gran Ejército.
Unos diez mil hombres lograron llegar a Vilna, el
9 de diciembre, y se retiraron sobre Königsberg. Cuarenta mil desperdigados se juntaron de nuevo poco
a poco. En las alas quedaban cincuenta y cinco mil
hombres. Napoleón había perdido en ellas cuatrocientos mil, más cien mil prisioneros.

El Gran Ejército, creador y broquel del Gran Imperio, no existía ya, y no podría renacer, puesto que
dependía de una amalgama continua de reclutas y
combatientes. No podía ser sustituido sino por un
ejército de conscriptos. No obstante, Napoleón no se
amilanó. El 5 de diciembre, al saber que el general
Malet había estado a punto, el 23 de octubre, de
apoderarse en París del gobierno, fue a Francia, para
tomar de nuevo las riendas, y alistar nuevas legiones.

## Las campañas de 1813

Encargado del mando, Murat hubiera podido sostenerse, sin duda, si prusianos y austriacos hubieran
permanecido fieles, pues los rusos también estaban

agotados. Pero el 30 de diciembre, York, el jefe
prusiano, firmó por su propia iniciativa un convenio
de neutralidad que abrió la Prusia oriental. Schwarzenberg, por su parte, evacuó el gran ducado de
Varsovia sin combatir, y el 30 de enero de 1813 concluyó un armisticio que dejó sin protección a Silesia.
Como Murat había marchado de nuevo a Nápoles,
Eugenio retrocedió hasta el Elba. El 22 de enero
Federico Guillermo III había ido a instalarse en
Breslau, y el 28 de febrero, en Kalisch, concertó una
alianza con Alejandro; declaró la guerra a Napoleón,
y el 16 de marzo proclamó la leva en masa.

Para Napoleón, la actitud de Austria sobre todo
fue una decepción. Se le ha reprochado no haberla
ganado poniendo precio a su alianza. Esto no era
posible, porque ayudándolo a aplastar a Rusia y a
Prusia, Austria se hubiera encontrado a su merced:
Metternich no podía aceptar nada sino de acuerdo
con aquéllas para restablecer el equilibrio. A fines
de diciembre, había enviado a Bubna a París para
aconsejar a Francia se mantuviese en sus límites de
Lunéville. Como estadista, no le hubiera desagradado
que eso ocurriera porque desconfiaba de Prusia y
sobre todo de Alejandro. Mas estaba convencido de
que Napoleón no aceptaría, y como aristócrata se ale-
graba de ello. No se equivocaba: el Emperador se
limitó a ofrecer Iliria. Antes que parecer vencido,
lo que le hubiera obligado a renunciar al poder absoluto, prefería sucumbir combatiendo. Desde hacía
mucho tiempo había dejado de preocuparse por el
interés de la nación y no podía razonar de otro modo.
Además, no hubiera ganado nada con ceder: Castlereagh rechazó la mediación de Metternich. Desde ese
momento, éste no discutió ya más que para ganar
tiempo para preparar la movilización. Como no podía
estar listo antes del verano, Napoleón tendría tiempo
para aplastar rusos y prusianos: era su última carta.

El contingente de 1813, que alcanzó ciento treinta y siete mil hombres, había sido llamado el 22 de septiembre; de regreso en Francia, Napoleón hizo pasar al ejército activo ciento ochenta mil guardias nacionales, pidió doscientos cuarenta mil hombres a la clase 1814 y llamó otros cien mil de las clases 1809 a 1813. Después de haber confiado la regencia a María Luisa, alcanzó al ejército en el Saale. Su superioridad numérica era considerable: ciento cincuenta mil contra cien mil; pero carecía de caballería y varios de sus lugartenientes eran mediocres. La maniobra, que se consideró una de las más bellas entre todas las suyas, fue marchar por etapas, hacia Leipzig; luego, convergiendo hacia el sur, arrinconar al enemigo en Bohemia para aniquilarlo. Pero el 2 de mayo, el cuerpo de ejército de Ney fue atacado de flanco en Lützen por Blücher, y como los otros participaron flojamente o con retraso, los aliados pudieron salvarse y pasar el Elba. El golpe había fracasado. De nuevo, los días 21 y 22 de mayo, en Bautzen, escaparon al cerco y alcanzaron Silesia. Napoleón, que ignoraba hasta qué punto estaban debilitados, creyó en una huida concertada con Metternich; y como no se juzgaba en condiciones de combatir a las tres potencias reunidas, pues no podía alimentar a sus tropas y los conscriptos resistían mal las caminatas, viendo que el ejército se deshacía sensiblemente, propuso un armisticio que fue firmado en Pleiswitz el 14 de junio. Los refuerzos permitieron así duplicar los efectivos. El enemigo, a decir verdad, los recibió en mayor cantidad. En igualdad de condiciones, Napoleón estaba siempre seguro de vencer; por otro lado, no había perdido la esperanza de reconquistar a Alejandro, y habiendo aceptado la apertura de un congreso en Praga, de retener a Austria.

En realidad perdió la partida diplomática. Castlereagh firmó tratados con Prusia y Rusia, las cuales, mediante subsidios, se comprometieron a no hacer negociaciones de paz separadamente. El 27 de junio, en Reichenbach, aceptaron, de grado o por fuerza, la mediación de Austria, y Metternich fue personalmente a Dresde a comunicar las condiciones a Napoleón, quien las discutió, sin llegar a una solución durante más de un mes. Aunque las hubiera aceptado, todo hubiera quedado como al principio, ya que Castlereagh tenía también un programa, y mucho más radical. El 10 de agosto el congreso fue clausurado, y el 12 Metternich declaró la guerra.

Los coligados tenían al fin la superioridad numérica: quinientos doce mil hombres contra cuatrocientos sesenta y ocho mil. Por primera vez desde 1792 se empeñaban en la guerra todos juntos; veinte años de derrota no habían sido suficientes para aleccionarlos. Formaron tres ejércitos: en Bohemia, austriacos, rusos y prusianos al mando de Schwarzenberg; en Silesia, prusianos y rusos con Blücher a la cabeza; en el Norte, rusos y suecos bajo la dirección de Bernadotte. Este último había recomendado escabullirse frente a Napoleón y no librar batalla más que con sus lugartenientes. Este método tuvo éxito. El Emperador se hallaba en situación análoga a la que, en agosto de 1796, le había valido uno de sus más famosos triunfos; se hubiera podido esperar verlo caer con todas sus fuerzas sobre cada uno de los tres ejércitos enemigos separados. Pero no se resignó a abandonar Dresde y dejó a Davout en Hamburgo con cuarenta mil hombres; al ligarse así a las fortalezas entró en el juego de Bernadotte.

Blücher, que había sido el primero en tomar la ofensiva, retrocedió precipitadamente ante Napoleón. Al saber éste que Schwarzenberg había entrado en Sajonia, soltó presa, pero dejando frente a Blücher setenta mil hombres con Macdonald. El 27 de agosto batió a Schwarzenberg abajo de Dresde; Van-

damme, enviado con fuerzas demasiado débiles para
cortarle la retirada, fue sitiado en Kulm y capituló.
Oudinot, luego Ney, fueron vencidos por Bernadotte,
y Macdonald por Blücher, que le tomó veinte mil
hombres y cien cañones. De nuevo el ejército se
deshacía visiblemente. En octubre, Bernadotte y
Schwarzenberg se adelantaron tras él hacia Leipzig,
y Blücher, escapando una última vez a Napoleón,
los alcanzó. Éste se decidió a ir a reunirse a Murat
para librar en Leipzig la batalla suprema, del 16 al
19 de octubre, con ciento sesenta mil hombres contra
trescientos veinte mil. Sesenta mil aliados fueron
muertos o heridos; el Emperador, vencido, logró retirarse con gran esfuerzo y perdió también sesenta
mil soldados, entre los que se contaron veintitrés mil
prisioneros. La Alemania del Sur desertó. Lo que
quedaba del Gran Ejército tuvo pue derrotar en
Hanau al ejército bávaro para retornar a las plazas
del Rin, donde el tifus acabó con él. Ciento veinte
mil franceses quedaron bloqueados inútilmente en
las fortalezas alemanas.

Para entonces, los austriacos habían ocupado Iliria, el Tirol, Venecia, la Romaña y las Marcas. Murat,
llegado de Nápoles, negociaba con ellos. En España,
Wellington había tomado de nuevo la ofensiva, y
franqueando el Duero obligó a José a evacuar Madrid. Batidos en Vitoria, el 21 de junio, los franceses se habían retirado detrás del Bidasoa, y Suchet,
en consecuencia, había retrocedido hasta Figueras. El
Gran Imperio no existía ya, y Francia iba a ser invadida como en 1792 y 1793.

## La campaña de Francia

Sesenta mil franceses formaban una delgada cor-
tina de Suiza al Mar del Norte. Al arribar al Rin,
los aliados vacilaron, sin embargo, pues carecían de

dinero y la miseria de sus tropas era terrible. Mas
si aguardaban la primavera, Napoleón formaría de
nuevo un ejército y todo sería puesto de nuevo en
equilibrio; se decidieron pues a una campaña de invierno, lo que fue para el Emperador el golpe fatal.
Sin embargo, Metternich, en Francfort, exigió que
se le ofreciera de nuevo la paz sobre la base de las
fronteras naturales. Napoleón, informado el 15 de
noviembre, no decidió aceptar sino hasta el 2 de diciembre. Era demasiado tarde; Holanda había sido
ocupada el 4 del mismo mes. Alegando su silencio,
los aliados lo denunciaron a los franceses proponién-
doles directamente la paz. De haber cedido más
rápidamente, Napoleón no hubiera tampoco arregla-
do nada, pues Castlereagh había ya declarado que no
le dejaría ni Bélgica ni el Rin; se puede solamente
presumir que bajo el patrocinio de Austria, hubiera
podido tal vez conservar algunos jirones de las conquistas de la República.

El 16 de diciembre, Schwarzenberg pasó el Rin
para llegar, a través de Suiza, al Franco-Condado y
al valle del Sena; Bubna marchó sobre Ginebra
y Lyon. A principios de enero, Blücher franqueó también el río hacia Coblenza, y atravesando Lorena
llegó a Saint-Dizier. Durante este tiempo, Castlereagh
desembarcaba en Francia para concertar a los aliados
e imponerles sus condiciones. Admitió que se nego-
ciara en Châtillon-sur-Seine con Caulaincourt, como
lo deseaba Metternich, pero hizo decidir, el 29 de
enero de 1814, que Francia fuera reducida a los límites de 1792. En este momento la campaña de
Francia había comenzado.

El Emperador había llamado sucesivamente a seiscientos treinta mil hombres, sin contar a los guardias nacionales. A fines de enero, ciento veinticinco
mil estaban en los depósitos y se hacía el esfuerzo
de proveerlos por medio de requisiciones. Reducido

a las antiguas fronteras, el Imperio imitaba a la Convención y al Directorio, tan calumniados, y era inevitable que así sucediese, pues al no poder ya hacer la guerra a expensas del extranjero había que sacar recursos de los propios franceses. A estos les pareció muy mal. Por primera vez los notables levantaron la voz en el Cuerpo legislativo, que fue en seguida suspendido: el pacto de Bonaparte con la burguesía se había roto finalmente. El pueblo se mostró reacio, y la administración no tuvo tiempo de obligarlo, paralizada como se hallaba por la fulminante invasión y también por la traición, pues los funcionarios resellados pactaban con los realistas que incitaban a la desobediencia y ayudaban al enemigo como mejor podían; el 12 de marzo, el alcalde de Burdeos entregó la ciudad a los ingleses, que llevaban consigo al duque de Angulema. La resistencia nacional sólo despertó tardíamente en Champaña, después de las atrocidades cometidas por los soldados extranjeros.

Habiendo dejado París el 25 de enero, Napoleón no tenía a su disposición más que unos sesenta mil hombres dispersos. Batió a Blücher en Brienne el 29, sin poder impedirle unirse a Schwarzenberg, y fue aniquilado en La Rothière. El 7 de febrero se notificó a Caulaincourt el retorno a las fronteras de 1792, y la noche siguiente Napoleón acabó por resignarse. Pero ya a la mañana se retractó, pues los coligados se habían separado. Después de dejar a Schwarzenberg seguir por el Sena, Blücher empujó sus divisiones una tras otra a lo largo del pequeño Morin. El Emperador las derrotó sucesivamente en Champaubert, el 10; en Montmirail el 11; en Château-Thierry el 12; en Vauchamps el 14; por última vez, volvemos a hallar aquí a Bonaparte. Blücher y su gente se rehicieron en Châlons, y durante este tiempo Schwarzenberg se adelantaba a través de

Brie y Gâtinais. Napoleón acudió y lo hizo retroceder
al otro lado del Sena, pero le costó trabajo tomar de
nuevo Montereau, el 18; por lo tanto, los austriacos
tuvieron tiempo de reunirse y se retiraron a Troyes.
Metternich se encargó de ofrecer un armisticio; pero
Napoleón se negaba ahora a renunciar a las fronteras naturales, y por otra parte Castlereagh protes-
taba contra la iniciativa de Austria. El 9 de marzo
impuso a los aliados el pacto de Chaumont que los
unía por veinte años contra Francia: al fin había
realizado su gran idea. El 22, el gobierno británico
decidió que no se trataría con Napoleón. Ya entonces el conde de Artois había llegado a Nancy.

En ese momento, el drama tocaba a su fin. El
28 de febrero Napoleón se había vuelto de nuevo
contra Blücher, que después de descender por el
Marne había sido detenido en el Ourcq por Marmont
y Macdonald. Acosado en el Aisne, fue salvado por
la capitulación de Soissons. El Emperador lo siguió
hasta Laon y allí sufrió un rudo fracaso, el 9 de
marzo. Entre tanto Schwarzenberg regresaba; Napoleón fue hacia él, pero abrumado por el número
en Arcis, los días 20 y 21 de marzo, y amenazado
por Blücher que arribaba por Châlons, se dirigió
hacia el este con la esperanza de proseguir allí la
campaña cortando las comunicaciones del enemigo.
Blücher y Schwarzenberg llegaron hasta París, y
el 30 de marzo libraron batalla bajo los muros de la
ciudad, abandonada la víspera por María Luisa, contra Mortier y Marmont, que capitularon por la noche.

Napoleón, inquieto, llegó el 31 a Fontainebleau.
¡Ya desde entonces era traicionado y abandonado!
El 31, los realistas aclamaron a los aliados a su entrada en la capital; por la noche, en la casa de Talleyrand, los soberanos declararon que no tratarían
con el Emperador e invitaron al Senado a formar
un gobierno provisional del que Talleyrand fue por

supuesto el jefe. El 3 de abril la destitución de Napoleón fue pronunciada, y después de haber redactado de prisa y descuidadamente una constitución el Senado llamó a Luis XVIII al trono, el 6 de abril. Durante este tiempo los mariscales se negaban a seguir combatiendo y obligaron a su jefe a abdicar en favor de su hijo. La noche del 4 al 5, el cuerpo de ejército de Marmont fue entregado al enemigo. El 6, Napoleón abdicó al fin, lisa y llanamente. La guerra no tardó en finalizar. En Italia, Murat se había unido a los austriacos contra Eugenio, quien el 16 de abril tuvo que aceptar evacuar Italia; en los Pirineos, Soult, defendiéndose palmo a palmo, había retrocedido hasta Tolosa, donde fue vencido el 10 de abril.

La suerte de Napoleón fue decidida el 11, por el tratado de Fontainebleau: obtuvo la isla Elba con una dotación, Parma para su mujer y su hijo y rentas para sus parientes. El 20, se despidió de sus tropas, a las que había guardado tan poca consideración y que eran las únicas que le habían sido fieles hasta el fin.

*La primera Restauración*

Luis XVIII desembarcó el 24 de abril en Calais. Descartó la constitución del Senado y el principio de la soberanía nacional, pues sólo quería ser rey de Francia y Navarra por la gracia de Dios. En su declaración de Saint-Ouen, el 2 de mayo, no admitió tampoco las libertades y la igualdad civiles, la venta de los bienes nacionales, el mantenimiento de las instituciones imperiales, y prometió "conceder" una "carta" que fue publicada el 4 de junio. La organización política fue imitada de Inglaterra. El rey ejerce el poder ejecutivo por intermedio de ministros responsables y sólo él posee la iniciativa legislativa;

una Cámara de pares y una de representantes vota
el impuesto y las leyes. Los primeros, nombrados
por el rey, pueden ser hereditarios; se les toma en
su mayoría de entre los senadores y los mariscales.
Los segundos tenían que ser elegidos en el sufragio
censatario; quinientos francos de impuesto directo
confieren el derecho de voto y mil francos la elegibilidad. Por el momento, el Cuerpo legislativo fue
transformado, tal cual, en Cámara de representantes.

Ya la paz había sido concluida en París, el 30
de mayo. Además de Montbéliard y Mulhouse, anexados después de 1792, Talleyrand salvó Chambéry
y Annecy, así como una parte de la región del Sarre.
Inglaterra se adjudicó Tabago y Santa Lucía, la Isla
de Francia, Rodríguez y las Seychelles; España recobró su parte de Santo Domingo. No se exigió
ninguna indemnización de guerra, y los objetos de
arte de que Napoleón había despojado a los países
conquistados ni siquiera fueron reclamados. Castlereagh, Metternich y Alejandro estaban de acuerdo
para tratar a Francia con moderación, pero ésta tuvo
que ratificar de antemano las decisiones del Congreso de Viena, donde iba a hacerse una repartición
de sus despojos.

Ante todo, Castlereagh se preocupó en el Congreso
por cercarla, y para ello reunió Bélgica y Holanda
en un reino de los Países Bajos bajo la protección
de las potencias, e instaló a Prusia en la orilla izquierda del Rin y a Austria en Italia. Sin embargo,
se esforzaba también por mantener el equilibrio limitando, de acuerdo con Metternich, las expansiones
de Rusia en Polonia, y de Prusia en detrimento de
Sajonia; para contenerlas, admitió a Francia en la
triple alianza del 3 de enero de 1815, que por lo demás no desempeñó ningún papel, pues los aliados
acabaron por entenderse. Sin embargo, Talleyrand
se jactó de haber disuelto la coalición defendiendo

FRANCIA
Después de la
capitulación de París
(Abril 1814)

CANAL DE LA MANCHA

OCEANO
ATLANTICO

MAR
MEDITERRANEO

Dunquerque
R. Lys
Lila
Mons
Waterloo
Charleroi
Philippeville
Marienburg
Bouillon
Laon
Luxemburgo
Soissons
Sarrebruck
Landau
Paris
R. Marne
Champaubert
Montmirail
Brienne
Estrasburgo
Fontainebleau
Montereau
Chaumont
Auxerre
Chatillon
Dijon
R. Rin
Chalons
Macón
R. Loira
Lyons
Annecy
Chambéry
Burdeos
R. Garona
CONDADO
DE NIZA
Toulouse
Nizo

R. Sena
R. Oise
R. Mosa
R. Mosela
R. Rin
R. Ródano
R. Loira
R. Yonne
R. Sena
R. Doubs
R. Ródano

0   50   100   150   200km
——— Frontera del tratado de
     París (30 de mayo de 1814)
☐ Territorios invadidos por
     las tropas de los aliados

el principio de legitimidad y mostrando un completo desinterés territorial. En realidad, nadie pensaba en ofrecerle nada; se sabía bien que si invocaba la legitimidad era para obtener la expulsión de Murat, principal preocupación de Luis XVIII; en cuanto al pacto de Chaumont, subsistía íntegramente.

La nación permaneció al principio indiferente. Había considerado la Restauración, realizada por los funcionarios imperiales, como una de las condiciones de la paz; no tuvo ningún agradecimiento a Luis XVIII por ésta, y la bandera blanca le pareció incluso el símbolo de su humillación. La Carta no podía conmoverla desde el momento que no restablecía ni los privilegios, ni el diezmo, ni los derechos feudales; los notables la acogieron con satisfacción porque privaba al pueblo de toda influencia política.

Pero que la Carta consagrara la obra de la Revolución era precisamente lo que le reprochaban muchos nobles y sacerdotes. Luis XVIII tuvo que darles satisfacción en algunos puntos: cargos, pensiones, la obligación de holgar el domingo, un monumento a los Muertos de Quiberon. Con mayor motivo fue indulgente con sus ideas. Los franceses supieron en seguida que para satisfacerlos era necesario nada menos que restablecer el Antiguo Régimen. Entonces la resignación cedió paso a la cólera, y algunos conspiraron. En cuanto a los soldados, el rey no podía contar con ellos.

Napoleón acechaba la ocasión. El 26 de febrero de 1815 se embarcó para Francia, y el 1 de marzo desembarcó en el golfo Juan. A través de los Alpes llegó a Grenoble, que el coronel La Bédoyère le entregó. Ney, que había prometido capturarlo, le llevó sus tropas a Auxerre. Ante este golpe, Luis XVIII, juzgando la partida perdida, tomó el camino de Gante. El 20 de marzo el Emperador entraba en las Tullerías. Tal como lo había predicho, el águila, con los tres colores, había volado, de campanario en campanario, hasta las torres de Notre-Dame.

## Los Cien Días

No se le opuso ninguna resistencia seria, pero encontró a Francia muy cambiada. El espíritu revolucionario reapareció a la luz del día y resucitó, en varias provincias, las Federaciones al son de *La Marsellesa*. Aunque en Autun tuvo él mismo que hablar de "colgar de los faroles" a los partidarios del Antiguo Régimen, Napoleón no pensaba recomenzar la Revolución y dejó que la administración ahogara el movimiento nacional. No pudo hacer lo mismo con los notables que por medio de los principales cuerpos del Estado reclamaron un gobierno constitucional, llevándolo así al pacto de Brumario. Con la colaboración de Benjamin Constant, redactó el *Acta adicional a las Constituciones del Imperio* que seguía muy de cerca a la Carta y tomaba de ella especialmente la dignidad de par hereditaria. La burguesía liberal, llena de desconfianza, no se apaciguó, y su oposición enervó al gobierno, que no restableció siquiera la censura. Los realistas se aprovecharon de ello. La Vandea se sublevó una vez más y fue necesario enviar allí treinta mil hombres que faltaron en Waterloo. Por añadidura, una gran parte de la nación permaneció reacia porque el retorno de Napoleón significaba la guerra. Desde el 13 de marzo, el Congreso de Viena lo había proscrito de Europa. Europa tenía de setecientos a ochocientos mil hombres en pie: iba a caer sobre Francia como una avalancha.

El Emperador no se atrevió a restablecer la conscripción, pero convocó a los disponibles, incluyendo a la clase 1815, y gran número de guardias nacionales, en total seiscientos mil hombres. Se respondió muy mal a los llamamientos y Napoleón no pudo llevar a Bélgica más que ciento veintiséis mil hombres. Wellington se hallaba allí aún con noventa y seis mil ingleses, hanoverianos, holandeses y belgas; asimismo Blücher con ciento veintiséis mil prusianos. El 15 de junio, Napoleón salió por Charleroi para lanzarse sobre ellos y batirlos separadamente, mas no mostró su actividad ordinaria, indudablemente a causa de la alteración de su salud. Solamente el 16 por la tarde atacó a Blücher en Ligny, mientras Ney contenía a Wellington en Quatre-Bras; dos cuerpos de ejército no tomaron parte en la batalla. Blücher, vencido, pudo batirse en retirada. Napoleón, enfermo, se retiró; Grouchy no se lanzó en busca de los prusianos hasta el 17 a mediodía y éstos pudieron marchar en auxilio de Wellington. Éste había retrocedido para colocarse en la meseta del Monte San Juan, donde aguardó el asalto, siguiendo su táctica ordinaria. El ataque no comenzó sino hasta el 18 a mediodía. Los franceses no maniobraron, sino que asaltaron de frente las líneas inglesas y acabaron por romperlas. Mas los prusianos, cuya vanguardia se había presentado desde hacía una hora, rodearon poco a poco la extrema derecha y, habiendo tomado los ingleses la ofensiva, el ejército de Napoleón, presa de pánico, huyó derrotado, perdiendo treinta mil hombres y siete mil quinientos prisioneros. Los restos, reunidos en Laon, se retiraron detrás del Sena.

Esta batalla de Waterloo selló la suerte de Napoleón. Vuelto a París el 21, la hostilidad de la Cámara lo obligó a abdicar al día siguiente, y en seguida la Comisión ejecutiva, cuya alma era Fouché, lo determinó a dejar la Malmaison por Rochefort. Talleyrand y los diputados se inclinaban a mandar llamar al duque de Orleáns. Wellington se opuso, y el 8 de julio Luis XVIII se instaló de nuevo en el

poder. En Rochefort, Napoleón se había embarcado
por órdenes de la Comisión: estaba prisionero, y Luis
XVIII ordenó entregarlo a los ingleses. No fue necesario hacerlo, pues el 15 de julio se había puesto
él mismo en sus manos. Los ingleses lo trasladaron
a Santa Elena, donde murió el 5 de mayo de 1821.
Este exilio acabó de embellecer su destino con ese
prestigio romántico que no cesará nunca de seducir
la imaginación. Mártir de reyes, se transformó para
los franceses en héroe nacional. Por un último des-
tello de su genio, él mismo, al dictar sus memorias,
olvidó lo que su política había tenido de personal
para presentarse como el jefe de la Revolución armada, libertador del hombre y de las naciones, que
por sus propias manos había entregado su espada.
La leyenda, durante medio siglo, obsesionó la mente
de los franceses y les proporcionó a Napoleón III.

## Francia en 1815

La caída de Napoleón reanimó las esperanzas de
la contrarrevolución y sólo en 1830, después del advenimiento del rey-ciudadano y la resurrección de la
bandera tricolor, la obra de la Revolución y del Imperio pareció definitivamente consolidada. Desde 1815,
sin embargo, la historia puede registrar los resultados de la crisis, pues la Restauración no cambió
nada.
Bien mirado, ni el genio del propio Napoleón había podido desviar el curso de la evolución. De sus
sueños personales —la creación de una nueva legitimidad dinástica, la instauración de una aristocracia
moderna, la formación de una federación continental— no ha quedado nada. Instituida por la burguesía revolucionaria, la dictadura napoleónica, a fin
de cuentas, cumplió el designio que sus creadores le
asignaran: consolidar el orden social nacido de la Re-

volución de 1789, mientras la paz, realizada por ella o contra ella, permitiera volver a sus principios liberales y constitucionales.

## Los progresos de la unidad nacional

En la historia de Francia, el período que separa 1789 de 1815 se caracteriza sobre todo por los notables progresos de la unidad nacional. Desde la noche del 4 de agosto, no hay ya sino una categoría de franceses. No son solamente los órdenes privilegiados, los cuerpos intermediarios, la jerarquía feudal los que desaparecieron para no dejar subsistir más que a ciudadanos iguales en derechos; son también las ventajas particulares y las incoherencias que daban a tantas provincias y ciudades una existencia autónoma, las aduanas interiores y los peajes que dividían el mercado nacional y excluían de él a algunas regiones, la mezcolanza del derecho privado que el Código civil hizo desaparecer. La Constituyente sustituyó el aparato administrativo del Antiguo Régimen, caótico y parchado, por divisiones territoriales y una organización uniforme. La descentralización que ella consagró, según el deseo de los franceses, era tal, que el particularismo corría el peligro de prosperar de nuevo, pero la guerra civil y la guerra extranjera no tardaron en recordar a la nación que la unidad de acción no era menos necesaria a su salud que la unidad de miras: el gobierno revolucionario, y después del intermedio del Directorio el régimen napoleónico, al restablecer la centralización, acostumbraron a los franceses a obedecer, y con más exactitud que antes de 1789, a un impulso central. Pocas instituciones ejercieron, a este respecto, tanto influjo como el servicio militar obligatorio, bajo la forma de la leva en masa al principio, de la conscripción luego; él fue además

para la gente del pueblo lo que los viajes de negocios
y de placer eran para la burguesía, pues al arran-
carlo de sus pueblos le hizo conocer los diferentes
aspectos de la patria; comenzó por unificar las costumbres a la usanza de la civilización urbana, y reveló
el empleo de la lengua nacional a millares de franceses que la ignoraban aún.

## El advenimiento de la burguesía

De las características esenciales de la época, la
segunda es el advenimiento político y social de la burguesía. En 1789, ella había fundado a la vez la libertad, el régimen constitucional y su propio dominio
gracias al sistema electoral censatario. Al instituir
su dictadura, los Montañeses habían suspendido la
libertad y sus garantías constitucionales, y al tomar
como punto de apoyo la pequeña burguesía y las
clases populares, inauguraron la democracia política
y social. Asociada de hecho a un gobierno autorita-
rio y a la reglamentación económica, la democracia
inspiró desde entonces a la burguesía una desconfianza duradera. Con la Constitución del año III, los
Termidorianos trataron de restaurar los tres principios que la Constituyente había hecho prevalecer,
mas como la lucha continuaba en el interior y afuera, contra la aristocracia coligada con el extranjero, y
como los demócratas jacobinos parecían todavía temibles, la burguesía revolucionaria tuvo pronto que
confesarse que la dictadura era necesaria hasta la
paz, y algunos de sus miembros pensaron organizar-
la en su provecho tomando como instrumento al
general Bonaparte.

La política económica y social de Napoleón procuró en efecto satisfacciones a la burguesía. Respetó
la libertad económica hasta el grado que fuera necesario al progreso de la empresa, y mientras fue vic-

torioso el capitalismo naciente sacó provecho de los
mercados que el bloqueo continental le reservó en
explotación, y de la abundancia monetaria que Napoleón le proporcionaba a expensas de los vencidos.
Por otra parte, confió a los notables la administración de Francia, y el monopolio que de hecho instituyó en su beneficio debía durar hasta fines del
siglo XIX. Sin embargo, entre los Brumarianos y su
criatura el divorcio se llevó pronto a cabo. El sueño
romántico de dominio universal les fue siempre aje-
no y lo condenaron sin remisión cuando provocó el
desastre. Vieron sin disgusto reconstituir las agrupaciones corporativas —los curiales especialmente—
juzgándolos útiles a la prosperidad e influencia de
su clase; tal vez hubieran aceptado una nobleza personal; pero la calidad hereditaria y los mayorazgos
no obtuvieron su aprobación. Y sobre todo, habían
pensado gobernar bajo la protección de Bonaparte;
pues aunque mantuvo la soberanía del pueblo en la
base del derecho público, conservó el principio del
régimen constitucional y lo introdujo incluso en los
países conquistados, Napoleón suprimió, sin embargo, las libertades públicas, y al erigirse en árbitro de
todo, no dejó a los notables sino el papel de instrumentos. La burguesía francesa no pensaba confor-
marse con esto. La Carta de 1814 restauró en su
beneficio la libertad y el régimen constitucional;
cuando en 1830 esta Carta se convirtió en una "verdad", la tradición de 1789 fue reanudada y la burguesía censataria pudo, al fin, dar muestras de sus
valores durante los dieciocho años de la Monarquía
de julio.

## La actividad económica y la vida espiritual

Si la estructura política y social de Francia fue
pues jurídicamente renovada, no ocurrió lo mismo

con su actividad económica, sus costumbres, su vida intelectual y artística. Por la proclamación de la libertad económica, la abolición del feudalismo, la movilización de la propiedad eclesiástica, el campo quedaba abierto sin duda al capitalismo; éste hizo verdaderos progresos durante el período, principalmente en la industria algodonera; la burguesía se había reforzado con "nuevos ricos" cuya aparición se debía a los suministros de guerra, al tráfico de los bienes nacionales y a la especulación, que la inflación favorece siempre. Sin embargo, estaba reservado a los siglos XIX y XX renovar los transportes, transformar la agricultura, generalizar la industrialización del país y, en consecuencia, modificar completamente la vida material de los franceses. Esta revolución económica fue también la que cambió las costumbres y las orientó hacia el individualismo. Es cierto que la Revolución francesa dio oportunidad a este último, pero estaría en un grave error quien imaginara que en 1815 el respeto de la jerarquía social y la disciplina familiar estaban ya profundamente cuarteadas. Hasta mediados del siglo XIX, por lo menos, la vida material y moral de los franceses permaneció muy próxima a lo que era en el XVIII. La vida intelectual y artística iba a sufrir un cambio más rápido, pero si bien es cierto que el romanticismo debe mucho a los acontecimientos revolucionarios, en 1815 apenas se presentía su triunfo. El pensamiento continuaba dividido, como en 1789, entre la filosofía de las luces y la tradición. Así, los trastornos revolucionarios no deben dar una falsa idea de las cosas: la parte que se conservó de la tradición fue considerable, y por ende, los progresos de la unidad y el advenimiento de la burguesía, que los resumen, no interrumpieron la continuidad de la historia de Francia.

*Las fuentes de discordia*

El recuerdo de las cruentas luchas de este período no impidió que se mantuvieran las divisiones que marcaron profundamente la historia del siglo XIX.

El deseo de la burguesía era que la aristocracia se uniera a ella para formar la nueva clase dirigente. Esta esperanza no se realizó por completo, pues la aristocracia no se había resignado a perder sus privilegios, por lo menos los honoríficos, menos aún podía olvidar la proscripción; la burguesía revolucionaria, por su parte, así como el pueblo, no había perdonado la apelación al extranjero. En su conjunto, también la burguesía quedó dividida. La Revolución no había tenido como finalidad derrocar la monarquía, pero como el rey se había inclinado hacia la aristocracia, unos —Girondinos y Montañeses— se habían vuelto republicanos y regicidas, mientras que otros —los Fuldenses— seguían siendo obstinados monárquicos constitucionales; Girondinos y Montañeses se habían destrozado mutuamente, sin ponerse de acuerdo sobre el carácter que debía revestir la República. La leyenda napoleónica, favoreciendo las pretensiones del futuro Napoleón III, añadió otro matiz a la gama de opiniones. Ésta es la razón por la cual no pudo instituirse una coalición permanente de fuerzas conservadoras, y la democracia se aprovechó de ello para abrirse camino de nuevo.

La laicización del Estado por la Revolución no fue una fuente menor de conflictos. En 1789, la burguesía la había reducido a la tolerancia, y como la Iglesia católica conservaba una situación privilegiada, se había esforzado por someterla al Estado. El cisma que resultó de ello condujo finalmente a la separación y a una laicización efectiva que privó al clero del estado civil, la asistencia y la escuela pública. Pero este laicismo no se conformó con la indiferencia, sino que tendió, brutal u oblicuamente, a la descristianización y pretendió sustituir las religiones tradicionales por un deísmo cívico. Napoleón abandonó esta tentativa sin volver al régimen adoptado por la Consituyente. La laicización del estado civil y de la asistencia pública se conservó; la educación pública fue definitivamente organizada, y Napoleón le confirió incluso un monopolio aparente que durante medio siglo desempeñó un papel importante en las disputas interiores. Sin embargo, gracias a sus cuidados, la laicizacion se volvió benevolente con las Iglesias y sobre todo con la católica; durante más de un siglo, el Concordato y los artículos orgánicos de los cultos reconocidos por el Estado les aseguraron su protección y su auxilio material. Pero el programa de laicismo integral formulado por los Termidorianos y la tendencia combativa que le habían imprimido no cayeron en olvido.

Estas discordias fueron para la nueva Francia una fuente de vida espiritual intensa, pero debilitaron más de una vez la cohesión nacional y descartaron de los negocios públicos a tal o cual categoría de ciudadanos cuyo concurso hubiera podido ser de gran valor, y singularmente, a partir de 1830, a la antigua aristocracia y a aquella parte de la burguesía cuya fidelidad monárquica y católica le conservaba la adhesión.

### Francia en el mundo

En resumidas cuentas, el sentimiento nacional fue considerablemente fortificado por las "guerras de la libertad", a pesar de todo. Pero la situación de Francia en el mundo salió de ellas profundamente alterada. Inglaterra se había aprovechado del gran conflicto para terminar en su provecho la "segunda guerra de los Cien Años", apoderarse definitivamente de los mares y consumar la ruina del imperio colonial de su rival. Francia, sin duda alguna, quedó como el protagonista de la libertad y la igualdad, el campeón de las nacionalidades oprimidas, en opinión de los elementos revolucionarios de todos los países, y en igual proporción perdió prestigio en el espíritu de los partidos conservadores. Por otra parte, los Girondinos, al desencadenar la guerra, y Napoleón al aspirar al dominio universal, provocaron la decadencia de ese cosmopolitismo que en el siglo XVIII había particularmente contribuido a la expansión de la civilización francesa y suscitado además reacciones nacionales que se erigieron, política y espiritualmente, contra nuestro país. Finalmente, los tratados de 1815 habían sido combinados para reducirlo a la impotencia.

Es imposible comprender la historia de los tiempos siguientes si se olvida que esas decepciones crueles dejaron en el corazón de los franceses una profunda amargura que impidió a los Borbones restaurados nacionalizarse de nuevo, que contribuyó a arruinar la popularidad de Luis Felipe y permitió a Napoleón III precipitar una vez más al país en nuevas aventuras. Fue preciso hacer grandes esfuerzos para devolver a Francia su papel de factor de equilibrio y de paz y para reconstituirle un nuevo imperio colonial.

# ÍNDICE

*La Revolución francesa y el Imperio,* de Georges Lefebvre,
se terminó de imprimir y encuadernar en abril de 2012
en Impresora y Encuadernadora Progreso, S. A. de C. V. (IEPSA),
calzada San Lorenzo 244, 09830, México, D. F.

El tiraje fue de 1 500 ejemplares.